茅盾和他的儿子

钟桂松◎著

中国出版集团有限公司
研究出版社

图书在版编目 (CIP) 数据

茅盾和他的儿子 / 钟桂松著. -- 北京 : 研究出版社, 2023.7

ISBN 978-7-5199-1519-3

Ⅰ. ①茅… Ⅱ. ①钟… Ⅲ. ①茅盾（1896-1981）—生平事迹②韦韬—生平事迹 Ⅳ. ①K825.6②K825.42

中国版本图书馆CIP数据核字(2023)第107494号

出 品 人：赵卜慧
出版统筹：丁 波
责任编辑：安玉霞

茅盾和他的儿子
MAODUN HE TADE ERZI
钟桂松 著
研究出版社 出版发行
（100006 北京市东城区灯市口大街100号华腾商务楼）
北京云浩印刷有限责任公司 新华书店经销
2023年7月第1版 2023年7月第1次印刷
开本：880毫米×1230毫米 1/32 印张：10.75
字数：221千字
ISBN 978-7-5199-1519-3 定价：69.00元
电话（010）64217619 64217652（发行部）

目　录

温馨的革命家庭

在风雨如磐、艰难困苦的革命年代，许多革命者，因为遭受时代、社会的摧残、压迫，常常过着生不如死的日子，或者过着牛马不如的生活，从而奋起反抗，造反闹革命，在接受了马克思主义革命理论以后，带着为民族解放的情怀，一步步走上正确的革命道路。而其家庭，也因为革命而受到反动阶级的压迫，流离失所，过着居无定所的生活，家庭成员也因此惨遭迫害……这些革命年代的景象，在现代革命史上，比比皆是。但是，现代文学巨匠茅盾的家庭[①]，却是一个温馨的革命家庭，是一个对中国革命做出巨大贡献的家庭。

中国共产党成立之前，1920 年 10 月，茅盾就秘密参与共产党的创建，所以他是加入中国共产党最早的党员之一。而且，中共一大召开前的全国 58 个党员中，茅盾一家就占了两位，即茅

① 茅盾原名沈德鸿，字雁冰。茅盾是他 1927 年创作小说《幻灭》时使用的笔名，是使用频率最高的笔名之一，也是在国内外文坛影响最大的笔名。为了叙述方便，本书用众所周知的笔名“茅盾”来叙述他和他儿子的往事。

盾和他弟弟沈泽民。到1925年，茅盾夫妇、沈泽民夫妇，都已经是中共党员。后来，沈泽民曾经担任中共中央委员、中共中央宣传部部长、中共鄂豫皖省委书记等职务，1933年11月牺牲在鄂豫皖革命根据地，是中国工农红军中牺牲的高级领导人之一。沈泽民的夫人张琴秋曾经担任红四方面军总政治部主任，是红四方面军的高级领导人之一。

为了新中国的建立，茅盾家里有三位亲人献出了年轻的生命：茅盾弟弟沈泽民，茅盾女儿沈霞，女婿萧逸。所以，茅盾的家庭，是一个对中国革命有巨大贡献的革命家庭。

茅盾儿子沈霜（韦韬），就是在这样的革命家庭里熏陶和成长起来的。

出生在上海的乌镇人

茅盾儿子沈霜，是出生在上海的乌镇人。

1916年茅盾从北京大学预科毕业以后，由亲戚卢鉴泉介绍，8月下旬进入上海商务印书馆编译所工作。这一年，茅盾20岁。

后来，茅盾在编辑工作中受到《新青年》影响，接触到马克思主义理论和观点，逐渐成为马克思主义者。1920年10月，茅盾参加上海共产党组织，从此，茅盾为了革命的理想信念，开始长达60多年的共产主义理想追求。参加共产党组织以后，茅盾被商务印书馆高层领导选为商务印书馆大型杂志《小说月报》的

乌镇新貌 1（钟桂松拍摄）

主编。此时二十五六岁的茅盾，编辑杂志，参加党内秘密活动，工作非常忙碌：他一方面要参加共产党组织的活动，撰写、翻译有关革命的理论文章；一方面要另起炉灶，组织编辑《小说月报》稿子；另外，茅盾还要为一些报刊撰写妇女解放的文章以及针对社会、文艺现象的杂文。所以，在上海生活工作的茅盾，常常忙得顾不上小家庭的生活。

1918 年春天，茅盾与乌镇东栅孔家姑娘孔世珍结婚，[①] 因为

① 据孔德沚侄女孔海珠老师介绍，孔德沚原名孔世珍（1897—1970），因为排名第三，小名三娜。（见《孔另境传》，华文出版社 2020 年 3 月版，第 31 页。）

新娘孔世珍没有上过学、读过书，所以茅盾回上海后，新婚妻子留在老家乌镇，由茅盾母亲亲自教她识字。后来又让她去乌镇的邻镇石门湾丰子恺的大姐开办的“振华女校”和湖州的“湖郡女校”读书。婚后，茅盾给新婚妻子取名“孔德沚”。茅盾母亲十分喜欢儿媳孔德沚的好学上进和开朗的性格，视为自己的女儿。

1920年下半年，孔德沚怀孕了。于是茅盾母亲给茅盾写信，让茅盾赶快把房子安排好。决定自己和儿媳孔德沚到上海，和茅盾生活在一起，一家人相互有个照应。当时茅盾正忙于《小说月报》的全面革新筹备工作，同时忙于共产党组织内布置的工作，

乌镇新貌2（钟桂松拍摄）

所以，茅盾迟迟没有落实母亲的要求。在母亲的一再催促下，茅盾让商务印书馆的茶房福生去帮助寻找房子，在宝山路鸿兴坊找到一处房子，是一楼一底带过街楼的房子，楼上有两个房间，楼下是客堂兼吃饭的地方。1921 年 4 月，茅盾夫妇的第一个孩子出生了。不久，茅盾母亲带了儿媳孙德沚和刚出生的孙女沈霞来到上海，与茅盾团聚。①

茅盾一家团聚后，全家沉浸在喜得千金的气氛中，茅盾给女儿取名沈霞，小名亚男。同时，茅盾为了减轻母亲的劳累，特地雇了一个保姆，帮助料理家务。此时，茅盾依然忙得团团转，一早出门，深夜回家，有时候，共产党支部的会议，也在茅盾家里秘密召开。孔德沚则一早去离家很远的爱国女校读书，很晚才回家。

1922 年，孔德沚又怀孕了，只好休学。1923 年 2 月 10 日，茅盾家又诞生一个孩子，是个男孩。茅盾给儿子取名沈霜，小名阿霜。茅盾还按照沈家的辈分，沈霜是学字辈，所以按家谱给儿子沈霜取名沈学梅。不过，沈学梅这个名字，只有茅盾家族里的人知道，外面没有用过这个名字。

沈霜就是后来的韦韬。

关于“沈学梅”这个名字，最早似乎是在 20 世纪 60 年代，

① 沈霜晚年在审阅拙作《悠悠岁月——茅盾和共和国领袖交往实录》中告诉笔者：“有一个情节必须肯定，即我祖母和母亲从乌镇搬到上海居住，是在 1921 年春，即我姐姐出生后不久。”

1924 年沈霞与弟弟沈霜

茅盾的二叔沈仲襄接受上海茅盾研究小组采访时说过，他们沈家的名字排列是按“恩、永、德、学”排下来的，[①] 茅盾是沈德鸿，所以茅盾儿子的名字中，要有一个“学”字。20 世纪 80 年代，笔者在搜集茅盾家世资料时，韦韬先生和茅盾的堂弟沈德溶先生都说到，当时是有这个名字，只是没有叫开。茅盾堂弟沈德溶的子女名字中，也同样有一个“学”字。

至于沈霜改为韦韬，是沈霜参加革命工作以后的事。1944 年 12 月，沈霜在延安填写履历表和撰写自传时，“现名”“真名”

① 据 1961 年 12 月 21 日上海魏绍昌、徐时恭、翟同泰访问沈仲襄记录（孔海珠提供）。

一栏后面，都写的是“沈霜”。说明在1944年，还没有用“韦韬”这个名字。而1949年9月12日填写的“干部登记表”上，“现名”一栏，写“韦韬”；“真名”一栏，写“沈霜”；“曾用姓名”一栏，写“沈孟韦”。估计这个“沈孟韦”，是沈霜曾经用过的一个名字，或者是笔名。而韦韬，则后来成为沈霜常用的名字，“沈霜”则渐渐地被人淡忘。

沈霜为什么要改为韦韬？据说因为在革命队伍里，一批年轻人在一起工作学习，“沈霜”这个名字，常常被人叫成跌打损伤的“损伤”，让沈霜很烦。而且沈霜这个名字，让人家立刻联想到革命作家沈雁冰，经过延安革命洗礼的沈霜，不愿意被人当名人之后来照顾，所以沈霜后来改为韦韬，自己告诫自己，要自律和注意韬略，克服自己的急性子脾气。当然，这是后来的事。

沈霜出生前后，正是茅盾革命活动非常忙碌的时候。1921年4月，茅盾的弟弟沈泽民就在茅盾家里召开的支部会议上，加入中国共产党组织，投身中华民族的解放事业，成为中共早期的党员之一。参加共产党组织以后的沈泽民，立刻秘密离开上海，奉命去安徽芜湖安徽省立五中担任教员，与高尔罕、恽代英等人秘密从事党员的发展和组织工作。而茅盾虽然不再担任《小说月报》主编，但中共“一大”以后，茅盾担任党中央的直属联络员，负责与全国各地党组织的联络工作。所以当时中共中央和上海中共党组织的许多工作和茅盾都有联系。

1923年9月，中共中央把茅盾参与领导的上海地方执行委

沈泽民、张琴秋结婚照（1924 年 11 月）

员会扩大为中共上海兼区执行委员会，由茅盾兼管江浙两省党组织的发展工作。党中央的秘密联络员工作，以及商务印书馆的编辑工作，爱国女学、上海大学的讲课等，让茅盾无暇顾及小家庭的生活。而夫人孔德沚到上海后，在茅盾的影响下，也一边读书一边从事妇女工作，开始热心社会活动，也经常一早出门，晚上很晚才回家，同样无暇在家与儿女玩耍游戏，所以只好由茅盾母亲在家里带着孙女、孙子。等到孩子长大一些，茅盾母亲就给他们讲故事。虽然，父母白天不在家，晚上也很晚回来，沈霞和沈霜姐弟俩并不感到寂寞和冷清。因为茅盾母亲年纪不大，只有40多岁，加上她办事干脆利落，家务事也处理得井井有条，带的孙子、孙女都活泼可爱。

1924年初，茅盾搬家到闸北顺泰里11号。瞿秋白和杨之华1924年11月结婚以后，带着女儿瞿独伊，住到茅盾家隔壁。瞿独伊和沈霞同年，所以沈霞、沈霜和瞿独伊每天都在一起玩，十分开心。后来沈霞和瞿独伊上了幼儿园，沈霜一个人和奶奶、阿姨在一起。有时候，他缠住奶奶讲《西游记》，有时候他一个人在顺泰里

沈霜的奶奶陈爱珠

跑进跑出。沈霜回忆小时候，因为父母在从事秘密的革命工作，没有时间带他玩，他是在“放羊”中成长的。他说：“我的童年是在‘放羊’中度过的，又在‘放羊’中成长。我已不记得父亲对我有过耳提面命的教诲。”[①]沈霜最开心的时候，就是姐姐沈霞和瞿独伊从幼儿园回来，三个人一起玩。有时，瞿秋白去幼儿园接女儿时，常常连沈霞一起接回来，已经会走路、会说话的沈霜，见到姐姐回来，非常开心，这是他幼年最快乐的时光。

与姐姐一起唱《国际歌》

1925年，茅盾和孔德沚几乎已经是职业革命家了，常常一早出门，很晚才回家。早上，父母出门时，沈霜和姐姐还在睡觉，晚上父母回家时，姐弟俩也早已睡着了。所以他们虽然与父母住在一起，沈霜觉得很少见到父母。此时，叔叔沈泽民和婶婶张琴秋已经秘密去了莫斯科。1925年底，茅盾搬到虹口区景云里后，离开商务印书馆，去广州参加国民党全国第二次代表大会，回到上海后，依然忙碌得见不到人。1926年底，茅盾夫妇将一双儿女留在上海，两个人奉命去了湖北武汉。茅盾去军校当教官，孔德沚去农商部工作，一去就是大半年。

1927年8月，沈霜发现母亲腆着大肚子回到家里，却因为

① 韦韬、陈小曼：《我的父亲茅盾》，辽宁人民出版社2004年2月版，第214—215页。

小产而住进上海的福民医院。不久，父亲茅盾悄悄回到上海虹口区景云里的家里，躲在楼上不出门。沈霜还不知道，此时的父亲茅盾，已经是被蒋介石通缉的“共产党要犯”，无法出门工作，只能躲在家里写小说了。

沈霜喜欢出门去找同伴玩，尤其是到隔壁叶圣陶家里玩，叶圣陶的孩子和沈霜、沈霞他们年纪差不多。沈霜晚年回忆说：“我们是 1925 年底搬到闸北景云里，和叶圣陶毗邻而居的，两家老幼都成了好友，祖母和叶圣陶的母亲，母亲和胡墨林，亚男、阿桑和叶家的大倌、二倌（叶至善、叶至美），彼此都亲密无间，犹如一家人。”①沈霜还说：“那几年，父亲大部分时间不在上海，1926 年去了广州四个月，1927 年上半年和母亲同赴武汉参加大革命，1928 年 7 月开始又亡命日本两年，所以大约有三年时间父亲把我们家整个地托付给了叶圣陶。”②

大革命失败了，茅盾躲在家里，发现自己一家人的生活来源都发生困难，而多年对革命的思考、对大革命的观察，大革命时代的人物形象形形色色，男男女女各色人等，却在茅盾的脑海里如同电影片断，忽隐忽现，呼之欲出。于是，茅盾蜗居在景云里的家里，开始创作《幻灭》《动摇》《追求》三部曲。茅盾作为一个时代见证者，真实地反映了大革命时代风云，反映那个时代形形色色的人物。此时茅盾的思想也是苦闷的，虽然自己找到民族

①② 韦韬、陈小曼：《我的父亲茅盾》，辽宁人民出版社 2004 年 2 月版，第 270 页。

解放的理论武器——马克思主义，对共产党的理想、对共产主义的信仰，茅盾是坚定不移的，但是作为从大革命中心下来的人，蜗居一角，足不出户，是何等孤独！

有一段时间，茅盾常常一个人在低声吟唱《国际歌》，被沈霞、沈霜姐弟听到了，姐弟俩开始悄悄地跟着唱，唱着唱着，也慢慢地学会了。有一天，茅盾突然发现沈霞、沈霜两个孩子也都会唱《国际歌》了，十分惊喜，忙问他们："你们怎么也会唱《国际歌》？谁教的？"沈霞回答说："爸爸您在唱呀！我们就听会了。"茅盾连忙说："好，好！那么，你们知道这首歌是谁翻译的吗？这是你们的瞿秋白叔叔翻译的呀。你们还不知道这首歌的意思吧？来，我给你们讲讲这首歌。"于是茅盾给沈霞、沈霜讲解《国际歌》的意义。沈霜回忆："起初，父亲并没有教我们唱《国际歌》，而是在房间里独自低声吟唱，母亲有时也和着他唱，父亲还常纠正她唱错之处，我和姐姐在一旁听多了，也就学会了。有一天我们就当着父亲的面唱起来。父亲又惊又喜，夸我们聪明，便认真地一句一句教我们，还讲解歌词的意思。我们自然似懂非懂，只明白了一点，即全世界的奴隶们要起来打倒资本家，最后要实现'英特纳雄耐尔'，但什么是'英特纳雄耐尔'，还是不明白，只觉得这个东西很神圣，连父亲都崇拜它。……父亲除了教我们唱《国际歌》，还教了其他几首革命歌曲，其中有一首《少年先锋队队歌》，也是至今我尚未忘记的，记得开头两句是：'走上前去呀曙光在前，同志们奋斗。用我们的刺刀和枪炮开自己的路。’这首歌使我知道了人与人之间的称呼还有‘同志’这个词，并且觉得它特别亲切。”①

沈霜和姐姐在家里一起唱《国际歌》时，还只有五六岁，姐姐沈霞七八岁。但是，家庭的革命氛围，给沈霞和沈霜姐弟俩的人生很大的影响，20世纪40年代沈霞在延安时，曾经说过：“由于家庭的教育、父母的影响，慢慢的，我脑中那个偶像更具体化了。知识的增长，对社会的认识也增加了我的见解，我找到了自己的偶像——在活的人间，我觉得只有一个共产党人，如我爸爸常和我说及的，如我所看见的爸爸的一些朋友，自己的叔叔那样的人物，才是合乎自己要求的，才是自己值得模仿的。”②

童少年时代的家庭氛围，影响了沈霜一辈子。虽然茅盾没有给儿女讲述自己早年参加共产党的革命经历，对自己那时就是共产党员的历史，从来不在儿女面前说起。直到20世纪70年代写自己的回忆录时，才向儿子沈霜和孙女、孙子详细回忆自己早年参加共产党的革命经历。

爸爸从日本回来了

1928年7月，茅盾写完三部曲之一《追求》后，因为长期

① 韦韬、陈小曼：《我的父亲茅盾》，辽宁人民出版社2004年2月版，第2—4页。

② 沈霞日记。载《延安四年（1942—1945）》（钟桂松整理），大象出版社2009年3月版，第45页。

躲在家里写作，没有活动，情绪也常常随着小说情节的起伏而波动，严重影响身体健康。于是，在陈望道的建议下，茅盾秘密去日本休养和写作。

当时去日本非常方便，不需要护照，买张船票，就可以出发。茅盾自己不方便出门买船票，便托陈望道代办。过去在平民女校读过书的学生秦德君也要去日本，于是陈望道买了两张船票，托在日本的女友吴庶五一并照顾。

茅盾去日本用假名“方保宗”，秦德君用假名“徐舫”。

到日本东京后，在吴庶五的安排下，秦德君住进东京白山御佃町中华女生寄宿舍，进入东亚预备学校学习日文；茅盾即住在“本乡馆”。

茅盾因为秘密去了日本，从此和中共党组织失去联系，但是当时党中央曾经在茅盾到日本不久，在 1928 年 10 月 9 日有函给日本东京的支部，认为如果沈雁冰（茅盾）想重新过党内生活，你们可以通过手续，“允其恢复党籍”[①]。可惜当时这个秘密文件，茅盾没有能够知道，而且当时日本东京的中共地下党组织也遭到破坏，无人负责党的组织建设。所以，茅盾没有能够及时回到党内。

同时，秦德君和茅盾在东京来往日益密切，一段没有结果的感情，开始在两个孤寂的年轻人之间萌生。但是，当时茅盾居住的“本乡馆”，邻居都是茅盾以前在上海、武汉的熟人，如茅盾

---

① 原件存中央档案馆。

在商务印书馆的同事樊仲云，1926年帮助茅盾在上海为武汉军校招生，招生结束以后，茅盾又介绍樊仲云他们几个商务印书馆同事去武汉军校当政治教官。大革命失败后，樊仲云流亡日本，现在也住在这里。还有茅盾在武汉认识的《中央日报》总编辑陈启修，也住在“本乡馆”。而且，茅盾的表弟陈瑜清也在东京，知道茅盾来日本东京了，便经常过来看望茅盾。因此，当时秦德君到本乡馆来看望茅盾，十分不便。秦德君住的是集体宿舍，茅盾过去看望，更是不方便。所以，12月初，茅盾和秦德君一起离开东京去了京都。

茅盾到日本以后，将上海家里妻儿老小生活上的一些事，都拜托给住在隔壁的叶圣陶，因为孔德沚参加共产党后，在一个学校里还有一份工作——教导主任，所以忙得团团转，白天去学校，晚上还要参加党内的活动，如开会，深入工厂从事妇女运动，随其他同志一起去贴标语，等等。

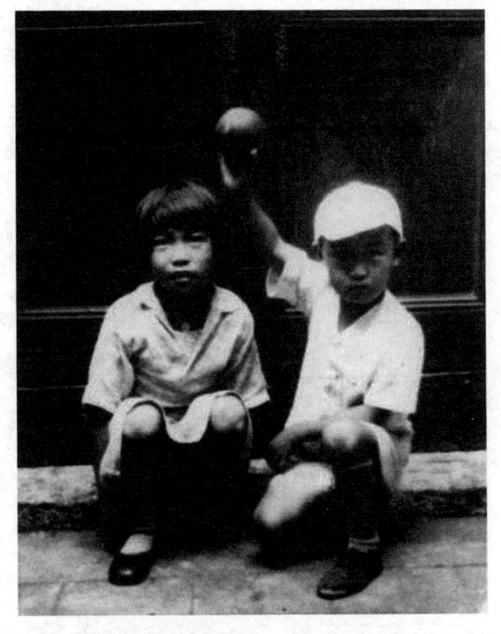

1930年夏沈霞与沈霜在上海景云里寓所大门前

此时，沈霞已经八九岁，沈霜也六七岁了。这年龄，正是需要父母长辈带管的时候，沈霞已经在尚公小学读书，沈霜还在幼儿园。据当时孔德沚的闺蜜、著名女作家陈学昭告诉笔者："1928 年 10 月初我回国，住在上海景云里茅盾同志的家里，到 1929 年 1 月中旬离开再出国。那时茅盾同志在日本，我住在茅盾同志夫人孔德沚姐的房间里，睡在韦韬同志（从前我们叫惯他阿霜，即沈霜，当时还很小）的床铺上，阿霜和沈伯母睡在一起，是一间小房间，小阁楼，……当时德沚姐是地下党员，我当时怀疑，但没有探听。德沚姐常常夜里外出，到深夜才回来，可是沈伯母不问媳妇干什么去，她总是默默地照顾孙女孙儿，当媳妇不在家的时候，孙女孙儿也极可爱，也从来不探问母亲干什么去，为何夜深回来。沈伯母对儿子媳妇的朋友，就像对我，总是很和气，也不来探问长和短。"①

但是，茅盾在日本和秦德君同居的消息很快传到上海，朋友间都知道了，也传到孔德沚的耳朵里，孔德沚非常气愤，也非常痛苦！她没有想到，丈夫和秦德君会同居！所以连和茅盾离婚的念头都有了。茅盾母亲知道后也非常生气！一边安慰孔德沚，一边写信让儿子回来，告诉茅盾：这个家，不能没有你！孔德沚见婆婆站在自己一边，十分欣慰，也十分自信，她相信丈夫能够回心转意，能够回到自己身边。这时，不少亲朋好友都安慰孔德

① 陈学昭 1983 年 9 月 23 日致笔者信。

沚。20 世纪 80 年代笔者曾经请教过茅盾表弟陈瑜清关于孔德沚在上海的情况，陈瑜清去问他的侄女陈智英，当年陈智英在上海读书，经常去茅盾家，所以对当时茅盾家里情况十分了解。陈瑜清将陈智英的回忆转告给笔者："就我所知，当时德鸿表叔住日本，在轮船上偶然与秦德君相遇，发生恋爱，德沚表婶并没有嘱咐秦照料表叔一事，实际上表婶不认识秦德君的。那时我在上海同德产科学习，表婶天天来找我，想进同德学产科，想和表叔离婚。我当时劝她不可，将来表叔归来，一定能破镜重圆的，后来不出我所料，这是我知道的实情。特此相告。"①

茅盾在日本期间，除了学习一些简单的日本日常生活用语外，为了生活，他还是集中时间创作，因为在日本的生活费用，不再是一个人的简单开支，而是两个人的费用了。秦德君除了帮助料理茅盾的生活，没有其他的收入来源，全靠茅盾的稿费开支。所以茅盾在日本期间，创作了不少作品，包括一部长篇小说《虹》，以及《自杀》《一个女性》《诗与散文》《叩门》《雾》《卖豆腐的哨子》《红叶》等 7 部短篇小说和一批散文，同时编辑不少集子，出版了神话研究、文艺论文等集子，这些作品的出版，经济上给在上海的家里和自己的开支，提供了保障。据说当时茅盾在日本时，在世界书局出版的书籍稿费，都是茅盾老乡朱联保帮助寄到日本去的。朱联保回忆说："世界书局收受其著的《西洋文学通论》《小说研究 ABC》《中国神话 ABC》《神话杂论》等

① 陈瑜清 1987 年 6 月 29 日致笔者信。

10种，用玄珠、方璧等笔名发表，他住日本东京神田町，化名方保宗，稿费是我经手汇往日本，这事很少有人知道。”[①]因此，茅盾在日本如此大的工作量，本来去日本休养的茅盾，基本上没有什么休息时间。

因为茅盾在日本的感情插曲，在上海景云里茅盾家里，已经没有快乐的气氛，这气氛也影响到沈霞、沈霜姐弟，歌声没有了，母亲的愤怒和流泪也感染了沈霞、沈霜姐弟俩，他们对父亲的行为不理解，对秦德君非常鄙视，认为是秦德君给他们家里带来不和谐的气氛。

1930年4月，茅盾和秦德君回到上海，茅盾带着对孔德沚和含辛茹苦的母亲的歉疚回到景云里，据沈霜回忆，当时茅盾夫人孔德沚非常克制，按照婆婆的意见，让茅盾带着秦德君到茅盾家里，当面了断茅盾和秦德君的那段感情。事先，孔德沚关照沈霞、沈霜，见到秦德君时，要有礼貌。所以茅盾带着秦德君回家时，7岁的沈霜见了，向秦德君深深地一鞠躬。而懂事的沈霞见秦德君进来，鄙视地看了一眼，没有招呼，扭头就走。这件事，沈霜到晚年依然记得很清楚。

茅盾从日本回来了，茅盾母亲当着儿子、儿媳妇的面，严肃地对茅盾说：“你自幼丧父，我含辛茹苦抚养你，教你诗书礼仪，现在你弃妻抛子，摧毁这美满家庭，于心何忍！应该知道糟糠

---

① 朱联保：《联保文忆》，桐乡市档案局编，嘉兴吴越电子音像出版有限公司2018年12月版，第88页。

之妻不下堂，你要回心转意，归家团聚，负起家庭责任，这才是正道。我年事已高，想回乌镇休养，这个家，从此交给你和德沚了，你们自己料理吧。”后来，秦德君寻死觅活，弄得茅盾苦不堪言。于是茅盾痛下决心，和秦德君彻底分手。

茅盾回家了，沈霞、沈霜的爸爸回来了。小家庭慢慢地又恢复到以前的气氛。

茅盾为了清静，搬离了景云里，先到静安寺东面一所假三层房子里住了两个月，紧接着又搬迁到愚园路树德里一家石库门内三楼厢房。但是茅盾感情生活中发生的意外插曲，给茅盾的身体健康带来影响，在这段时间，眼病、胃病轮番发作，茅盾不得不在家休息。好在儿女在身边，家里每天洋溢着天真烂漫的笑声，给茅盾许多慰藉。

“儿子开会去了”

时间过得很快，茅盾从日本回来的这一年，沈霜就上小学了，而姐姐沈霞已经能够看《红楼梦》了。所以茅盾的小家庭里，从笑声不断到书声琅琅，洋溢着和谐的家庭氛围。茅盾在养病期间，在上海走亲访友，搜集材料，为创作长篇小说做准备。

1930 年，沈霜上小学了，小学的名称叫“尚公小学”，是商务印书馆的附属小学。当年，这个小学在上海是一个很有名的学校。它创办于1905年，开始是一个公益性的小学，大概是专门解决商务印书馆职工子女上学问题的。到1922年前后，尚公小学改组，成立小学董事会，校董由黄炎培、张元济、鲍咸昌、李宣龚、郭秉文、高梦旦、杨廷栋、赵师复、包文德、王云五、庄俞等人组成。当时“尚公小学”的设施也比较完善，据有关资料介绍，小学有实验室、史地室、美术室、音乐室、图书室、读书室、写字室、算术室、故事室、工场、操场、园艺场等。一年级的学生，以自由活动为中心，“所习的课程，不分科，也不分系”。所以沈霜在尚公小学开始读书时，还是比较轻松开心的。

由于尚公小学是闸北一所有名的小学，而且不光商务印书馆的职工子女进尚公小学，整个闸北市民的孩子，也可以进尚公小学，但僧多粥少，虽然闸北还有其他不少小学，但是大家还是希望进尚公小学。据说当时招生六七十名，第一天的报名就达一百多人。尚公小学除了管理认真、教育水平好、规模比较大之外，尚公小学的老师，都是在苏州省立一师附小训练过，水平很高。因此，闸北市民对尚公小学趋之若鹜。

沈霜在尚公小学读了一年以后，因为茅盾家搬到静安寺附近，第二年，即1931年，沈霜也转到静安寺小学读书了。在静安寺小学读了两年，又转学到怀恩堂小学读书，1935年，沈霜又转到时代小学读书。因为搬家，沈霜的小学时代换了四个学校。

沈霜的小学阶段，是茅盾创作的黄金时期，茅盾的代表作《子夜》，短篇小说名作《林家铺子》《春蚕》等一大批作品，都是在沈霜读小学期间问世的，奠定了茅盾在中国现代文学史上的崇高地位。同时，茅盾和鲁迅等左翼文化人一起，并肩战斗，编刊物，写文章，为左翼革命文学的发展，作出了积极贡献。而沈霜的姐姐沈霞，从小学到初中，成绩一直是名列前茅，而且作文写得非常漂亮，深得老师赞赏。

茅盾当时对沈霞、沈霜姐弟的教育，依然采取“放羊式”的办法，没有强制、强迫女儿和儿子看什么书，也没有什么要求达到什么水平，而是因势利导，在女儿、儿子喜欢的基础上，加以引导。对女儿、儿子的爱好，往往在不经意间给以指点。有时，茅盾还和女儿一起，比赛读书。沈霜回忆当时：“有时父亲白天在家，也是一个人关在屋里写东西，孩子们闹得凶了，影响他写作了，就会在屋里用鸡毛掸敲桌子，所以姐弟俩都怕父亲。当姐姐上小学三年级、我上一年级时，不知怎的父亲不往外跑了，几乎天天待在家里写文章。从那时起，父亲才有时间和我们说说笑笑；但对我们在学校的学习情况却还是不闻不问，只是鼓励我们多看书，到书架上找自己喜欢的书来看。大约姐姐在 10 岁的时候吧，有一天，她嚷嚷着要和父亲比赛读《红楼梦》，看谁读得快。父亲认为她年纪还小，看不懂，可姐姐缠着他不放，于是父亲便同意一试。不料姐姐不但读得快，而且对内容的理解大致也还可以，这使父亲十分惊异。”[1]这样的家庭文化氛围，让沈霜的童年充满欢乐也充满书香。

在沈霜读小学时，每年的清明，总是要和父母和奶奶一起回到乌镇，去乌镇东栅外农村的沈家祖坟扫墓，这是沈霜和姐姐沈霞最快乐的时光。早上，他们全家从上海坐轮船，从水路直接去乌镇，到乌镇时，太阳已经下山。一路上，沈霜他们趴在船窗口，欣赏沿途平原水乡的风光，轮船后面卷起的滔滔不竭千变万化的浪花，两岸成片的桑树，桑地后面的水田，春天是麦浪翻滚、油菜花遍地盛开的季节；桑树上的桑叶才露出叶芽，在成片的桑树地里，一片春意盎然！农村的村舍，虽然有些是稻草盖的草棚，间杂着瓦房，远远望去，三三两两的农民，在房前屋后的地里劳动。在春天的阳光里，这些劳动场景沈霞和沈霜觉得非常新鲜，也非常开心。

此时的乌镇，还是比较热闹的，尤其是茅盾家就在乌镇的市中心观前街 17 号，家门口的小街——观前街，是东栅农村进乌镇的必经之路，所以茅盾一家每次到乌镇，住在临街的楼上，一清早就被观前街上进镇的农民相互打招呼的声音吵醒。这些农民，说着农村的土话，挑着农村的土货，如青菜什么的，到镇里交易。沈霜虽然听不懂乌镇农民的这些土话，但也知道农村生活就是这样的。

① 韦韬、陈小曼：《我的父亲茅盾》，辽宁人民出版社 2004 年 2 月版，第 206 页。

清明节前后，乌镇镇上的商店都十分热闹，小老板们为了即将到来的春蚕时节的销售旺季，日夜准备货源，什么蚕花纸、叶刀、叶墩头、蚕等养蚕的日用品，应有尽有。茅盾家祖传的泰兴昌纸店，也在这个时候忙碌起来。店里的经理专门到茅盾家里，向茅盾母亲和茅盾报告店里的经营计划和打算。这时候，沈霜和姐姐沈霞一起，去乌镇其他地方游玩，乌镇西寺（普济寺）的唐代银杏树、北花桥、浮澜桥等是他们百看不厌的地方，看乌镇市河里南来北往繁忙的船只。这对上海来的沈霜说，十分新鲜。品尝乌镇的食品，也让沈霞、沈霜开心，姑嫂饼、清明团子、用糯米粉做的十二生肖，既好看又好吃，比上海的点心还丰富！乌镇的这些食品点心，基本上甜的为多数，而这样的特色点心，恰恰是小孩子喜欢的。

沈霜和父母、姐姐、奶奶在乌镇镇上住了几天后，终于要去东栅农村祖坟上祭祖了，这是沈霞、沈霜姐弟俩天天盼望的事。沈家祖坟在乌镇东栅“打铁高桥”外面的“中塔庙”北面，一个叫“新坟里”的地方。

沈家祖坟是一个土墓，墓前有两棵松树。墓地西边是一块 40 多亩的水田，叫“西港圩”。再西边是一条河，叫“杨木桥港”。墓地南面是和西港圩相连的水田，水田中有两块旱地，分别叫“干枯地”和“拜丹地”。墓地的北面是一条河，叫“徐家港”。墓地的东北角是一个叫“稻车浜”的小浜兜。据说当年沈家的人清明节去祭祖，都是雇一条船，摇到墓地，停在“稻车

20 世纪 70 年代乌镇茅盾故居（李渭钫摄影）

浜”的。笔者 20 世纪 80 年代初去实地调查时，其地形、地貌还是原来的样子。①

清明节前一天早上，茅盾雇了一条船，和夫人、女儿、儿子一起，从乌镇观前街的文昌阁河埠上船，一路沿市河往东，进入三里塘，到打铁高桥，进入杨木桥港，再到徐家港，不一会儿，船就泊在稻车浜。船上的航程，大概要一个半到两个小时。船停好后，沈霞和沈霜都争先恐后跳上岸，在新坟里的桑树地里玩耍。农村的田野风光，让上海来的沈霞姐弟俩玩得十分开心。等到上坟祭拜结束，已经是快中午时分，于是沈霞、沈霜和父母一起坐船，回到镇上。一天的清明扫墓结束了，沈霜既新鲜又劳累，晚上，早早地被父母催着睡觉。

在乌镇的短短几天，沈霜和沈霞似乎没有玩够，外婆家的、本家的那些表弟表妹们、堂弟堂妹们，还没有好好地一起玩，就要回上海了。沈霜期待明年的清明节，在莺飞草长的时候再到乌镇。

---

① 笔者在 1983 年 8 月 13 日专门从乌镇到东栅外考察茅盾母亲的墓地，当时这个地方是桐乡县民合公社中塔大队中塔小队的土地。笔者和乌镇公社管委会主任沈德兴一起去寻找，我们找到当时的生产队队长，当地人都记得沈雁冰家的墓地叫“新坟里”，就在他们的生产队里。当时生产队队长沈新昌带着我们找到墓地的所在地。后来，笔者又专门向茅盾的一些堂弟请教。如茅盾堂弟沈德洵先生 1983 年 10 月 3 日给笔者回信说：“今年五月份下旬，我与我姐曾去乌镇一共过了三个夜，我们曾去中塔庙墓地一转，因墓地均已种庄稼，故只是知道是那块地而已，其他无迹可寻。”沈德洵先生小时候也去过墓地扫墓。不久，沈霜（韦韬）先生专门去墓地，并且为他祖母陈爱珠树碑、种树。

沈霜上小学的时候，是最值得全家人怀念的美好时光。茅盾的作品源源不断地出版发表，茅盾的稿费收入也颇丰厚，茅盾和鲁迅、郑振铎、叶圣陶等朋友，一如既往，来往密切。虽然蒋介石政府对茅盾的通缉令没有取消，但是也没有几年前那么紧张了，所以茅盾参加“左联”等进步文艺组织，和进步人士相聚，从事革命文艺活动也多起来了，但是，夫人孔德沚依然放心不下茅盾的安全。此时，孔德沚不再早出晚归去参加党组织的秘密活动了，而是在家里“相夫教子”，料理家务。茅盾母亲陈爱珠在乌镇、上海两边住，气温适合在乌镇时，她就回到乌镇住几个月，然后再回到上海。

沈霞的成绩一直名列前茅，她写的作文，深得老师好评，老师的评语，酷似茅盾小学时代老师的评语，这让茅盾夫妇感到十分欣慰，孔德沚常常和茅盾说女儿沈霞遗传了他的文学基因。如沈霞写的《再会吧！春！》的作文里，老师评语：“无浮词冗语，亦是可贵。”在作文《值得纪念的一件事》里，老师评语：“理直气壮，大有怒发冲冠之势。民气如此，何患强梁。”在作文《回想昨天》中，老师评语：“说理叙事，都能头头是道，令人见到学有根底。”老师的这些评语，让茅盾夫妇十分欣慰。

沈霜读小学以后，看书的劲头十足。茅盾对儿子行为很在意，但基本上不干涉儿子的兴趣，没有要求他读什么书，不准读什么书，而是根据沈霜的喜欢，因势利导，买来沈霜喜欢的书，提供给沈霜去阅读。沈霜晚年回忆说：

我已不记得父亲对我有过耳提面命的教诲。只有一次，小学三年级时，在课堂上偷看连环图画，被老师发现后把书没收了，不得不向母亲要钱赔偿给书摊。父亲听说后训斥了一顿，还打了我两下。其实父亲并不禁止我看闲书（包括连环图画），但也不鼓励，只是采取放任态度。自然，他并不赞成在课堂上偷看——虽然他自己小时候也这样做过。他认为，小学生的自制能力较弱，应以课堂教育为主，但也要为孩子营造一个能读闲书的环境，让孩子自己选择（也就是所谓“放羊”），而后根据孩子的兴趣加以引导，孩子是不易察觉的。记得我们家中有一间堆满各种书籍的小屋，我小时就常“漫游”其中，挑选和翻看有兴趣的书。许多书往往看了一个头就丢开了，能坚持看完以至看得津津有味的有《西游记》《水浒》和《封神榜》。《三国演义》是勉强看完的，而《红楼梦》就排不上队了，觉得书中男男女女的故事看得犯困，所以无法理解姐姐何以要和父亲比赛读《红楼梦》。

现代的书籍中喜欢巴金的《灭亡》，对书中掷炸弹的革命党人很敬佩；张恨水的《啼笑因缘》则不感兴趣。父亲的《子夜》也努力读了，但看不懂，只得中途放弃，虽然知道这是父亲很重要的一部著作。父亲的《春蚕》却喜欢看，觉得书中的多多头这小伙子很可爱，有义气。对武侠小说都爱看，但父亲的书房里只有《江湖奇侠传》等少数几种，因爱看而家里又不多，就只好到书摊租看这样的连环图画。父亲并不反对孩子看武侠小说，但要求一要看文笔好的、口碑好的，二是不能着迷。

我幼时对小说以外的历史、地理、科普乃至哲学等方面的书籍，只要写得通俗、读来又有趣的，就都爱翻看。记得有一本美国房龙著的《人类的故事》，这是一本故事性趣味性都很强的世界史著作，我看得入了迷。父亲发现后又悄悄地买了一本同一作者的关于世界地理知识的书《我们的世界》，我同样读得津津有味。父亲发现儿子是个"杂家"，但兴趣倾向于科学而不是文学，这一点和女儿不同。比如对于数学，我在小学时，常把老师尚未讲到的课，先根据课本上的解释做起了习题，而且一般都未做错。因此父亲曾对母亲说："看来我爸爸的遗愿要在阿桑身上实现了。"可惜父亲自己理工"不通"，对儿子在这方面的成长帮不上什么忙，只能随便地找来一些有关科普知识的书，让儿子自己去摸索。他对儿子有志于此，有时还能"动手"，也很赞赏。记得我七八岁时把一只闹钟"大卸八块"后无法复原，父亲并未责怪，反劝阻了母亲的发怒。[①]

① 韦韬、陈小曼：《我的父亲茅盾》，辽宁人民出版社 2004 年 2 月版，第 215—216 页。

沈霜的童少年时代，就是在这样宽松的家庭氛围中成长的。

茅盾对儿子的教育，除了文化上潜移默化的影响外，有时候还特地指点，毕竟是孩子，他们的可塑性很大，当时社会情状又十分复杂，特务横行，暗探遍地，稍有不慎，就有可能出现性命之虞。沈霜小时候，无论在街坊邻居的孩子中，还是在学校里，都是孩子王，常常带头玩各种各样的游戏。游戏时，沈霜常常把同学或者其他孩子分成两派，一派叫国民党，一派叫共产党，而沈霜自己必定是共产党，两派孩子游戏时，沈霜的共产党一派一定是高呼口号，冲杀过去，胜利一定是沈霜他们的共产党。而且每一次游戏，沈霜像真的共产党打了胜仗一样，兴高采烈地回家告诉父母。母亲一听，却为儿子担心，而父亲茅盾却不以为然，认为孩子的事，不能当真。

在沈霜小学高年级时，茅盾也开始关心儿子的思想、政治方面的成长了。在这方面，茅盾同样有自己的做法，没有给孩子们讲大道理，而是根据孩子们的理解能力，给以适当的提示，具体让孩子们去思考、去学习。沈霜记得，当年艾思奇的《大众哲学》出版以后，茅盾特地买了一本带回家，告诉沈霞和沈霜，大家都说哲学难懂，深奥神秘，其实不是这样的。这本《大众哲学》就谁都看得懂，你们可以看看。沈霜回忆说："我拿来读了，果然内容像讲故事一样，看得懂，也吸引人。"[①] 茅盾就是这样，

① 韦韬、陈小曼：《我的父亲茅盾》，辽宁人民出版社 2004 年 2 月版，第 216 页。

对子女的教育，循循善诱，没有训斥，没有讲大道理，让儿子、女儿在这样的家庭氛围中健康成长。

大概在 1935 年春天，茅盾在山阴路大陆新村三弄九号已经住了快三年时间，居住的时间越长，知道他家地址的人就越多，这对从事革命文艺工作的茅盾来说，是很不方便和很不安全的事。当时的政治环境并没有比 30 年代初期好，反而更加恶劣。在 1933 年下半年，国民党开始酝酿出台图书审查制度，1934 年 2 月，国民党上海市党部奉国民党中央宣传部查禁“反动”书刊的通知，正式下发给 25 家出版社 (书店)，149 种图书遭到查禁，涉及 28 个作家。其中有鲁迅、茅盾、郭沫若、陈望道、田汉、夏衍、柔石、丁玲、胡也频、高语罕、周扬、巴金、冯雪峰等。当时茅盾的全部创作被查禁，《宿莽》《野蔷薇》《蚀》《虹》《三人行》《春蚕》《茅盾自选集》等，都是被国民党中宣部查禁的作品，说明当时左翼作家的生存环境已经十分恶劣。国民党中宣部的这个查禁，连出版社的生计都受到很大影响，于是由开明书店出面领头，向南京国民党中宣部连续两次申请复审，要求解禁一些有销路的图书。后来，茅盾的《蚀》《路》改为“暂缓执行”，而《子夜》《虹》《春蚕》《三人行》《野蔷薇》《宿莽》《茅盾自选集》还是要删改才能出版发行。这样，就茅盾的经济状况来说，虽然比全部查禁好一点，但是茅盾的收入还是受到严重影响。

茅盾回忆说：“我们在大陆新村已经住了两年，渐渐地知道这个地址的人多起来了。而且自从国民党实行图书杂志审查制度后，我卖文的收入减少了，加之又要在乌镇翻修房子，大陆新村每月 60 元的房租，就成了一项巨大的开支。”所以，如有合适的地方，茅盾还是想换一处。

茅盾是多年从事革命地下工作的人，虽然现在离开了党组织，但是对安全的敏感依然如故。因此，在 1935 年 3 月，茅盾搬到信义村一弄四号。这是茅盾抗战全面爆发前在上海的最后一个住址。当时，信义村还是一个刚刚新建的小区，地段比较偏，也比较冷清，所以很适合茅盾这样有红色背景的作家居住。黎烈文也住在信义村，与茅盾做邻居。后来，陆陆续续有一些名人如电影演员黎莉莉、电影导演孙瑜等，也住到信义村。

茅盾一家搬到信义村以后，正在读小学的沈霜，也转到信义村附近的时代小学读书。而沈霞已经是中学里的住宿生。沈霞在中学阶段，也换过几个中学，先是考取上海有名的“立达学园”，后来又转学到大同大学附中。当茅盾把家搬到信义村时，沈霞正在大同大学附中读书，而且是住校。沈霜正在读五年级，转学到时代小学，就在五年级做插班生。

时代小学在曹家渡，离信义村不远。曹家渡一带，当时是沪西的工业区，所以时代小学的学生，大多是工人的孩子，他们上学晚，年龄都比较大。沈霜进校一个学期以后，对学校的情况已经非常熟悉，发现时代小学里有个初中班，初中班里的学生年纪比沈霜大，而且这些初中生看不起沈霜他们这些小学生，不跟他们一起玩。沈霜还发现，这些初中生经常聚集在一位姓刘的班主任的宿舍里，讨论读书，讨论社会问题。因此沈霜非常想和这些大同学一起交流读书心得，探讨人生社会问题。所以沈霜有时候也参加这些初中生读书会，渐渐地，这些大同学和沈霜的关系亲近起来。有一次，有一个初中生同学在看《子夜》，沈霜看见了，很自然地带点骄傲地说："这书是我爸爸写的。"那位大同学吓了一跳，忙问："这是茅盾写的，怎么是你爸爸写的？"沈霜知道自己说多了，但是仍然坚持说："茅盾就是我爸爸。"

第二天，这位大同学把沈霜领到班主任刘老师的单身宿舍。刘老师拿出一本《子夜》，问沈霜："这是你爸爸写的？"沈霜点点头。刘老师又问："你爸爸不是教书的吗？"因为沈霜在学生登记表上，家长职业中写的是教书。所以刘老师这样问沈霜。沈霜知道自己说了家里的情况，有点着急，涨红了脸，但是仍然坚持，说："我爸爸是写书的。"刘老师一听，情况都明白了，没有再问下去。

这天，沈霜回家，把在学校里的情况告诉了父母，母亲孔德沚一听，马上反应过来，十分紧张，说，如果这样，为了安全起见，赶快为儿子换学校，这个学校不能读了。茅盾听儿子说过后，冷静地想了一想，认为现在还不至于到换学校的地步，既然这些同学和老师看《子夜》，那么应该都是正派人，有正义感的人。所以，现在只好让儿子明天到学校时，向刘老师说，自己弄错了。第二天，沈霜拉着那位大同学，到刘老师那里，说自己昨天说的不对，说错了。不料刘老师一听，笑道:“没事，没事，你不要在外面说就是。”并且让沈霜以后也参加他们初中生的读书活动。茅盾后来说，通过这次事情，“我的儿子也可以自由进出刘老师的宿舍了。”[①] 茅盾还说:“家庭环境对孩子们大概有着巨大的潜移默化的影响。我和德沚从来不当着孩子的面谈论政治，可是孩子们不但知道共产党是好的，蒋介石是坏的，而且还会唱《国际歌》！为此我们不得不警告孩子们在学校中说话要小心。女儿年长两岁，显得成熟多了，在学校中算个进步分子。儿子却还懵懵懂懂，是个贪玩的孩子。不过，自从挤进了初中生这个小圈子之后，在孩子淘里居然也算个懂点大道理了。”[②]

因为沈霜懂点“大道理”，在时代小学读书时，也开始追求进步了。进时代小学的第二年，学校为了纪念五卅运动，沈霜和那些初中生一起，在刘老师带领下，要去参加上海文化界救国会组织的纪念五卅运动 11 周年的示威游行活动。

沈霜回家告诉父母，明天去参加游行示威活动。孔德沚一听，十分担心，因为上海已经多年没有举行这样的游行示威活动了，担心国民党采取镇压手段。后来在沈霜的坚持下，孔德沚也同意儿子去参加这样的游行示威活动。她同意的理由，是应该让阿桑去见见世面，只是他现在还小一点。但是当沈霜真的去参加

①② 茅盾:《我走过的道路》(下)，人民文学出版社 1997 年 12 月版，第 98 页。

学校刘老师带领的游行示威活动时，茅盾和孔德沚夫妇的心，一直提着，一直提着，不知道儿子在参加游行时，会发生什么，儿子会怎样应对。父母心里，始终是儿子的影子，一会儿想象着，如果遭到国民党的镇压，儿子会怎样？一会儿又自己安慰自己，应该让儿子去经风雨、见世面了，不会有什么事的。一会儿坦然，一会儿坐立不安，茅盾和孔德沚想到自己当年在五卅运动中，走上街头，抗议帝国主义的暴行似乎还在眼前，现在儿子也走上街头了。

时代的发展，让茅盾感慨万千。于是，茅盾拿起笔，创作了一篇以儿子沈霜去参加游行示威活动为背景的小说——《儿子开会去了》。这是茅盾第一次以儿子生活为题材创作的小说。小说《儿子开会去了》并没有叙述儿子参加游行的故事，而是着重描写父母对于 13 岁的儿子去游行又放心又不放心的矛盾心情，小说真实地反映了参加过五卅运动的父母看到儿子去参加纪念游行活动的心情。茅盾回忆说，当时“小说的寓意很简单：老一代曾在‘五四’运动的感召下经历了革命的暴风雨；现在年轻的一代又在新的感召下冲向街头了！这就是中国革命的接力赛。我在小说中写道：‘恐怕要到阿向的儿子做了小学生，这才群众大会之类是没有危险的。中国革命是长期的艰苦的斗争！’”①

① 茅盾：《我走过的道路》（下），人民文学出版社 1997 年 12 月版，第 99 页。

链接:

儿子开会去了

茅盾

父亲把原稿纸摊平，提起笔来正要写，忽然房门轻轻开了。父亲坐在那里是看不见房门的，然而从脚步声他知道进来的是他的儿子。

父亲朝书桌对面小橱顶的大鹏钟看了一眼。十一点又十二三分。“怎么这钟又慢了？”——父亲这样想着，就搁了笔。

“爸爸，下午我要到市商会去。”

“哦！”父亲嘴里应着，心里却又想到他手头那篇文章的内容，在某一点上推敲起来了。儿子看见父亲没有话语，转身预备退出。

“噢，到市商会去么？哦？”父亲的心又移到儿子身上了，就又猛然记起就是昨天妻告诉道，阿向近来常常和同学们出去走，甚至走到文庙公园，来回足有二十里路，这在他这样一点年纪实在要走伤身体的。

“到市商会去干么？”父亲转身看着他的儿子说。

“开会。”儿子回答，脸上浮出一丝按捺不住的笑影来。

啊！——父亲也想起来了，明白了，今天是五月三十。

“你也到了要去参加什么‘运动’的时候了么？”——父亲心里这样想，盯住了儿子的面孔看。

“三个人同去，都是同班的。”

儿子说。要不是他猜想父亲有不让他去的意思，他是连这一句话也不愿意说的。关于他“自己的事”，他向来就不肯多说。

“认识路么？”

“认识。同去的人认识。”

“那么，来去都坐公共汽车罢，不可以再走呀。我给你车钱。”

父亲说着，便又转眼看着未了的文稿，打算再续上几句，把一小段告个结束，就下楼去吃中饭。

他提笔写着，可是又分明听得儿子在房外的书架上找什么书，又听得他下楼去了。

文稿的一小段告了结束了，他读一遍，摇摇头，便放下笔。

想起要给儿子车钱，他取下两张角票，就走下楼去。

儿子坐在小藤椅里，狡猾地微笑，这是他觉得大人太多心太噜苏的时候常有的表情。

母亲在烫衣服，看见丈夫来了，就说道：

“阿向要到市商会去参加群众大会。你已经允许他了么？他先同你说，他知道你不会拦阻他。我想不让他去，有危险，可是他说爸爸已经答应了。”

“大概没有危险。”

父亲一边回答，一边就走到儿子面前，又定睛朝他看着，又在心里想道：“哦，你也到了要去参加什么‘运动’的时候了么？你是觉得好玩这才要去呢，还是——”但是母亲却问儿子道：

“倘使被捕了，你怎么说？”

“我说，轧热闹的。”儿子回答，又狡猾地笑了。

“嗳嗨，你看，”母亲赶快对父亲说，“他们连‘口供’都对过了。有组织的，有组织的，他们准备着有冲突。”

父亲还没回答，儿子却又说了：

“叫我们不要多带钱，不要带纸，不要带铅笔。”

“那么，是学校里叫你们去的么？”父亲问。

“不是。”

“哦！那么谁叫你们去？你们怎么知道今天在市商会开大会？”

“学校里并没正式叫他们去。”母亲说明着。“可是鼓励他们去。谁要是去了，不作缺课算。教员也有去的。”

“先生另外走，不同我们一路。”

“哦！”父亲朝母亲看了一眼，觉得她刚才所说的“他们准备有冲突”不是过虑了。然而怎么能不准备有冲突呢？这是在中国呀！

母亲已经把衣服烫完，一面收拾电熨斗，一面就说："依我的意思，还是不要去罢；他太小了！"

"快点炒蛋炒饭罢。十二点我要和他们会齐的！"儿子却又来催促了。

"还没到十二点么？"父亲问。他只晓得儿子学校里放饭总是在十二点的。

"今天他是早出来一个钟头，也不作缺课算的。"母亲回答，便到厨房里去了。

父亲又盯住了他儿子的面孔看，心里便想到十一年前的今日。十一年前的今日，这儿子只有两足岁，刚刚会走。十一年前血染南京路的第二天晚上，母亲同她的两个女朋友从"包围总商会"立逼"宣布罢市"的群众大示威回到家里时，一把抱住这两岁的孩子，一面兴奋地说："我们一队里有小学生，马队冲开了前排的大人，有好几个小学生跌倒了，我看见一个——不过十二三岁，在马蹄下滚过，幸而交通队立刻来救了去。我那时就想到我们的阿向。可是，阿向大了时，世界总该不是现在那样的世界罢？"

以后每有一次示威运动，每有一次看见小学生们参加而挨着皮鞭马蹄，母亲回家来总是抱住她的阿向，沉痛地说了同样的话语。

最近，她看见了"一二·一六"北平的受伤学生的摄影，她唤着阿向说道："阿向！你看，这一个臂上绑着纱布的，好像比你大不了几岁呢！唉，他们对于小孩子也下毒手！”

然而现在阿向也到了要去参加什么“运动”的时候了呢！十一年前无数的跟阿向同样大小的孩子现在大概也同阿向一样怀着又好奇又热烈的心情准备去参加第一次示威。

父亲想着，心里觉得有点难过，又有点快慰。

儿子匆匆忙忙地在吃蛋炒饭了。父亲和母亲坐在旁边看他吃。父亲觉得他应该对儿子说几句话，可又觉得要说的太多了，而且儿子也未必全懂，儿子毕竟是太小了一点。

母亲却先开口了：

“开过会倘使去游行，阿向，你还是不要去罢。”

儿子只管扒饭进嘴里。

“游行可以不去。你的肺病刚好，多走要伤身体的。况且，要是半路里被冲散了呢？你又不认识路，怎么回来呢？”

父亲也说了。但是儿子狡猾地笑了笑，匆匆地把饭吃完，这才很不平似的叫道：

“不怕，不怕！不认识路，我会问，会叫车子！”

他伸出手来，又说：“车钱呢？”

父亲给他两张角票，他就走了。母亲一直站在后门口看他走出了衖堂门。

“你不应该先允许他去的！”母亲回到客堂里就抱怨

父亲。

“不许他去么？以后他简直就瞒过你！”

“可是到底太小了！”母亲叹气说。

父亲摇了摇头，燃起一枝香烟来，心又转到他那篇未完成的文稿去。这是当天晚上一定要交卷的。

父亲和母亲对面吃午饭，觉得比往常冷静些。

“我先打算和他同去，倘使要游行了，就带他回来；可是后来一想，一则不免要碰到许多认识的人，二则他也不肯跟我回来的。……”母亲自言自语地说。

“自然，”父亲笑得很响，“他要跟群众走，怎么肯跟你母亲呢！”

“他是什么也不懂的，就凭一股血气，胆又大，——你应该教教他。”

“怎样教？教什么呢？对他说，要避免无谓的牺牲么？他太小了，不能理解的。”

父亲说着忽然又很响地笑了，脸上的肌肉却是绷紧的。

直到吃完饭没有再提这件事。

吸着香烟踱方步的时候，父亲好几次站住了朝母亲瞥一眼，父亲的脸上有一层兴奋的红晕。终于他站在妻的面前说道：

“恐怕要到阿向的儿子做了小学生，这才群众大会之类是没有危险的。中国革命是长期的艰苦的斗争！”

“我们阿向将来一定是勇敢的。如果现在他是二十岁了，我一点也不担心。可是他不过十三岁——我巴望着他马上就是二十岁！”

“放心。日子有时候是过得很快的！”

父亲和母亲都笑了，父亲和母亲对看了一眼，彼此都觉得眼眶里有点潮润，然而他们的笑是自然的，愉快的。

整个下午过去得很快。但到六点钟以后，“时光老人”却又变得极古怪了：有时觉得它的脚步太慢，有时又觉得它太快。母亲是已经在考虑，应当到哪几个地方去打听，以及找哪几个人去探询。

八点钟过后，父亲也着急起来了，然而有一个朋友来了，带着他在当天大会里收集得来的各种传单。问过他，知道当天没有出事情，母亲这才略放了几分心。

可是她又忧虑到另一方面去了：“迷路了罢？或是给汽车撞了罢？”孩子在母亲心中始终是像刚出世的小羊似的。

直到九点十五分光景，儿子这才回来了。他一进门就看见桌子上的大会里的传单。他叫道：

“这是哪里来的？”

他赶快从衣袋里摸出他自己带来的一份。

父亲和母亲都哈哈笑了。

母亲捉住了儿子问道：

“怎样游行的？讲给妈妈听。”

“到了五卅公墓，后来到北车站，有兵拦住了，就散队。脚底一点不痛。”

儿子一边回答一边就又摸出一张印着红字的小纸来说道：

“这是口号。喊得真高兴呀！”

1936年6月，上海

（最初发表在1936年6月10日《光明》创刊号。）

在炮火中离开上海

1937年7月7日，日本侵略军发动卢沟桥事变，抗战全面爆发。

茅盾一家温馨而殷实的小康生活戛然而止！

1937年8月10日开始，上海已经笼罩在战争的阴影里，闸北、虹口、杨树浦地区的难民开始像潮水一样涌向上海租界。8月13日，日本军队进攻上海，轰炸上海闸北地区，东方大都市上海陷入一片混乱。驻上海的中国军队，在抗日名将谢晋元带领下，奋力抵抗日本侵略军的疯狂进攻！

在大同大学附中读初中的沈霜，已经没有办法再上学了。在大同大学附中读高中的沈霞也无法上学，学校已经停课，同学中，有的已经走上抗日前线，有的已经离开上海，有的同学开始投入“上海学生救亡协会”，冒着生命危险，走进上海的大街小巷，唱着《打回老家去》的抗日歌曲，在苏州河畔的公共租界，遥望苏州河畔的四行仓库，为坚守在那里的中国军队的勇士们鼓劲！为上海的抗日烽火奉献自己的青春和热血！

沈霞、沈霜姐弟俩虽然不能读书了，但是爱国热血沸腾，他们守着收音机，了解中国军队的抗日消息，时不时走到街上，看到热血沸腾的上海人在逆行，支援中国军队的抗战。也看到涌来涌去的难民，大人小孩，肩扛行李，拖儿带女，一片混乱，不知道去哪里才是安全的。

8 月 13 日这一天，茅盾看到闸北地方开火了，他从信义村出门，走上街头，朝开明书店总厂方向走去，但是，沿街的路障，让茅盾无法前行。茅盾只好折返回家。战争的形势，已经不容茅盾一家在信义村过平静的生活。

但是，茅盾首先想到，文艺界作家们如何为当前的抗日形势作鼓与呼？茅盾和上海的几个刊物主编一商量，决定立即筹备出版一份快而短的刊物——《烽火》。于是茅盾在上海“八一三事变”的隆隆炮火中，编辑《烽火》杂志，以最快的速度，奉上一份鼓舞士气、民气的抗战文艺刊物！

但是，抗战爆发以后，沈霞、沈霜两个孩子的读书，在上海已经成为一个问题。还有，茅盾想到自己的母亲，母亲这时不在上海，而是一个人住在乌镇，不知道现在乌镇的情况怎么样。茅盾夫妇非常揪心。

几天以后，茅盾让孔德沚回乌镇一次，请母亲来上海，或者住在上海的租界里，这样，即使自己离开上海，在上海的茅盾二叔一家可以照顾她。如果母亲愿意，就和他们一起行动——逃难。沈霞、沈霜也希望奶奶和他们在一起。

孔德沚很快从乌镇回来了，还是她一个人回来。她告诉茅盾，母亲不愿意来上海，也不愿意随他们去逃难，表示愿意留在乌镇。

茅盾知道，母亲决定了的事情，都是她思考成熟的，所以不容易轻易改变的。但转念一想，乌镇这个地方是个水乡，交通不便，也许日本人不会打到乌镇去。茅盾自己在安慰自己。

茅盾此时还纠结着两个孩子的读书，一个读高中，一个读初中，正是需要课堂、需要课桌椅、需要老师教的时候！茅盾看着当时的抗战形势，一筹莫展。

大概在 9 月下旬，茅盾夫妇收到孔德沚在上海认识的老朋友陈达人在长沙的来信，她告诉茅盾夫妇，她和丈夫黄子通在长沙，黄子通在大学教书，欢迎茅盾夫妇让沈霞、沈霜到长沙的中学去读书，信中还介绍说，长沙的周南女中、岳云中学，都是长沙有名的中学。看到陈达人的来信，茅盾夫妇决定先去湖南长沙，找个学校，安顿好孩子读书的事。在长沙读书，即使茅盾夫妇不去长沙，陈达人夫妇可以照顾的，如果没有战争，现在早开学了。于是茅盾一方面回信陈达人，表示感谢，同时也决定带孩子去长沙。

这时，茅盾夫妇开始做疏散的准备，孔德沚开始把家里的东西分类，一部分送人，一部分寄存在茅盾二叔沈仲襄家里，茅盾的《子夜》手稿，就是寄存在二叔那里，二叔将《子夜》手稿存放在他供职的银行保险柜里，躲过战争的硝烟，得以完整保存下来。还有茅盾的一些书，让孔德沚送回乌镇，存放在家里。既然母亲不愿意随茅盾夫妇去内地，茅盾只好给母亲留点钱，以防万一。这些事，由孔德沚去办，而茅盾则赶紧送沈霞、沈霜去长沙读书，因为已经半个学期快过去了，所以茅盾决定立即陪同他们去长沙。

正当茅盾夫妇忙于准备离开上海的时候，他们收到几年没有消息、传言已经战死在河西走廊的弟媳沈泽民夫人张琴秋的来信，让茅盾夫妇和沈霞、沈霜两个孩子大吃一惊。张琴秋还活着！张琴秋在信中说，她在西路军失败中被俘虏，送到首都反省院，经过周先生的努力，她被保出来了，马上准备“回家”。看到张琴秋的亲笔信，想起小叔子沈泽民，孔德沚控制不住悲痛，大哭一场。茅盾看了张琴秋的信，知道“周先生”就是周恩来，“回家”就是回延安。现在张琴秋已经被周恩来营救出来，准备去延安了，茅盾想起牺牲的弟弟沈泽民，百感交集。此时的沈霞和沈霜，只知道沈泽民叔叔几年前牺牲了，婶婶张琴秋还在，没有想到的是，几年以后在延安，张琴秋婶婶会成为沈霞、沈霜最亲近的人！

10 月 5 日中午，茅盾带着沈霞、沈霜提前半天到达上海火车西站。一到人山人海的西站，车站外去镇江的队伍已经排得很长。沈霜到前面去“侦察”一番，回来向父亲茅盾报告，他们排在第597个，队伍还在延伸！火车是要在晚上才开的，而且从上海去镇江的铁路，上海到苏州的一段已经不通，所以到镇江，要绕道嘉兴，沿苏嘉铁路到苏州，再到镇江。

太阳下山后，火车终于启动，但是，从上海到嘉兴，火车走得并不顺利，茅盾记得：“列车在夜暗中向南开去。也不知过了多少时间，忽然列车悄悄地停了下来。这时车门突然被撞开，惊醒了沉睡的人们。来人高声宣布：前面的铁路桥被炸断了，旅客们必须徒步过桥到一公里外换乘南来的列车。……我们得‘轻装’之利，第一批挤下了车门。列车停在旷野上，没有星星，没有月亮，只有路基两边的稻田发出灰蒙蒙的微光。列车前方有黑黝黝的东西，大概就是被炸的铁路桥。大家不约而同，向黑影走去。桥上被炸的部分临时架着便桥，下面听得见河水的哗哗声。我随身带着一支手电筒，这时忍不住悄悄地把它打开，因为我实在担心孩子会失足掉下河去。一道青色的光照着便桥，能看清楚是用紧挨着的木板铺成的，约有一丈宽，两旁还立了栏杆；从木板间的缝隙照下去，黑黝黝的，看不到河面。前后的旅客对于我打手电并没有提抗议，大概他们也从这道青光的照射中得到了宽慰和满足。可是，在旁边，在便桥以外，突然传来了严厉的呵斥：‘不准打手电！’显然，桥上还站着护路人员。我连忙收起了手电。”①

① 茅盾：《我走过的道路》（下），人民文学出版社1997年12月版，第148—149页。

苏嘉铁路是当时南京政府为战备而修建的一条铁路。1936年初开工，建设速度很快，半年以后，7月份就通车。这条铁路的建成，形成苏州、上海、嘉兴的三角网络，对保卫南京，具有战略意义。1937年的“八一三事件”以后，上海北站陷于炮火，车站被敌机炸毁。上海与南京的交通，只好改由西站（梵皇渡站）沿沪杭线到嘉兴，再转苏嘉铁路到苏州，再往南京方向。因此，尽管上海北站被日本人炸毁，上海到南京的交通仍旧可以畅通，得益于苏嘉铁路的建成。所以，在全面抗战初期，苏嘉铁路发挥了不可替代的积极作用。

当时日军多次派飞机来对这条铁路狂轰滥炸，企图掐断这条抗战大动脉。中国铁路工人不畏强暴，不怕牺牲，日夜奋战，随炸随修！一直坚持到日军攻陷浙江平湖，直取嘉兴后，中国铁路工人又奉命亲手炸毁用心血汗水修筑起来的铁路，粉碎日军进攻南京走苏嘉铁路捷径的图谋！

茅盾带着沈霞、沈霜乘坐的火车，是10月6日凌晨经过苏嘉铁路的。也就是说，沈霞、沈霜是从这一条苏嘉铁路走上抗战之路的。虽然是后半夜，火车还是走走停停。苏嘉铁路的西边，就是沈霞、沈霜的故乡乌镇，他们思绪万千，奶奶一个人还在乌镇，估计现在在睡梦中呢。而妈妈在上海，还在等着爸爸回去。姐弟俩是第一次出远门，还是以这样的方式出远门。以后的人生路，究竟怎么走，此时的姐弟俩，真的一点预感都没有。

10月6日上午9时左右，火车到达镇江，茅盾带着沈霞、沈霜直奔长江轮船码头，买好去武汉的船票。见时间还早，茅盾便带着沈霞、沈霜在镇江看看北固山、金山寺等名胜古迹，然后坐船两天两夜到达武汉。10 月 9 日从武汉出发去长沙。10 月 10 日到达长沙。沈霞和沈霜这是第一次到长沙，开始他们抗战中艰辛的求学之路。

抗战逃难岁月

沈霜的成长过程中，最需要读书时，正逢日本侵略中国的抗日战争期间，上海的学校停了，后来上海沦陷，学校成为日本文化、教育侵略中国的一个阵地，所以沈霜只好在逃难的途中寻找读书求学的机会。父母到哪里，沈霜读书到哪里。抗战时期的沈霜，离开上海以后，先后在长沙、香港、新疆迪化等地的学校读书。在动荡的时代里，沈霜一直是个插班生。

在辗转奔波中，沈霜随父母走过大半个中国，见证了广州、香港的乱象，经历了新疆惊心动魄的生死经历，有过无聊的日子。他见过阴险狠毒的新疆王盛世才，也见过 20 世纪 30 年代兰州城市的落后面貌。就是在这样风风雨雨的日子里，沈霜慢慢地成长了。

在新疆风雨如磐的岁月里，最让沈霜心痛的，莫过于祖母陈爱珠在乌镇的去世。因为茅盾夫妇从事秘密革命工作，无暇照看沈霞、沈霜，他们就在祖母的呵护下一点一点成长起来。现在，沈霜一家都在千里之外的新疆，无法回乌镇奔丧，十八九岁的沈霜情何以堪！所以沈霜和祖母的感情，和父母一样，非常深厚，一辈子都无法释怀。

长沙岳云中学的插班生

1937 年 10 月 10 日，茅盾带着沈霞、沈霜抵达长沙。

茅盾记得："10 月 10 日中午，我们到达长沙，达人和她的侄女小胖（这是她的小名）已在车站等候。我们又乘黄包车来到长沙城外白鹅塘 1 号达人的家，黄子通穿着一件直贡呢的袍子，迎出房来，看风度，一点不像在国外吃了七年面包的洋博士。寒暄之后，黄子通就问：你们是坐黄包车来的吧，多少车钱？我说了一个数。他叫道，看，又给他们敲竹杠了。接着他就介绍长沙黄包车的特点：身穿长袍，漫天要价，拉车不跑。的确，我们坐上黄包车后车夫并不跑，而是一步一步地走，而且都穿着长袍。子通说，所以长沙的黄包车除了老年人和带行李的旅客，没有人坐。"① 战时的长沙给作家茅盾上了一课！自然，在旁边的沈霞、沈霜也听得很新鲜。

其实此时的茅盾十分急切地想了解长沙学校的情况，两个孩子的读书，是眼下当务之急。风尘仆仆的茅盾和他的一双儿女，就是奔着读书来的。黄子通寒暄过后，茅盾就迫不及待向陈达人

① 茅盾：《我走过的道路》（下），人民文学出版社 1997 年 12 月版，第 151 页。

了解长沙的学校情况。陈达人笑道:“不着急，长沙的中学都是男女分校，我们已经给你们联系了两个学校，都是名牌中学。沈霞去周南女子中学，阿桑（沈霜）上岳云中学。”这时，小胖又做了一点补充，介绍这两个学校的情况，比较详细。小胖是燕京大学的学生，因为战争而来长沙借读，住在陈达人家里。沈霞问小胖要不要考试。小胖说，可能要考一下的，还说周南女中是比较认真的。于是，沈霞回房间开始认真复习，准备迎接考试。果然，第二天去学校考试时，周南女中，非常认真地让沈霞考试一番，幸亏沈霞的功课本来就好，在周南女中插班考试是没有问题的。但是，沈霜却不愿意做准备，直接去学校考试，这让茅盾有点担心，果然，到了岳云中学，开始很顺利，后来突然发生一个小插曲，茅盾回忆说:

> 第二天，女儿要作考试的准备，儿子却不愿准备，就由我陪他去岳云中学。果然很顺利，由教务主任问了阿桑几个问题，再让他写一篇作文，就算录取了。这时却发生了一件意想不到的事引起了一点虚惊。在教务主任已经同意我们去办入学手续时，走进来一个剃和尚头的中年男子，他得知我的儿子是新来的学生后，突然指着阿桑的头用浓重的湖南方言说道:这不行！我弄得莫名其妙。他见我不理会，又一叠声道:这不行！这不行！幸亏教务主任插进来解释道:这位是体育教员，他说令郎的头发不合规定，这里的学生一律

剃光头。我看了看儿子的满头黑发，也顾不得征求儿子的同意，连忙说：这个好办，我们现在就去理发馆剃掉。

那位体育教员一摆手道：不用去理发馆，学校就能剃，现在就剃。说着一转身就出了门，几分钟后领来一个提着白布小包的理发师。于是我的儿子就在那间办公室里剃起头来，而体育教员站在旁边看着。等到剃光头发，他在我儿子的光头上拍了一下，说了声："好！"就出门扬长而去。后来听孩子说，这位体育教员是行伍出身，大老粗，是训育主任带来的人，而训育主任照例是省党部派来的。①

沈霞插班的周南女中出过许多有名的女性，向警予、杨开慧等，都是周南女中的毕业生。岳云中学也是长沙的知名中学，它是湖南炎陵县何炳麟先生1909年创办，地址在长沙经武门，1914年2月改为湖南私立岳云中学。何炳麟先生认为："欲兴邦国，必兴科学，欲兴科学，必先培育人才。"所以，他担任岳云中学校长50多年，为了筹集办学经费，四处奔走呼吁，求人相助，而自己省吃俭用，倾家办学。何炳麟认为："办学敛钱，天诛地灭。"岳云中学的"勤、恪、忠、毅"四个字的校训，就是何炳麟先生提出的。他要培养学生耐劳、守法、服务、向上的精神。岳云中学还有一个特点，就是格外重视体育，重视学生

---

① 茅盾：《我走过的道路》（下），人民文学出版社1997年12月版，第152页。

的体魄锻炼。民国时期岳云中学的体育成绩，在湖南省常常独占鳌头。1935 年，湖南省体育会考，岳云中学名列前茅。沈霜去岳云中学插班时，学生都要理光头。可见岳云中学重视体育的程度。

就在沈霜插班岳云中学前三个月，何炳麟先生在湖南省南岳新设一所农校，名称为“湖南私立岳云高级农业职业学校”。1938 年时，因为日寇不断轰炸长沙，岳云中学也迁到南岳。这是后话。岳云中学同样出过许多名人，如作家丁玲、音乐家贺绿汀等。马英九的父亲马鹤凌在 1935 年至 1940 年曾经在岳云中学读书，是岳云中学的体育健将。沈霜去做插班生时，马鹤凌是前辈学长，只是不一定认识，更不知道他几十年以后有一个儿子成为台湾的名人。

茅盾将沈霜安顿好，临走前茅盾关照沈霜：平时就住在学校，星期天和姐姐沈霞去陈达人家里。所以，沈霜在岳云中学的一个学期里，星期天就去陈达人家里，而陈达人也很关心沈霞、沈霜，每个星期天都要准备些好的菜肴，让沈霞、沈霜姐弟俩改善一下生活。因此，在长沙的一个学期，沈霜觉得时间过得非常快，岳云中学的体育氛围，让正在长身体的沈霜感到很适应，觉得年轻人就应该是这样的，充满青春活力，洋溢着一种蓬勃向上的力量。

茅盾在长沙的这几天，因为战争的烽火已经开始向内地蔓延，茅盾担心耽搁回上海的行程，在去湖南大学演讲、和徐特立见面以后，立即从长沙回到上海。但是，此时远远没有来长沙那么方便。10 月 24 日，茅盾先到武汉办事，就从武汉出发，经长沙到株洲，再经南昌到杭州，一路上火车走走停停，到杭州已经是 11 月 5 日了。此时，茅盾正想买杭州去上海的火车票，恰巧这一天日本侵略军已经在金山卫登陆，回上海的沪杭铁路已经不通。于是，茅盾绕道绍兴，从绍兴乘船回上海。如此一个折腾，茅盾到上海已经是 11 月 12 日，从武汉出发回到上海，整整走了 19 天！茅盾回到家里这一刻的情形，直到晚年依然记忆清晰："11 月 12 日上灯时分，我回到家中，只见德沚一个人抱着一只白猫坐在沙发里发呆，旁边的收音机沙沙地响着。她一见我就跳起来高叫：好了，好了，回来了，总算回来了。接着就是一连串的问题：怎样回来的？孩子们好吗？路上走了几天？吃过饭没有？又说，这几天把我担心死了，现在好了，心里的石头落下了。说完又急急忙忙要去烧洗澡水。我说，先做饭罢，我一天没有吃呢！她又奔进了厨房，只一分钟，又奔出来说：刚刚广播，我军已撤出上海！"①

上海沦陷了，南京沦陷了，嘉兴、苏州等同日沦陷，茅盾最放心不下的，是在乌镇的母亲！二叔沈仲襄到茅盾家里，告诉说，乌镇来信，大嫂在乌镇平安。日本人往西去了，没有进乌镇。让你们放心。过了几天，茅盾收到母亲来信，说乌镇很安

① 茅盾：《我走过的道路》（下），人民文学出版社 1997 年 12 月版，第 156 页。

宁，去上海也不方便，所以，现在不准备来上海了。她只是不放心孙子孙女，让茅盾夫妇赶快去内地。于是茅盾夫妇搬离信义村，去另一个地方暂住，同时买了去香港的船票，但是，直到1937年的除夕，茅盾夫妇才正式离开上海。茅盾回忆说："1937年除夕，我和德沚登上了去香港的轮船，离别了曾经生活、工作和战斗了20年的上海。上海可以说是我的第二故乡，在这里我开始了对人生真谛的探索，也是在这里我选择了庄严的工作。现在我要离去了，为了祖国神圣的事业。但是我还要回来的，一定会回来！"①

茅盾夫妇从上海到香港、广州，再到长沙时，沈霜和沈霞的学校已经放寒假。茅盾本来想去武汉落脚，编辑生活书店的《文艺阵地》，但是武汉的抗战形势不稳定，所以决定改去广州落脚。此时，沈霞和沈霜只好告别周南女中和岳云中学，随父母往南方奔波。沈霜的奶奶在乌镇惦记着他们姐弟，但是在烽火连天的非常时期，连寄信都难，别说电话联系了。

战争，给茅盾一家带来无尽的苦难！

1938年2月21日，茅盾一家告别陈达人、黄子通夫妇，在长沙坐火车去广州，开始新的奔波。

在广州，沈霜和姐姐以及父母，在广州街头拍了一张照片。照片中的沈霜在奔波中又长高了。

---

① 茅盾：《我走过的道路》（下），人民文学出版社1997年12月版，第157—158页。

香港南华中学的日子

1938年2月24日，茅盾一家到达广州。

因为生活书店邀请茅盾去广州编辑《文艺阵地》，所以茅盾一家到达广州，生活书店的员工已经在火车站等候迎接。茅盾全家住进了当时广州最好的酒店——爱群大酒店。

本来，茅盾准备在广州住下来，自己编辑《文艺阵地》杂志，让沈霞和沈霜在广州继续读书。

可是，到广州后，茅盾才了解到广州的印刷出版条件，远远不如上海，无法满足当前抗战文艺出版传播的需要！而孔德沚也了解到，广州的房子，不仅质量很差，房租也不低，还有广州的物价很高，广州的中学也很一般。所以，一家人举棋不定时，恰巧萨空了到酒店来看望茅盾，希望茅盾为他主持的《立报》编副刊《言林》。同时他向茅盾介绍了香港的情况，并认为茅盾一家应该去香港。

茅盾被萨空了说得心动了，和夫人商量以后，决定去香港定居，一方面编辑《文艺阵地》，一方面编辑《言林》，同时进行创作。而沈霞和沈霜去香港读书。所以，茅盾在广州只待了三天，就带着全家去了香港，1938年2月27日，茅盾全家到达香港。

没有想到，香港的情况也非常糟糕。首先，香港的住房和广州一样，非常紧张。茅盾一家刚到香港，在生活书店香港分店甘伯林的帮助下，在九龙尖沙咀附近租到一间 25 平方米的房子，一家四口人挤在一起，与二房东和其他三房客共用卫生间和厨房。孔德沚愁眉苦脸，不知道怎么办才好，茅盾建议干脆全家吃三明治和罐头食品，得到沈霞和沈霜举双手赞同，但是孔德沚坚决不同意。无奈之下，茅盾只好买来酒精炉子，孔德沚也只好在酒精炉子上解决一家人的吃饭问题。而一家人早晨上卫生间的问题，最后还是孔德沚打头占领，随后一家人轮流解决。

茅盾又开始为孩子的读书问题奔波，他找到认识不久的老教育家吴涵真，打听香港的教育情况。吴涵真向茅盾介绍了香港的教育情况。原来，香港的教育，在英国的统治下非常落后，只有一所大学，即香港大学，水平连上海的高中都不如。中小学的教育，都还在教四书五经，教师的头脑非常顽固，不肯接受新鲜事物，连当前的抗日形势都不能在中小学里讲。唯一的共同点，香港的学校，都注重英语。因为学校主要是为香港培养买办和商店职员。当然，当时香港中小学的学费不高也是事实。吴涵真知道茅盾住在九龙尖沙咀附近，便建议茅盾将沈霞、沈霜送到南华中学的女校和男校继续读书。并告诉茅盾，这是香港华人办的学校中最开明的一所，他们用内地的教材，国文课讲普通话，公民课有抗日的内容。茅盾一听，觉得南华中学是可以考虑的。于是，茅盾又向吴涵真了解了具体的插班情况。

吴涵真笑道，沈先生去就是了。

1938 年在香港寓所全家合影

果然，因为有吴涵真的介绍，沈霞、沈霜去南华中学插班的事情，办得非常顺利。于是，沈霜和姐姐沈霞，在 1938 年 3 月，插班香港南华中学。沈霜进南华中学初中的男校部，沈霞进南华中学高中的女校部。姐弟俩开始在香港的新环境下重新学习。

沈霞和沈霜姐弟俩进学校的读书问题解决以后，茅盾又全力以赴编辑生活书店的《文艺阵地》杂志。茅盾在香港编好以后，送到广州排字、印刷，但是，茅盾发现广州的编排和印刷质量实在太差，所以和生活书店商量，将编辑好的稿子托人带到上海，由茅盾内弟孔另境在上海接应编排和印刷，印好以后再寄到广州，从广州发行到各地。如此这般，虽然费时费力，但是杂志的质量有了保证。这样调整以后，茅盾才有时间帮助萨空了编辑《立报》副刊《言林》，才有时间创作反映抗战题材的小说《你往哪里跑》。

在香港尖沙咀住了两个多月，在朋友的帮助下，茅盾找到九龙太子道 196 号 4 楼的房子。这里比尖沙咀的房子好多了，与吴涵真做了邻居，楼下是萨空了一家。4 楼的房子不大，有一间卧室、一间客厅，外加一个大阳台。茅盾搬进去之前，稍微整理一下。大阳台装上玻璃窗，改成一个小房间，作为沈霞的房间。而沈霜则在客厅搭一张小床。这样，一家人就不用像尖沙咀时那样局促和紧张了，茅盾的编辑工作也能够铺展开来，效率也提高不少。沈霞和沈霜都能够在自己的小天地里看书做功课了。沈霞对这里的住处非常满意，在阳台上种了花，让人有四季如春的感觉。沈霞很得意，常常带同学来家里玩。尤其在 1938 年 12 月 18 日，茅盾又要离开香港去新疆前，沈霞的同学来看望沈霞，沈霞和同学在自己的小房间里，有说不完的话。这一天，沈霞还让弟弟沈霜帮助拍照，留下了两个大姑娘笑逐颜开的形象。

在香港期间，星期天，茅盾有时候也带沈霞、沈霜和夫人去香港的浅水湾、蝴蝶谷等地方游玩，看到沈霞、沈霜姐弟俩在海湾、山谷玩耍，仿佛自己也年轻了不少。尤其是在九龙荔枝角呈祥道和长坑路之间的蝴蝶谷，是沈霞和沈霜最喜欢去玩的地方，那里每到春天，有无数的金黄色的蝴蝶在飞舞，非常漂亮，沈霞姐弟俩常常流连忘返。

在香港的日子，同样过得很快，沈霜在南华中学的学习，很快一个学期过去了。暑假里，也许是沈霞太用功了。有一天，她突然感觉自己浑身发冷，紧接着就发高烧，几天高烧不退。茅盾把沈霞送到香港的玛丽医院，一检查，确诊为大叶性肺炎。所以一方面消炎治疗，一方面让沈霞静静地休息。因此，沈霜在暑假里，只能一个人出去玩，好在此时的沈霜，虽然还是中学生，但是，看上去已经是一个年轻小伙子了！生活、学习，也已经有自己的爱好了。茅盾在 1938 年 7 月 23 日给内弟孔另境写信时，专门请孔另境为沈霜订一份上海出版的滑稽画报，告诉内弟："阿桑要订阅上海出版之滑稽画报一种，款请暂垫。寄九龙弟寓可也。请即定为荷。预订全年特价国币贰元，邮费在内，请先预订半年。"沈霜喜欢搜集连环画小人书，喜欢一个人独处，不喜欢和香港那些同学玩。茅盾曾经的"放羊式"教育，让儿子沈霜早早有了独立的意识。

不过，此时的茅盾因为香港的物价高涨，收支不平衡，他既要编辑《文艺阵地》《言林》，同时还要创作长篇小说《你往哪里跑》在《立报》上连载，编辑、创作的任务十分繁重，只有这样，才能缓解经济窘态。

在香港生活一段时间，茅盾就萌生了离开香港的念头。还是在给儿子沈霜订滑稽画报时，茅盾就觉得在香港不如回到上海去。他说：当时，“我有了离开香港回上海的念头。那时候《立报》销路不好，天天赔钱，大有维持不下去的样子。原因当然是《立报》‘孤军作战’，敌不过那些盘踞香港几十年的黄色小报，但老板成舍我却认为是萨空了把报纸办得太红了。空了就有辞职不干的意思。另一方面，《文艺阵地》改在上海排印后，香港实际成了个转运站，如果我回上海编《文阵》，反而可以节省不少时间和精力。此外，母亲长住乌镇我们也不放心，——虽然日本兵没有进驻乌镇，却经常有杂牌军，‘游击队’，甚至土匪进进出出，搅得很不安宁，我们回到上海，就可以把母亲接到上海来同住。”[①]另外茅盾对香港的生活程度之高，也是想离开香港的一个因素。茅盾说：“香港生活程度之高，也是我决心离开的一个原因。我们的开支月月入不敷出。《文艺阵地》的编辑费是法币70元，折合港币40多元。《文阵》在广州排印时，一月两次赴广州的车马费、旅馆费就花了100多元，移到上海排版后，又从70元中扣出15元补贴另境。因此，我编《文阵》所得付了太子道公寓的房租就所剩无几了。幸而《言林》的编辑费和稿费还丰厚，但要应付香港高水平的开支，仍旧常使德沚叫苦。所以我们只好从积蓄中倒贴，10个月下来，几乎贴了1000元。显然，这

① 茅盾：《我走过的道路》（下），人民文学出版社1997年12月版，第211页。

样过日子是不能长久的。”[1]

就在茅盾想离开香港的时候，正巧碰见已经去过新疆的杜重远。杜重远是新疆督办盛世才的朋友，他已经被邀请去新疆办学校，他告诉茅盾，盛世才是一个干事业的人，思想进步开明，为人诚恳，现在他和苏联的关系、和延安的关系都不错。所以他在新疆提出一系列开明、进步的措施，现在新疆发展，正需要大量的人才。

杜重远从去年开始，在生活书店的《抗战三日刊》上曾经写过《到新疆去》的连载文章[2]，影响不小。后来杜重远把称赞新疆盛世才的文章，印成小册子，并送给茅盾一本。同时，萨空了已经答应杜重远去新疆工作，萨空了知道茅盾也想离开香港，所以让杜重远也来动员茅盾去新疆。

但是，见过风浪的茅盾，在到新疆这件事上，是非常谨慎的，他回忆说："杜重远写的那本小册子，的确使我动了去新疆做点事的念头。因为新疆虽地处西北边陲，却是背靠着苏联，在当时是唯一的国际军援通道，苏联援华的物资装备，就通过新疆浩瀚的戈壁滩运往内地。如果新疆当局果真如杜重远所说的那样进步，那么把新疆建设成一个进步的革命的基地，无疑有重大的战略意义，而我能为此事业稍尽绵薄，也是我应有的责任。然而

---

① 茅盾：《我走过的道路》（下），人民文学出版社 1997 年 12 月版，第 213 页。

② 杜重远从 1937 年 12 月 2 日至次年 2 月 23 日的《抗战三日刊》上连载《到新疆去》，一共连载了 19 篇。

杜重远三次进新疆所看到的究竟有没有假象呢？这件事必须慎重。于是我去找了廖承志。我想，既然盛世才与延安有联系，中共方面一定对新疆有个基本看法。然而廖承志说，我也不太清楚新疆的情形，杜重远可能说得太好了一点，不过我们有人在那里工作，其中就有你认识的。新疆有我认识的共产党人在那里工作，可见是可以去的，于是我就下了去新疆的最后决心，并且告诉了杜重远。隔了几天，杜重远送来了盛世才的一份电报，表示热烈欢迎我和张仲实赴新建设新新疆。”①

茅盾下决心离开香港去新疆，没有想到，这是茅盾有生以来最大的一次误判！此后的一年多时间，茅盾一家人过着从未有过的惊心动魄生死与共的生活。

现在，沈霜和沈霞又得离开南华中学，去一个遥远而陌生的地方，寻找新的生活和读书机会。

新疆岁月："列那和吉地"

茅盾是拿着盛世才的热情邀请电报，带着一家人，在 1938 年 12 月 20 日乘法国邮轮公司的“小广东”号离开香港的。

同行的除了茅盾一家外，还有杜重远公司的一位姓杨的先生，和杜重远的内弟侯立达，一共 6 个人。他们此行的目的地，

① 茅盾：《我走过的道路》（下），人民文学出版社 1997 年 12 月版，第 214 页。

是新疆的迪化，即今天的乌鲁木齐。

22 日到达越南的海防，然后经河内、永安、老街，在 28 日到达云南昆明。

在寒冬腊月的时候，茅盾一家第一次到昆明，见到昆明蓝天白云，四季如春，让一路奔波的茅盾一家人，感到格外新鲜。在昆明，茅盾见到了不少老朋友和新朋友，杜重远因为夫人生孩子，也滞留在昆明。杜重远专门过来看望茅盾一家，杜重远告诉茅盾，盛世才来电报，希望茅盾他们尽快到兰州等待飞机，这样可以尽早去新疆工作。茅盾表示感谢。茅盾在昆明见到了朱自清、沈从文、顾颉刚、楚图南，还有刚刚认识的吴晗等朋友。茅盾还被这些教授邀请到西南联大参观，看望朋友。所以，茅盾在昆明的短短几天，日子过得十分轻松和愉快。

1939 年 1 月 5 日早上，茅盾一家和萨空了的太太金秉英和他们的两个女儿，乘飞机从昆明经停成都后直接飞兰州。从温暖如春的昆明，到寒风凛冽的兰州，茅盾一家似乎经历了过山车般的一年四季！

茅盾他们住进兰州中国旅行社的招待所以后，就开始等待去新疆的交通工具——飞机。因为当时凡是进新疆的交通工具，都是需要新疆督办盛世才批准才能进新疆。茅盾他们是盛世才邀请的，交通工具自然应该没有问题。

开始，茅盾他们以为在这个招待所住几天，就可以乘飞机去新疆了。

这个招待所非常简单，茅盾回忆说："进门一个小院，左边是墙，墙脚下有几墩花坛；右边是一排新建的平房，约五六间，门窗新刷了绿色油漆，但室内是砖地，没有天花板，抬头能望见屋顶的瓦片。正面坐北朝南是一座木结构的二层楼房，房子是旧式的，相当陈旧，楼梯踏上去嘎吱嘎吱作响；楼上楼下各有并排的五间房，门窗已换成新式的，刷了绿漆，房门前是约二米宽的走廊和红漆的柱子。这就是招待所的主要建筑。"①没有想到，茅盾他们包括一个星期后从成都生活书店来的张仲实，在这个简陋的招待所一起待了一个多月！并且在兰州的等待中，度过1939年的农历新年！

一直在等待进疆飞机的茅盾他们，整天百无聊赖。在兰州只好访友和逛书店，游览兰州的名胜。在兰州，让沈霜记忆深刻的东西不少，他们第一次看到黄河上建造的第一座铁桥，这座桥是当时黄河上唯一的一座铁桥，称"天下黄河第一桥"，是1907年德国修建的，保修期100年，质量堪称一流（果然，100年后，德国公司专门到兰州维修）。当时茅盾他们去参观这座铁桥时，铁桥造好才30多年。茅盾记得：其时"正当腊月，黄河有半边是冻结的，人、牲畜、车子，在覆盖着一层薄雪的冰上走。但那半边，滔滔滚滚的急流，从不知何处的远远的上游，挟了无数大大小小的冰块，作雷鸣而去，日夜不休。冰块都戴着雪帽，浩浩

① 茅盾：《我走过的道路》（下），人民文学出版社，1997年12月版，第235页。

荡荡下来，经过黄河铁桥时互相碰击，也碰着桥础，于是隆隆之中杂以訇豁的尖音。这里的河面不算仄，十丈宽是有的，站在铁桥上遥望上游，冰块拥挤而来，那上面的积雪反映日光，耀眩夺目，实在奇伟。”①

茅盾带着夫人、沈霞、沈霜和金秉英，以及张仲实等，从铁桥上走到对岸，在对岸的白塔山下，看到奔腾的黄河从上游夹着冰块下来，气势万钧！茅盾和沈霞、沈霜沿着黄河往下游走去，只见有一处在出租过黄河的“羊皮筏子”，因为过去过黄河，都是坐这种“羊皮筏子”来回的。现在有了黄河铁桥，这种“羊皮筏子”就成为旅游的项目，专门供游客过黄河使用。所谓的“羊皮筏子”，就是用九只吹足气的全羊皮囊，排列成长方形，用木棍交叉捆扎固定而成，上覆羊皮或毛毡，乘客就坐在上面，一只羊皮筏子可乘五六人。皮筏下水后，由艄公掌舵，顺流而下，渡向对岸。摆渡的地方，水流已较平缓，但水中夹带的冰块，冲向羊皮筏子，旁观者看来，这场面还是相当惊险的。茅盾记得：“我们一行八人从铁桥上走到了对岸(铁桥是国防重地，上面不许停留)，四人乘羊皮筏子回来，金秉英母女和德沚四位妇女胆小，则仍由桥上回到原地。”茅盾和沈霞、沈霜以及张仲实四个人是坐“羊皮筏子”回到对岸的。这是沈霜在兰州第一次坐“羊皮筏子”，也是第一次看到兰州的黄河铁桥。

在兰州招待所等待去新疆的日子里，沈霜第一次知道，兰州

① 《茅盾全集》，第12卷，黄山书社2014年3月版，第27—28页。

的水是分两种的，清水是苦的，是洗脸的，而且连洗脸都嫌差，因为用这种水洗脸，皮肤涩巴巴的难受；而浑水倒是用来喝的，是甜水，不过这种花五毛钱一担从黄河里挑来的水，倒在玻璃杯里沉淀以后，竟然有小半杯子的泥浆！

但是兰州的风味小吃不错，印象深刻，沈霜第一次在兰州吃涮羊肉火锅，以肉代饭，没有膻味，感觉味道鲜美。茅盾一家在兰州第一次吃涮羊肉，大家吃得十分尽兴。孔德沚还说，这里的羊肉，怎么没有膻味？感到很新鲜。

当时兰州还非常落后，街上尘土飞扬，傍晚时分，用牛粪当燃料的烟雾味，弥漫在整个兰州上空，此时，沈霜他们只能在招待所里待着。

在这漫长、心焦的等待中，兰州的一些朋友来拜访茅盾，他们对茅盾一家人进新疆去工作学习，感到不解，认为不少进去的人回来，都认为，新疆的情况并没有外面传说得那么好。

沈泽民在河海工程专门学校的同学，在兰州西北公路局当局长的沈先生甚至悄悄地对茅盾说：“兰州人都说，新疆自古乃化外之地，从前进去的都是冒险家和亡命徒，不管在那里如何飞黄腾达，最后都葬身异域，没有几个跑回来的。盛世才上台之后，情形一变，把新疆封锁了起来，里面真确的消息一点也传不出来，只听说照样乱得很，你们这样贸然进去，不太冒险吗？”茅盾说：“你看过杜重远介绍新疆盛世才的书吗？”那个沈局长说：“看过，但是我们都不相信。”

沈局长又说:“你应该把夫人孩子留在内地，一个人去，这样将来想回来也有个借口。”这位健谈的沈局长，几次谈到进新疆容易，出来难。但是，杜重远的几次进出，让在兰州的茅盾对沈局长的劝告，将信将疑。除了沈局长有这样的忠告，还有当时在兰州甘肃第二区（平凉）、第一区（临洮）当行政督察专员和保安司令的胡公冕，他曾经是中共早期党员，与茅盾认识，所以知道茅盾在兰州时，专门过来看望茅盾一家。他也认为，新疆这个地方很复杂，进去容易出来难。他很诚恳地劝茅盾要慎重。此时，张仲实和萨空了的夫人金秉英，也听到同样的说法。情况似乎严重起来了。茅盾和大家商量:怎么办？最后大家觉得还是按原来的计划，去新疆。

于是，茅盾一家和张仲实等人，继续在兰州等待进疆的交通工具。新疆驻兰州办事处是负责联系茅盾他们进疆事务的。他们也一会儿说没有飞机，一会儿说有飞机了，茅盾他们兴奋了几个小时，开始准备行装，后来又说，飞机是有的，但是位子没有了。于是，茅盾他们一行人，只好继续在兰州百无聊赖地等待。有一天，茅盾听说萨空了运输印刷设备的车子，将路过兰州去新疆。茅盾他们在百无聊赖的等待中，实在是忍无可忍，这样无聊的等待，什么事情不做，时间一天天过去，天天盼望进新疆的交通工具，已经从冬天等到现在，春天也快来了，还是不知道什么时候可以去新疆！听到萨空了的车子路过兰州，便产生从陆地进新疆的想法！

从陆地进新疆，就是要穿过河西走廊的戈壁滩，出玉门关，穿越新疆戈壁滩，穿越天山，到达迪化。茅盾的这个想法，遭到大部分人反对，同行的金秉英首先反对，认为她才不去受这份罪！大家还怕茅盾夫人身体吃不消，怕路上不安全，盗匪出没，风险很难预料，等等，只有儿子沈霜举双手赞成。大家正在争论不休时，办事处通知说，有一架飞机到哈密，可以先到哈密，再乘汽车去迪化。

1939 年 2 月 20 日，茅盾一行到兰州等待了 45 天以后，终于可以起飞了！

第一天到了哈密以后，沈霜竟然在招待所的外面买来一只哈密瓜！因为大家都没有见过哈密瓜，所以当沈霜抱着哈密瓜进来时，大家都来看，原来哈密瓜是这样的。茅盾对当时情景记忆犹新："我们正在忙碌，只见阿桑抱着一个大橄榄球那样的东西走上楼来，这球绿中带黄，上面布满了灰色的网纹。阿桑把它放在桌子上就喊道：'快来吃哈密瓜！'我们都是早闻哈密瓜之名却未见过，因为当时的交通条件要从新疆运出哈密瓜来太困难了。……因而在我的想象中，哈密瓜总该类'醉瓜'。谁料真正的哈密瓜竟是这般模样！德沚借来了刀子，当即剖开，是绿色的瓤，足有两寸厚。'啊哟！'德沚叫起来，'是只生瓜！'阿桑已经抓起一块，咬了一口，叫道：'好吃，像生梨。'果然，这哈密瓜像梨那样生脆，但又甜得醇厚，还有一股异香，梨是不能同它相比的，与兰州的'醉瓜'也截然不同。大家一面吃，一面赞不绝口，这才想起问阿桑这瓜是从哪里弄来的。‘就在门外的地摊上买的，只要一千两新疆票，折合法币是两角五分钱。’大家又惊叹瓜价的便宜，‘等于兰州的半担黄河水。’关于哈密瓜的知识后来我们更丰富了，知道它在新疆叫甜瓜，不叫哈密瓜，品种繁多，有脆的，有入口就化的，形状颜色也各不相同，而哈密却不是这瓜的主要产地。”①

茅盾一家在哈密待了十来天，等到盛世才派来的车子，才于3月8日离开哈密，往迪化开去。一路上，经过鄯善县、吐鲁番、达坂城，于3月12日下午4时左右，茅盾一家和张仲实等人，终于到达了他们期盼的迪化！

盛世才带着卫队，郊迎20里，其派头、其威风，让经过大风浪的茅盾和张仲实的心里，打起了一个大问号！盛世才究竟是怎样一个人？

盛世才是辽宁省开源县盛家屯人，出生于1897年。他在青少年时代受过系统的教育，从私塾到小学、中学，从县城到省城，1912年到上海中国公学专门部读政治经济科，1915年毕业，1917年东渡日本，在东京明治大学读政治经济学专业，五四运动爆发，盛世才回到国内，在上海参加五四运动。不久又投身军校，考入云南讲武堂韶关分校第二期步兵班，学习军事。毕业后，盛世才进入军界，他先到东北奉军第八旅担任排长、副连

① 茅盾：《我走过的道路》（下），人民文学出版社1997年12月版，第251—252页。

长，后来又在张作霖卫队团担任连长。当时盛世才作为东北军的青年才俊，深受奉军第八旅旅长郭松龄的器重，认作义子，又让自己的外甥女邱毓芳嫁给盛世才，结婚后，夫妻双双去日本东京公费留学，盛世才进入日本陆军大学，邱毓芳进入东京女子大学学家政。1927 年盛世才回国，投靠蒋介石。但是盛世才权欲熏心，对自己才华信心满满，所以他处心积虑，时时谋求飞黄腾达。后来一个偶然的机会，盛世才结识新疆驻南京办事处代表鲁效祖，鲁正好在替新疆省主席金树仁物色军事人才，于是，鲁效祖推荐盛世才去新疆工作。当时金树仁让人秘密调查盛世才，知道此人是个有野心、心机很深的人，便婉言拒绝。结果鲁效祖以辞职相要挟，金树仁才同意鲁效祖的推荐。

1930 年秋天，盛世才夫妇和鲁效祖一起进新疆。据说当时盛世才进新疆途中，与密友赵铁鸣说：“此行乃破釜沉舟之举，有进无退。吾必远到边区另创造一个局面，将来或作一东亚红军总司令亦未可知，不然我就找一老朽长官，假意殷勤，待其死后继承其权位。”还说：“天下事大有可为！”所以盛世才到新疆，是带着野心去的。

但是盛世才刚到新疆时，使韬晦之计，口口声声说，“军阶的大小对我倒无所谓，我的志愿是在于做大事，然而不在于作大官”[①]。对自己的野心深藏不露。后来新疆马仲英和金树仁爆发冲突，盛世才在刀光剑影中当上新疆督办。此后，盛世才用特务手

① 盛世才：《牧边琐忆》，转引自《新疆风暴七十年》第 3166 页。

段，监视不同政见者，随时残杀稍有不同意见者，当时新疆迪化一片风声鹤唳！同时，心狠手辣的盛世才，察言观色，夺取督办的宝座后，又投靠苏联，从苏联那里取得外援，并且利用舆论，开展声势浩大的宣传攻势，提出“反帝、亲苏、和平”的旗帜，后来又增加“清廉、建设、民平”，称为“六大政策”。盛世才这些表面文章，欺骗了许多人，大家都以为盛世才是一个进步、开明的督办。所以苏联派顾问，提供贷款，支援物质，整理财政，帮助盛世才恢复经济，平定叛乱，整饬吏治，并且派遣一批原来滞留在苏联的中共党员和联共党员，到新疆帮助盛世才工作，盛世才也委以他们重任。一时间，新疆风光无限。因此，在茅盾、张仲实到新疆之前，外界对新疆的评价很高，说新疆是第二延安，到不了延安，就到新疆去，新疆给人印象是非常开明、民主和进步的地方。

到新疆以后，盛世才以隆重的仪式欢迎茅盾和张仲实，认为这两位国内著名作家、学者到新疆来，是对盛世才和新疆最大的支持。他举办了一个盛大的欢迎宴会，与各厅的厅长见面，把茅盾、张仲实介绍给大家，宴会上洋溢着平和欢乐的气氛。新疆学院院长杜重远专门充满激情地写了一首欢迎茅盾、张仲实的歌，题目叫《欢迎沈雁冰、张仲实教师之歌》，歌词写道：“我们新新疆的青年，来自天山南北，四面八方，欢迎啊欢迎，青年的导师来为充实学院而战；我们欢迎你的领导，发扬边疆文化光芒，我们都在新疆学院学习，培养领导之责担在你们双肩。团结紧张，质朴活泼，哪怕黄沙万里戈壁无边，我们是新疆的青年，我们选择战！战！抗战建国成功不远。”当时对茅盾、张仲实的到来，迪化欢迎气氛十分热烈，洋溢着光明灿烂的气氛。

欢迎会以后，盛世才专门在迪化南梁苏联领事馆对面，给茅盾一家安排了宽敞的住所。给茅盾安排的房子，是一排五间洋房式平房，里面铺了地板，玻璃窗是双层的，房间里有俄式壁炉，冬天很暖和。另外还有三间“下房”：一间厨房，两间服务人员的住房。所以这么多的房子，对刚刚在香港“蜗居”过的茅盾一家来说，真是天上地下的差别！

为了方便茅盾工作和生活，盛世才还专门配备为茅盾服务的一个副官，一个厨师，一个勤务员，一个挑水工。同时专门给茅盾配备了一驾马车，供茅盾出门用。本来想为茅盾配小汽车，因为新疆当时小汽车实在太少，只好配马车。为此，盛世才还专门向茅盾做了解释。同时，茅盾一家的生活开支，全部由公家开支，还给茅盾发工资。从来没有享受过如此丰厚生活待遇的茅盾一家，感觉有些不自然，但是副官卢毓麟告诉茅盾，这里的厅长一级，都是这样的。

充满激情的杜重远，在新疆督办的欢迎宴会后，建议茅盾去拜访一些厅长，以便联络感情，方便今后工作。于是，茅盾先去拜访了教育厅厅长孟一鸣，才知道他是从延安来的，原名徐梦秋，是中共的理论家，而且是沈泽民在莫斯科中山大学的同学。他的双腿已经残废，现在来新疆担任教育厅厅长。茅盾也拜访了财政厅厅长毛泽民，毛泽民告诉茅盾：

新疆现在实行的六大政策是进步的，对抗战有利。盛世才要亲苏，要反帝，又要讲马列主义，可是手下没有干部，所以就请我们来帮忙。他建立了一个政治组织叫新疆民众反帝联合会，简称“反帝会”。这反帝会现在由我们的同志掌管着，他也放手让我们工作。他与苏联的关系也很密切，新疆的经济和军事实际上靠苏联支持着。不过盛这人很难捉摸，他多疑，忌贤，有边疆“土皇帝”的特性。我们来新疆帮助工作，他就有言在先：要我们不从事任何组织活动，一切与他直接联系。不过我们也有言在先，我们的同志犯了错误，他不能处理，可以要求我们调回延安。他对我们很客气，奉为贵宾，但不交心。他周围有一伙亲信，是他的耳目，你们今后与这些人接触时要小心。他又说，我们在这里，与苏联领事馆很少往来，今后我与你往来也不会多，因为我这个财政厅长与你没有什么工作上的联系，而他们又不知道我和你是老朋友。这些都是为了避嫌。不过孟一鸣今后可以与你们经常联系，他是教育厅长，算是你们的顶头上司。[①]

① 茅盾：《我走过的道路》（下），人民文学出版社1997年12月版，第264—265页。

后来，孟一鸣也提醒茅盾，在新疆要“多观察，少说话，多做事，少出风头”，孟一鸣的这个提醒，为茅盾在新疆的工作生活指明了方向。

茅盾经过一段时间的了解观察，基本上知道自己应该怎么做，后来茅盾回忆说：“经过一个多星期的了解情况，我对自己今后的行动定下了以下的方针：工作上，以马列主义的观点来宣传六大政策下的新文化，进行文化启蒙工作；教好新疆学院的课

1939 年夏沈霞在新疆迪化寓所前（沈霜拍摄）

程；有选择地进行文学艺术方面的介绍和人才的培养；人事关系上，实行‘坚壁清野’，一切对外联系由我一人出面，把德沚和两个孩子同当地社会隔开。”[①]

茅盾最担心的是女儿沈霞、儿子沈霜的读书问题。本来沈霞到新疆，想进新疆学院读书，但是新疆学院不招女生，所以沈霞读大学的想法，自然落空；而沈霜是可以进新疆学院的，但是茅盾觉得儿子沈霜的社会经验不够，担心不小心会出什么意外。最后茅盾决定，让女儿沈霞和儿子沈霜都在家里自学！请了一个俄语教师，到家里来教沈霞、沈霜姐弟俩。

茅盾则在新疆学院教书，同时根据盛世才安排，担任新疆文化协会委员长。

然而十六七岁的沈霜，正是需要社会活动和交流的年龄，可是到了新疆，整天在家里学习俄语，似懂非懂，十分枯燥和单调。有一次，新疆举行“四月革命”六周年庆祝大会，盛世才率领新疆政府的官员骑马绕场一周，以示庆祝。茅盾不会骑马，副官替茅盾找了一匹老实巴交的马，让茅盾使用。庆祝大会以后，副官建议茅盾和张仲实趁热打铁学会骑马，茅盾表示不想再学，但是儿子沈霜对骑马却非常感兴趣，所以，沈霜连续训练几次，他的骑马技术，比张仲实和父亲茅盾还要好。

茅盾了解新疆的情况后，就开始思考如何离开新疆，尤其

---

① 茅盾：《我走过的道路》（下），人民文学出版社 1997 年 12 月版，第 264—265 页。

是沈霞、沈霜在家里学习，终究不是办法，让茅盾私下里非常揪心！ 1939 年 6 月，周恩来去苏联治病，邓颖超同行，盛世才宴请周恩来夫妇，通知茅盾夫妇作陪。于是茅盾夫妇商量，如何请在苏联的杨之华设法将沈霞、沈霜姐弟俩弄到苏联去学习。所以在盛世才举办的宴会上，孔德沚悄悄地将信交给邓颖超，请邓颖超到苏联转交给杨之华。

几个月以后，杨之华带信给新疆的茅盾夫妇，表示自己对此无能为力，爱莫能助。

于是，茅盾夫妇只好悄悄地开始寻找回内地的机会。茅盾非常纠结地说："孩子们在家中已经闲居四个月了，亚男还能刻苦学习俄文，阿桑却不愿学。四月间，邻居送来了两只小狗——列那和吉地，总算使孩子们的生活有了一点调剂，但长此以往也不行。这时新疆学院打算从下半年起增设语文系，可以学习维吾尔语，我就决定让阿桑去新疆学院语文系学习。"①

沈霜去新疆学院语文系学习了一个学期不到，发生了杜重远事件，杜重远的内弟侯立达是新疆学院经济系的学生，作为"人质"被捕。

对此，茅盾夫妇非常紧张，11 月经过盛世才的批准，茅盾和张仲实都辞去新疆学院的工作，而此时，沈霜生了一次病，医生让他休息，于是，茅盾干脆让儿子退学，和新疆学院隔断关

① 茅盾：《我走过的道路》（下），人民文学出版社 1997 年 12 月版，第 294 页。

韦韬（右）和新疆认识的同学赵明在九寨沟

系。茅盾事后说："侯立达是政治经济系的学生，他作为'人质'被捕，使我们十分紧张，因为我们的儿子刚刚在九月份进了新疆学院。虽然儿子尚未成年，但是假如他们造个借口，硬把儿子也作为'人质'抓起来，我们是毫无办法的。德沚不免埋怨我把儿子'放了出去'，她忘记了当初儿子在家闲居得无聊时自己的烦恼。我们把儿子叫来，查问他在学校中与同学接近的情形，并严肃地告诫他，不要与同学亲近，更不要随便议论什么。儿子却笑嘻嘻地说，我早知道了，我跟谁都不要好，他们说我是少爷，我就不理他们。我只同赵普林一个人好，他也叫我不要同别人接近。赵普林是进步学生，我对他是放心的。”[①]事实也是这样，沈霜在新疆学院读书的几个月里，认识了几个志同道合的同学，这些年轻人和沈霜差不多年纪，而且思想进步，又喜欢文学，所以和沈霜也慢慢地熟悉了，后来也成为沈霜的朋友。其中有一个赵明（赵普林）和沈霜的关系最好。新中国成立后，两人经常往来，依然保持着友谊。[②]笔者在20世纪90年代见过赵明先生，当时沈霜告诉我，他们是在新疆就认识的朋友。茅盾在1975年专门给赵明写过一首诗。这是后话。

沈霜每次回家，家里的“列那”和“吉地”两只小狗很高兴。先到茅盾家里的小狗，叫“列那”，归沈霞；后来的那只小狗叫“吉地”，归沈霜。“列那”先进“山门”为大，处处表现出老大的样子，以致“吉地”连吃食都畏畏缩缩，等到“列那”开吃以后，才能凑过去吃。“吉地”的胆小，常常让沈霜生气，他嫌“吉地”窝囊，不给力，然而“吉地”依然是那个不急不躁不温不火的脾气，沈霜拿它一点办法都没有。有时，两只小狗之

① 茅盾：《我走过的道路》（下），人民文学出版社1997年12月版，第308—309页。

② 据沈霜1949年的《干部登记表》自己亲笔填写的材料，沈霜是1939年7月至11月在新疆学院语文系读书。证明人是张仲实。沈霜在1944年12月7日写的“自传”中，回忆在新疆学院学习情况，说：“在新疆学院学习了一些教条，我懂得了阶级、国家、资本主义、共产主义、唯物论、唯心论，这一些使我过去对革命的抽象的认识，开始充实了理论的基础，我看了持久战、抗日民族统一战线、联共党史等，我初步地从阶级的观点上认识了苏联、国民党和统一战线。”（见沈霜档案材料）

间，相互打闹，往往是“列那”占上风，弄得沈霜又气又急。而姐姐沈霞常常拿“列那”看“吉地”的笑话。

沈霞在新疆时和小狗列那（沈霜拍摄）

但是，小狗“吉地”最大的特点，是喜欢跟茅盾外出，好像是茅盾的勤务兵，连茅盾上班，它也要去，赶都赶不掉。因此渐渐地，两只小狗和茅盾一家，尤其和沈霞、沈霜姐弟俩，建立了深厚的感情。两只小狗在沈霜他们寂寞无聊的时候，给他们带来快乐、开心。

后来，茅盾一家离开新疆，去了延安，姐弟俩对这两只小狗念念不忘！茅盾也一样，离开新疆以后在桂林，专门写了一篇纪实小说《列那和吉地》，当时在延安的沈霞、沈霜看到以后，说：这是爸爸在写我们！

链接：

列那和吉地

一

“那么小。两颗碧绿的眼珠亮晶晶地，好像很懂话。全黑的，一身的紧毛。”

女孩子连跑带跳地跑进了妈妈的房，一边说，一边做手势比着那条狗的大小。

他们刚搬进这院子的第二天，就发见这个院子里不但住着五种以上的民族，也还有不大能辨别清楚是多少种族的“哑口朋友”。这院子是朝西的，正面是维族房东自己住的三大间，这可以说是一种楼房，——楼房就是楼房，干么又说是“一种”呢？因为当地的土风建筑，那楼房的上层并不住人，只搁东西，譬如冬天就堆满了马草，也全无门窗。下层呢，可就相当讲究了，有地板，有双层的玻璃窗，还有相当阔的走廊。从大门到这楼房，总有十来丈远，一个狭长的院子；坐北朝南是一排十多间的洋式平房；女孩子他们一家就住了这一排的东头的四间。隔开一条通到茅厕去的走路，又有两小间，这是土式的平房，一间是当差和厨子住的，另一间便是厨房。女孩子刚发见的那只“碧绿眼珠的小东西”，就在当差的屋子里，不知道是哪里来的，也不知道来了几天了。

妈妈听说当差房里多了一条狗，也不怎样在意。在这院子里，经常有不少的狗，狼种的，叭儿种的，蒙古种和西藏种的，以及这一些种族的混血儿，在刚刚解冻的泥泞地上追逐叫闹。每当夜深，院子里只要有一条狗吠了一声，便立刻引起汹汹然一大片的声浪，打着各样不同的腔调。爸爸还因此而觉得讨厌，曾经俏皮地对他的朋友老张说："这里是民族展览会，然而更妙的，又是个动物园；你瞧，牛、马、鸡、羊、狗，而狗的种类之多，好像是特地搜罗了来展览似的。"

但是孩子们却高兴的不得了。女孩子发见以后不多时，男孩子也就把那"碧绿眼珠的小东西"的来历查明白了。他走到妈妈房里，慢吞吞说："大司务说是勤务在马路上捡来的，其实恐怕是偷的；勤务不敢放它出房门一步。"

勤务是一个五十来岁的"老公事"；据他自己说，他伺候过不少的阔人，副官长因为他"懂事"，所以特地给派了来的。他见过世面，他到过兰州。提起兰州，他总是用了感叹的腔调说："嘿！那是口里！这里啥也没有，不能比！"他是把兰州代表了全中国，不，甚至于全世界的。他也在军队里混过，提起他那"光荣时代"怎样白拿人家的东西，总是津津有味。

所以说狗是勤务偷来的，没有人怀疑。

但是那小东西当真很有意思。勤务是有眼力的。两个孩子不断地传来了“情报”，把一个妈妈也怂恿到厨房里去看。那小东西蹲在勤务的床板上，看见面生的人进来，并不吠，只睁大了它那对碧绿的眼睛，很忧悒地朝人家看。他们走近了时，这小东西便慢慢把身子伏下，却又一次一次偷眼看。

“小东西，可怜，”妈妈说，“瞧它抖得什么似的。”

妈妈伸手过去，那小东西抖得更厉害了；但当它明白了这手不是来打它的当儿，它就安静下来。它慢慢站起了前半身，伸出鼻子轻轻地小心地嗅着，唔唔地低声哼着，可是它的眼光仍然那么忧悒。

“坐下！坐下！”男孩子走近了一步喝着。

那小东西侧着头，看一看妈妈，又偷眼看了女孩子一下，似乎央求他们说句话免了它这一遭。看见央求无效，它这才十分委屈似的缩起两条前腿，自己坐直，可是那双碧绿的眼睛里已经满含了泪水，那略圆而微凹的面部有一种没奈何的表情。

“怪可怜见！”妈妈轻声说，同时转身要走了。

好像当真能听懂，那小东西立即放下前腿，又伏下去了。又唔唔地轻声哼着，声音很悲哀。

站在那火光熊熊的煤灶旁边那个专门挑水的清洁兵老王，呶动着他那落光了牙齿的瘪嘴，一会儿以后才慢慢说："狗娃子想回去哩，狗娃子想着老主人呢。"他说着又叹口气。

女孩子后来告诉妈妈：那小东西见了勤务的面就索索地抖，勤务喝一声"坐下"，它就马上坐了起来，哪里敢像刚才那样只坐一会儿就自己伏下呢，可是一边坐着，一边却在落泪；勤务一定狠狠地打过它的。

"可是小东西又会央求别人放它回去，"女孩子说，"它唔唔的，就是恳求你，它要回去。"

"等爸爸回来，"男孩子也说，"我们叫勤务把它送回去。偷人家的狗是不道德的。"

"不中用，"女孩子反对，"勤务会把这小东西寄放到别处去。他怎么肯送还呢？"

妈妈便说："打听打听，是邻近哪一家丢的，叫他们自己来认了去罢！"

二

大约是两天以后，上午，那小东西的老主人果然来了。这是一个苏联女人，住家在马路对过的苏联领事馆附近。那小东西远远听得她的声音就愉快地叫了起来。带到了面前时，它摇着尾巴，后腿直立起来，前爪扑着那颇为肥胖的女主人，呜呜地叫，伸舌头舐女主人的手。

而且它又对女孩子表示亲善，也舐她的手，绕着她的脚跳跃，而且唔唔地叫了。

同院子一个“归化族”的妇人用她那破碎的汉话充当翻译。从她的几个不连续的单字和附加的手势，勉强可以得出这样的意思：谢谢，因为她家里一个小弟弟很爱这条狗，所以谢谢。

但是，当天下午，那苏联女人又来了，抱着另一条狗，还带了一位真正的翻译。狗是送给女孩子的。也是黑色，一身的紧毛，比猫大不了多少，放在桌子上，木然站着，一对棕色眼睛老是贼忒忒地偷看那陌生的房子和陌生的人物。它是那“碧绿眼珠的小东西”的兄弟，据翻译说，才只有一个月大，苏联女人因为它的哥哥失而复得，所以拿它来做报答。

妈妈本来不打算养狗，可是那翻译代苏联女人说了许多感谢的话，再三请收。于是就留了下来。握手道别，送走了客人以后，妈妈就对女孩子说道：“你去管它罢。管教一条狗也不大容易呢。”

女孩子给小狗取名列那。

孩子们性急地要教乖列那。但是这小狗呆呆的，像是懒，又像是故意装傻；扶着它要它用后腿直坐，它也能坐，可是手一放，它就随手伏下。喝它，它好像不懂；作势要打它，它歪着脸，一副等待挨打的蠢相，却又偷眼贼忒忒地看你。

老勤务不喜欢列那，说它是“一脸贼相”。

两三天过去了，孩子们对于列那的兴趣渐渐差了些，忽然有一位哈萨克的老婆子，也不知她是谁，但在大门外那条跨在小沟上的木桥头，女孩子是常常见到她的，而且虽然言语不通，也常常用微笑来表示寒暄，这一天她抱了一条小狗来，看神气也是要送给孩子们的。大家用手势来“交谈”，一边推辞，一边是要赠送，幸而维族的房东来了，这位“把爷”（财主）很能讲几句汉话，他代作主意，把狗留下，而且说：老婆子看见列那不大好，所以送了这一条来，反正她家里还多得很呢。他又用手比着说：“大的，大的，今年明年，这么高。这么高，好的，好的狗子娃啦！”

因为女孩子先有了列那，这条新来的狗就派给了男孩子。他们的邻居陈处长家里有一条高大的番犬名为采采的，一身棕黄色的卷毛，男孩子曾经见过而且很喜欢它，从维族房东的话猜想起来，这条新来的小狗大概是采采的同一种族罢。男孩子欣然把这条小狗作为他的所有，从一本书上找了个名字来，叫做吉地。

吉地那时和列那一般大。棕黄色的软绵的卷毛，可是尖嘴巴，两只阔耳朵，垂在眼睛的两旁。呆木木的，好像什么也不懂，它那灰色的眼睛可以说毫无表情，而且很怕事；吃饭的时候列那独自占了食钵，不让吉地上前，吉地就蹲在一旁，静静等候列那吃完了它再上去吃列那拣剩下来的东西。

有时男孩子看着觉得不平，拉着吉地要它和列那同吃，可是这“弱者”依然不吃，等到男孩子一放手，它就退下来蹲在一旁侧着头静静地看，直到列那吃够了走开它再上前。

吉地就是那么一副“可怜相”。便是作为它的“保护人”的男孩子，有时也觉得很生气。

三

五月的迪化，白天已经很暖和了。解冻后的遍地泥浆，现在也差不多晒干。院子里，成天喧闹着各种狗的声音，其中就有吉地和列那。现在这两条小狗都长得很好看。列那已经长足，却也不过二尺长，矮脚，身子浑圆，黑色的紧毛非常光滑。一对眼睛还是喜欢偷偷地看人，虽然不及它哥哥那样富于表情，然而也有一副像煞很懂事的嘴脸。同院子的那些狗，大都是狼种的，“归化族”女人家里的一条简直有小牛一般大；这些大家伙总是懒懒地躺在主人家门口，有时也大模大样在院子里踱来踱去，完全是老成持重的风度。然而一天也总有几次的大声咆哮，闹成一片；那是为了争夺偶尔在垃圾堆中扒出来的一根羊骨，或者是为了外边别人家的狗偷偷进来叼去了毫不值钱的一方烂布或小小一段木片。这当儿，躺在房内地毡上的列那就匆匆忙忙跳起来，一股正经搬动它那四条矮腿，迫不及待地就在屋子里汪汪地吠起来。它一溜烟跑到院子里，就摆出非有它不可的神气，夹在那些高大的狼种狗们中间，跳着叫着，紧张的了不得。狼种狗们并没觉得有列那的存在，它们摆好了坐马式相对咆哮，然后，突然向对方来一下突击；列那却钻在它们的高大的后腿中间，特别忙碌，吠的特别响，一点自惭形秽的意思也没有。

至于吉地，它现在长的比列那又高又大，跳跑起来又远又快，它那高而矫健的腿，那瘦长的身子和细的腰，都表示出它一定是在森林中追逐狐兔的好身手；然而它好像很懂得“先进山门为大”的规矩，它服从了列那的领导。每逢院子里吠声忽起，而列那急急忙忙很管事似的跑出去时，吉地便懒懒地站起来伸个懒腰，似乎定神想一想，然后静悄悄地走出去。它比列那出发的迟，可是它一到院子里，几个纵跳就先到了斗争的中心，这时候，它的孩子气的顽皮，可就发作了。它一声不出，也不问这是自家院子里的狗，那是外来的“闯入者”，它一视同仁地跟它们开玩笑；常常忽然一纵，它从狼种狗的头上跳过去，又跳过来，有时还顺便咬一下它们的耳朵。被玩弄了的大家伙也突然跳起来要搏击它，可是它又调皮地逃得远远的，站定了，这才吠一两声，好像说：“你奈我何呵！”它这样自有一乐的开着玩笑，直到“闯入者”自行退却，而列那像一个打了胜仗的总司令似的追到门口吠了一阵，摆动它那肥胖的圆身子，蹒跚地走回来，这才吉地也跟着进了自家的屋子。

“列那已经是个大人了，吉地还是个小孩子，不懂事！”妈妈时常这样说。

但是列那也并不是根本不淘气，不过它受了教训以后就能牢记。有一次，这两个好像预先有过商量，一清早便到院子里翻掘那边角落的一个垃圾堆。它们一心一意工作着，几次唤它们回来，都不肯听，后来，列那摇摇摆摆来了，装出没事人儿的样子，跳起来舐主人们的手。后边却是吉地，躲躲闪闪，一溜烟就跑进吃饭间，在大壁炉脚边躺下，赖在那里不肯起来了。

“见鬼，原来是这么一件宝贝！”当男孩子将吉地拖开，发见它身下藏着一块带毛的臭羊皮时，就这样说。“你拿来干么？”男孩子将那块臭羊皮放在吉地的鼻子前，于是捏住了吉地的尖嘴巴，在它头上打了几下。吉地并不挣扎，顽皮地横躺下去，只用两条后腿在空中无目标地抓着，而且摇着尾巴，——这是它挨打时的老调子。列那懂得事情败露，便一声不响钻进窝里去，女孩子去叫它，它死也不肯出来，最后再也赖不过去了，它这才垂着头出来，一脸的倒霉相。

带毛的臭羊皮拿出去扔掉了。两条狗都躺在地毡上，没一点关心的表示。可是过一会儿，吉地不见了；院子里没有，大门口也没有。都以为它跑到别人家的院子里撒野去了，哪知道末了还是在吃饭间内大壁炉脚边找到它；平平稳稳伏在那里，尖嘴巴伏在地板上，闭了眼皮，在装睡觉。赶它起来，它赖着不动；拖它的时候，嘿，那一小方臭羊皮赫然在它身下。为什么它念念不忘这块既不能吃又不好玩的臭皮子呢，没有人猜想得到。妈妈觉得它可怜，说“随它去罢”。然而男孩子不答应，依旧把臭皮扔掉，而且更重地打了它几下。当第三次又发见它仍将那臭皮找回来藏在身下的时候，男孩子很生气了，爸爸妈妈和女孩子却只是笑。

“一定不许再找回来！”男孩子气愤地说。

他叫吉地衔着那臭皮，要带它出去，可是吉地赖着不肯走。拖了它的耳朵，方才勉勉强强走到大门外。男孩子把臭皮丢在门外的水沟内，让吉地看着它那心爱的东西随水流去，不知下落。这才它算是断了那一个念头。

妈妈他们都说这样夺了它心爱的玩意，太残忍，猜想它大概要有一个时期的闷闷不乐；然而吉地并不。一个眼错，它又跳在院子里，和那些大狼狗开玩笑。

“到底还小哩，吉地是一团孩子气。”女孩子也这么说。

然而吉地的顽皮是不难索解的。它这一族类，并不像列那似的，惯于家居生活。它的父母，它的兄弟，大概这时跟着那哈萨克的一家，在山野里。吉地如果不送给人家，此时大概也伴着羊群，追逐着高头骏马，在山野，在森林，发挥它天赋的能力。但现在，它只能在这小小院子里，在一块带毛的臭羊皮上试练它灵敏的嗅觉和搏攫的身手。

四

有一天，也许是吐鲁番风要到的缘故，天气燥热的使人头晕心闷。午后，大门外小沟上那木桥的桥栏上，络腮胡子的哈萨克和满头小辫，穿一件花衣，脚上一双长统皮靴的维吾尔小姑娘，三三两两，坐的，蹲的，正在那里享受柳树的荫凉。大大小小的几条狗，也在路旁嬉戏。女孩子和男孩子这时从邻近的朋友人家回来，那懂事的列那候在门口欢迎。他们在那条小木桥上站了一会儿，和一个维族的小姑娘大家用不合文法的俄国话交谈。忽然，列那似乎发见了马路对过有什么有趣的东西，便扭动它那浑圆的身子急急忙忙穿过马路去。刚到了路中心，一辆大卡车从北向南疾驰而来。男孩子瞥眼看见，忙说“不好”，列那的一声惨叫已经尖锐地冲破了街头的嘈音刺进人们的耳朵。黄尘过处，列那是被看见了，躺在路中心，挣扎着像要起来。孩子们急要过去，可是一辆马车却又跑过小桥前面。待到马车也过去了，列那已经自己拖着半个身子到了小木桥旁边，躲进一块板下去了。男孩子三脚两步赶到跟前，伸手要抱它，哪知它一口就咬住了他的手指。“列那！”男孩子忍痛喊着，列那松了嘴，男孩子忍痛把列那抱了起来。浑圆的身体的后半段分明是压得有点扁了，可不见有血，女孩子接手将列那抱在怀里，不由得落下眼泪来。旁边的哈萨克老头子用生硬的汉话叹息道:“狗娃子，不中用了。”

他们将列那抱回家里。妈妈为列那准备一个软的垫子。列那痛苦地呻吟着，这时候它一步也拖不动了，然而它那双棕色的眼睛还是很有表情地朝看护它的人们看。吉地绕着列那和看护列那的人们走来走去，偶尔也发一两声短促的叫声——显然，吉地也知道发生了怎么一回事了。

“妈妈，怎么办，怎么办?”女孩子着急地说。

“大概不要紧，”妈妈说，“一点血也没有，真怪！可是下半身是压扁了的。大概不会死。”

他们用心看护它。妈妈当了看护长。他们喂它牛奶，将它的窝搬到吃饭间。男孩子打听得有兽医院，于是等爸爸下办公室来，他们抱了列那，坐了爸爸的马车，又到兽医院。据医生说，列那并没伤到内脏，不过后胯骨恐已压断，痊愈了时也不免跛瘫。医院里给列那的后半身涂了厚厚的一层油膏，又给它人工放了一次小便。

后来又进了两次医院，列那渐渐好了起来。它已经不哼了，也能吃，可是碰到它的后半身的某一部分时，它还是要惨痛地叫嗥的。

半个月后，列那居然能拖着半个身子爬了。在这半个月内，成天喝牛奶，列那前半身胸部长的更宽，可是后半身却很小，不大相称，又过了些时，它能够站起来了，但两条后腿只能并在一处跳，不能走。

待到初次飞雪的时候，列那已经能走了，居然没有瘫，不过走快了的时候，略显得有点跛罢了。

可是从此它不大敢独自跑到马路上去，远远听得汽车的声音就赶快逃进门来。但在院子里它依然是个最活跃的分子；大狼狗们打架的时候，它还是夹在中间，拐着后腿，非有它不可似的跳着叫着，而且它还是吉地的领导者，吃的时候，吉地仍然让它。

五

吉地的最大的野心是跟了人出去。家里不论谁出门去，它总要跟。有一次，爸爸到附近的第九招待所去看新从内地来的朋友，才走进那招待所的大门，却看见吉地已经在院子里乱纵，乱跳。原来它偷偷跟在背后，主人没进门，它先已钻进去了。

那院子里有几只小鸡，吉地就以它们为对象，吓得那些鸡到处乱飞。爸爸没法，只好叫人拿绳子将吉地带住，吉地还是顽皮地叫着跳着，又恐吓朋友家一个小孩。后来它不见了它的主人，这才发慌，呜呜地悲啼起来。它竭力想挣脱那套在身上的绳子，倒退，用前脚抓，呜呜地叫，终于无效的时候，它就伏在地上，忧悒地垂着头。它大概觉得这次糟了，落在敌人的手里了。

后来爸爸要走了，叫人解下吉地。给它解绳索的时候，它还以为大祸到了，怕得什么似的，浑身索索地抖。

“看见吉地发抖，这倒是第一次。”爸爸回来时这么告诉妈妈和两个孩子。

每天早上，马车停在院子里等候爸爸上办公室，那匹辕马也是个年青的顽皮家伙，吉地最喜欢和它开玩笑。它绕着那马跳着吠着，跳到车上，从车上再跳到马背上。有一次被那马踢了一脚，这才有两天光景不敢再顽皮。

一天午后，爸爸坐车进城到办公室去，那时冻雪铺地，车去如飞，已经快到城门口了，这才发觉吉地跟在车后，连纵带跳，十分得意。爸爸见它离家已远，怕它回去迷路，便不迷路，这一带的狗们都划有势力范围，回家时吉地要通过人家的防地，也颇不容易；因此就叫马夫慢一点，让吉地跳上车来，带它到办公处。

吉地在车上也不斯文，老想爬上御者的座位去，待到了文化协会大门外，车还没停稳，吉地已经跳下去，直蹿进了大门，倒好像它是来惯了似的。爸爸连忙吩咐车夫看好吉地，不要让它乱跑，可是已经不见吉地。末后才找见它又已爬在车上，似乎等着回去。原来它在那大屋子的每间房内匆匆巡游一遭，发见并无可玩之处，便又着急的想回家了。但是爸爸须在一个钟头以后，才能离开那办公处。这一个钟头内，吉地找到爸爸的办公室来，不知有多少回；每一次它都伏在地上汪汪地叫，似乎说“怎么还不走！”没有办法，爸爸只好叫人将吉地带在号房里，不让它乱闯。

这一次经验以后，爸爸每逢从家出去，便先叫勤务看住了吉地，免得它再跟去。第一次是带住了，第二次临时遍找不得，车走了一段路，却发见它从后赶上来了，于是停车，抓住它，再送回家去。第三次，马车出大门的时候，车夫就留心看；吉地却蹲在大门外左边一家杂货店里，歪着头，似乎并没看见马车出去。哪知它这是故意的，马车走出了十多间门面，它又跳着来了。这次又费了手脚把它押回去。

后来它更刁了，很早就躲在离家更远些的铺子里，而且隐藏得很巧妙，不被发见。车进了城，这才看见它在车旁跑，伸着舌头，似乎很累。于是再让它跳上车来，但一到了办公处，就关它在马房里。这次一连三小时的禁闭，大概给了吉地一点教训，从此以后，它抛弃了那跟车进城的念头。

六

第二年春天，又开始解冻，路上泥浆有寸把厚的时候，他们因为有事，要离开这城市了。对于列那和吉地，想来想去只有一个安置的方法最为适当：给它们介绍合适的人家。

“八一三”以前，他们有一头纯白的猫，本来也是朋友送的，上海陷落以后，他们开始流浪生活的当儿，对于这头白猫的安置，也曾煞费了苦心。在上海还有亲戚，白猫于是被送到一家爱养猫狗而且大概不会离开上海的亲戚家里。当他们定好了到香港去的舱位，爸爸到那亲戚家去辞别了回来时，妈妈曾问这白猫的状况，而且说，如果孩子们也在上海，他们会为这白猫落眼泪的。

现在又一次要把差不多等于家族中一部分的两个“哑口小东西”送出去，妈妈回想起前事，不胜感慨，她很感伤地说：“不知那小白猫现在还活着不？爸爸最后看见它，说它的毛色已经差了点。有当差、老妈、汽车夫一大堆的人家，对于猫狗每每会作践，可是当初想来想去，还是他家最适宜，因为老太太是怜惜那些小动物的。”

妈妈的话，引起了各人对于频年的流浪生活的回忆，都有点黯然。爸爸却又想起他们离香港的时候，那男孩子将他一年之内收集来的英文连环漫画包得好好地交给他，打算寄存在可靠的住在香港的亲友家里，而且对爸爸说：“我知道将来我再能够看见这些小书的时候，我已经是大人了，不一定还喜欢这些东西了，可是我仍旧希望能够好好保存着，让我将来再看一看。”现在爸爸又因处置那两只小狗而想起这件事，便把当年的感触和今天的黯然合流一处，看着他的男孩和女孩，觉得他们的童年多少还不免有些寂寞，便深深地感到抱歉。

妈妈又说："国军退出沪西那天，爸爸和你们到长沙去了，我一个人在家。那天下着雨，飞机老在沪西一带盘旋，大炮声没有一分钟间断。我开了收音机，听着广播，心里愁得什么似的。那时伴着我的就是那白猫。它蹲在靠窗的桌子上，也像在听无线电的广播。这印象最深了，我永远不会忘记的。"

他们这样谈着旧事，吉地躺在地毡上，列那则拱起前腿搭在女孩子的膝头，一脸很懂事的样子。

女孩子捧着列那的头，拉着它，很激动地说："明天要送你到别人家去了，你懂么？"

男孩子微笑，但他心里是难过的，他懒懒地走开。

终于决定了：列那送给剧团里的朋友，吉地送给陈处长和他家的采采做伴。陈处长喜欢打猎，他会喜欢吉地，而且他曾夸赞过吉地的。

因为觉得列那太懂事，所以又打算早几天就送去，看它在那边住得惯不惯。妈妈和两个孩子亲自坐了马车去办这件事，第二天又要爸爸去探问剧团的朋友，列那住的惯不惯。他们自己又打电话去问。等到知道了列那在第一天就想着老家而且偷偷跑出来，可是因为不认识路才又回去，妈妈和两个孩子一定要去看望一次了。剧团的朱君把列那关在他自己房里，请他夫人照管。当妈妈和孩子们的声音在院子里响了起来，房里的列那就听到了，呜呜地叫，跑到房门前，用爪抓那门。放它出来后，它绕着他们三个，跳来跳去，妈妈和孩子们连一步也走不开。它直立起来舐他们的手，不住地呜呜的叫，而且还落了眼泪。妈妈和孩子们难过得很，但又有什么办法呢？他们叫朱君将列那骗开，就逃也似的回了家来。

从此他们不敢再去看望列那了，可是几天后男孩子进城去买东西，又在十字路口看见了列那，它蹲在路旁，样子很是疲倦。原来它偷偷跑出来已经一夜又半天，不认识路又不肯回去，便蹲在十字路口，大概是希望看见爸爸的马车就追上来。男孩子抱它回到剧团，它呜呜地叫，表示不愿；然而又有什么办法呢？剧团的朱君是最可靠的新主人了，他们的确能够爱护它的，而且他们也有小孩子。

因为这些经验，决定将吉地留到最后一天。

在这些天内，吉地常常寻找它的同伴，可是似乎也知道终于找不到了，便终日恹恹地躺在地毡上。当最后一天带它到陈处长家去的时候，它默默地走，到后，放它在屋里，它又没精打采平伏在地上，只在妈妈孩子们和陈太太告别的时候它似乎吃惊地一跳，可是也没挣扎着要走。吉地是这样一个悲观的命运论者似的！

两条狗都安置好了，他们忙着整理行李，明天要走，然而他们的心是寂寞的。

一年以后，爸爸和妈妈从香港逃难到了桂林，在接到两个孩子从西北的边区写了信来的时候，又知道剧团里的人们在迪化吃冤枉官司，便连带想起了列那，说“不知道列那怎样了？”又说“不知道吉地在陈处长家里有没有逃过？”不久以后，听说陈处长也离开了那城市，便又说，“不知吉地怎样了？”

于是妈妈又一次想到那白猫，深深地叹了一口气。

1941年，桂林

延安的阳光

茅盾一家是1940年5月上旬逃离新疆的。5月下旬沈霜随父母和姐姐一起到达延安。这一年，沈霜虚岁18，已经是一个有自己意见、想法的小伙子了！沈霜是从延安走上革命道路的，在延安革命的大熔炉里锻炼成长，成为一名光荣的共产党员！延安，奠定了他人生的方向，延安精神塑造了沈霜的人生观、价值观。

一个从知识分子家庭出生、成长的革命青年沈霜，在延安奋发向上的环境里，艰苦奋斗，自强自立！姐姐沈霞到了延安以后，入了党，学习中找到了爱情，明确了人生道路的前进方向，最后在一个抗战胜利举国欢呼的时候，自己的生命却画上句号，永远停留在她洒下青春汗水的地方——革命圣地延安！

逃出新疆迪化

在新疆度日如年的时候，一个偶然的事件，让茅盾找到离开新疆的理由。

自从杜重远事件发生后，盛世才开始大规模秘密逮捕新疆的各级干部，连茅盾主持的新疆文化协会里面的人，也常常突然失踪。与茅盾、张仲实熟悉的从内地来的赵丹等人，在开展文艺活动中动辄得咎，随时处在危险之中。在迪化一片风声鹤唳中，茅盾和张仲实随时随地都有可能被盛世才找个借口，或逮捕，或失踪！

有一次，盛世才突然“请”张仲实去督办公署，让茅盾和张仲实感到危险随时都在逼近！茅盾回忆说：

> 那一段时间，仲实很烦闷，又很寂寞，就常到我家中来坐坐。二月下旬的一天下午，仲实在我家闲谈，谈到杜重远最近再次要求回内地治病又遭盛世才借口没有交通工具而拒绝，感到杜的前途十分危险。正谈着，仲实突然接到通知，说盛世才要他马上去督办公署。这是很反常的，因为往常盛世才没有单独召见过仲实，都是我们两人同去的。而盛世才又常以谈话为名拘捕人犯。仲实敏感地说，恐怕要出事了！我与德沚也感到事态不寻常，德沚甚至急得要哭，但又无能为力，只能握手互嘱“保重”。仲实一去三个钟头，我和德沚就在电话旁枯坐了三小时。直等到暮色降临，仲实终于回来了，一进门，大衣未脱，我们就喜出望外地围上去问究竟。仲实摇摇头说：“唉呀呀，这几个小时就像闯过

了鬼门关！”原来仲实到了督办公署，并未见到盛世才，也未被引到盛通常会客的西花厅，却被副官带到了一间厢房，说督办请您等一等。这一等就两个多小时。“你们可以想见，这两个多小时我是怎样熬过来的！”最后，盛世才终于来了，手中拿着一份材料，说要仲实修改一下，并为仲实的久候表示歉意。说完，他又走了。仲实一看，是一份极普通的材料，用十几分钟就看了一遍，改了几个字，请副官送交盛世才。一会儿副官回来说，请张先生回去罢。仲实说，事情很明白，他要我修改材料，完全是借口，因为没有必要为这样一份材料让我等两个小时，他可以把材料送到我家。猜想起来，他本想把我抓起来，所以把我带到了厢房，后来又犹豫了，反复权衡了两个小时，才借口让我修改材料，把我放了。仲实的分析是合乎情理的，但是盛世才为什么要抓他呢？使人难以捉摸。仲实早年在苏联留学，参加过共产党，回国后因故脱党，这些不能作为抓他的理由，除非因为仲实与杜重远的关系比较密切。[①]

张仲实的遭遇发生后，茅盾和张仲实都感觉到盛世才已经开始对他们怀疑了，或者已经在秘密罗织莫须有罪名了，随时都有可能把他们抓进牢狱。茅盾和张仲实去找中共在新疆的孟一鸣，

① 茅盾:《我走过的道路》（下），人民文学出版社 1997 年 12 月版，第 322—323 页。

希望中共党组织营救他们回内地。孟一鸣说，看来张仲实确实遇到危险了，他对张仲实说：

“如果盛世才逮捕你，你就说是共产党员，然后我们可以直接交涉，把你要出来，送到延安去。”对茅盾，孟一鸣认为，“现在还不好对你下手，一旦发生情况，我们再商量。”看来危险还是随时会发生。

新疆盛世才督办公署大门

此时的茅盾一家处在走又走不了的焦虑之中，沈霞、沈霜早已无心读书，姐弟俩也已经感受到这种风声鹤唳的焦虑氛围，所以连出门都提心吊胆，只有和列那和吉地两只小狗相伴。盛世才在迪化制造的大大小小的冤案，常常让茅盾毛骨悚然！走又走不了，事情不做不行，做又不行。做了，随时有可能作为靶子，随便什么时候从中找点问题，揪住不放，甚至上纲上线，成为罪行；什么事情不做，盛世才觉得你有异心。茅盾焦虑之极！一家人已经感到度日如年！

一家人正在焦虑万分时，茅盾突然收到上海二叔沈仲襄的电报，告诉茅盾：大嫂已经 4 月 17 日在乌镇病故，丧事已毕。这时，茅盾夫人孔德沚一看电报，立刻号啕大哭，沈霞、沈霜也哭成一团。沈霜小时候在上海，一直在奶奶身边长大，晚上也是和奶奶睡的，后来，沈霜渐渐大起来了，奶奶就有时候在上海，有时候在乌镇，两边住住。沈霜 1983 年 10 月 4 日给笔者的信中说："我的祖母三十年代（1932 年后）在上海，一般是来上海过冬（过年），有时夏季也来上海小住。"[①]茅盾的一双儿女，和奶奶的感情很深！所以，在新疆迪化听到这个噩耗，一家人都沉浸在悲痛中！

孔德沚一边痛哭，一边还抱怨茅盾到新疆这个地方，现在想回都回不去！夫人孔德沚的抱怨，忽然让茅盾想到，何不就此向盛世才提出回内地奔丧的要求。盛世才不是一向以孝道教人吗？或许他会同意。于是，茅盾擦干眼泪，平静一下心情，就给盛世才办公室打电话，报告自己母亲在浙江乌镇去世的噩耗，

① 韦韬（沈霜）1983 年 10 月 4 日给笔者信。

打算先在迪化遥祭母亲，再回到故里老家料理母亲的后事。

不料，盛世才听说后，一口答应，并且指示茅盾的副官操办遥祭事宜。4 月 22 日，茅盾全家穿着孝服，在迪化汉族文化促进总会开丧遥祭，声势不小，因为有盛世才的支持，新疆各厅的厅长都来祭拜。遥祭结束，茅盾专门去督办公署感谢。盛世才很客气，不愿意收茅盾遥祭母亲的钱。24 日，督办盛世才举行宴会，为茅盾、张仲实回内地送行。场面依然十分热闹，盛世才在宴会上讲话，热情洋溢，感谢茅盾、张仲实两位一年来为新疆作出的巨大贡献；茅盾和张仲实也作了热情洋溢的答谢讲话，感谢督办盛世才的款待和照顾，回内地办完事以后，一定马上再回来，继续为新疆的文化事业服务。

本来，茅盾想，这样的动静有过了，一定会很快走的。但是，当茅盾去向盛世才汇报文化协会工作如何交代时，顺便问盛世才，何时有飞机？盛世才说，现在没有飞机，什么时候走，我会通知你们。这让茅盾倒吸一口冷气！因为离开新疆的交通工具，都是在盛世才一个人手里，他不让你走，你是无论如何走不了的。这在盛世才紧锣密鼓织网杜重远冤案的时候，盛世才的表态，更加不一样了！茅盾和张仲实十分不安，他们立即向孟一鸣汇报情况，经过商量，他们通过苏联驻迪化领事馆，了解到近几天就有飞机，但必须有盛世才同意才行。于是，决定趁领事馆去督办公署参加五一节庆祝宴会时，茅盾他们趁机向盛世才提出搭乘这架飞机去兰州。后来如法炮制，盛世才不得不同意茅盾他们搭乘这架飞机离开新疆。

茅盾晚年还记得当时的紧张："飞机定于（1940年）五月五日起飞。五月四日晚，我又接到了盛世才的电话。寒暄过后他突然问道：'你的儿子不是在新疆学院读书吗？他是不是不去内地呀？'我不禁额头渗出冷汗，镇静了一下马上回答道：'督办弄错了，我的儿子去年十二月就退学了，他有病，支持不了紧张的学习，我们正打算这次把他带到内地去好好治一治病哩。'电话中沉默了片刻，终于说道：'那就去治病罢，明天我为你们送行。'"[①]

茅盾当时的紧张，不是多余的。就在茅盾、张仲实他们离开迪化不久，软禁的杜重远就被逮捕了。关于杜重远所谓的阴谋案，当时盛世才在新疆说："这次是以杜重远为首，联合各族反政府分子阴谋推翻政府建立亲日政权，杜收汪活动费二万元来新进行破坏工作，杜除联络各族反政府分子外，还联合茅盾、张仲实、史枚、赵丹、徐韬、高韬等左翼文化分子共同进行阴谋活动"。[②]显然，盛世才已经把茅盾他们作为左翼文化分子罗织进所谓的杜重远阴谋集团的！所以此时茅盾的环境已经万分凶险！

1940年5月5日，茅盾一家和张仲实乘坐的飞机终于起飞离开迪化了！但是，一波三折的经历，让茅盾的神经，始终高

---

① 茅盾：《我走过的道路》（下），人民文学出版社1997年12月版，第335—336页。

② 引自陈潭秋1941年1月13日给中央的电报《陈对阴谋案件的认识》，原件存中央档案馆。

度紧张：

第二天，盛世才亲赴机场为我们送行。仍旧是两卡车警卫架着机关枪，护卫着盛世才的小卧车，与一年前在迪化郊外我们见到的情景一样。然而当年被奉为上宾的杜重远，曾几何时，已成了盛的阶下囚！

九时，飞机离开跑道冲向了蓝天，我望着舷窗外起伏的天山山峦，一阵难以描述的轻松感充溢了全身！是呀，应该让我那绷紧的神经松弛松弛了，我们总算逃出了迪化！

飞机上乘客不多，除了我们五个人和张元夫外，还有一位莫斯科派往重庆大使馆的汉文秘书和一位携带文件、押运物资的苏联信使。

十二时飞机在哈密降落了，说是要在哈密过夜。我们只得下了飞机，不久，哈密行政长刘西屏匆匆赶来飞机场。张元夫和苏联外交官们自有住处，我们五个人被刘西屏送到了我们来新疆时住过的那个“外宾招待所”。招待所一切如旧，空荡荡的没有一位客人。晚上，刘西屏在招待所的正厅设宴欢迎我们。气氛很融洽，喝了不少香槟酒，因为在迪化我已从孟一鸣那里知道刘西屏是从延安来的。

但是，这一夜我和德沚却久久不能入睡。我们总觉得这次在哈密的停留有点蹊跷，因为本来说好飞机从迪化直飞兰州的。我的神经再一次紧绷起来，盛世才这人是什么手段都会使出来的！

第二天清早，刘西屏就来催促我们赶快起程，我们匆匆吃了早点，赶到飞机场，却又等了一个多小时。刘西屏耐心地陪着我们，直到我们登上飞机挥手告别。

后来我们到了延安，才听人说，就在我和德沚辗转不能入眠的那个夜晚，刘西屏先后接到了盛世才的三次电话。午夜十二时盛世才打来第一次电话，命令刘西屏把我和仲实扣留起来。过了半小时来了第二次电话，说先不要行动，让他再考虑考虑。午夜三点左右，他又打来第三次电话，说："算了，让他们走吧！"刘西屏怕他再反悔，一清早就急匆匆把我们送到飞机场，他想，当着苏联人的面，自然不便再扣留我们了。

我们的飞机终于越过了星星峡。几天之后，赵丹他们就被捕了，又过了一个星期，杜重远也终于锒铛入狱！[①]

到延安，进向往已久的"陕北公学"

沈霜是随父母、张仲实从兰州到西安，在西安搭朱德总司令的车队到延安的。

在西安，沈霜和姐姐沈霞都换上八路军的军服八路军的服

---

① 茅盾：《我走过的道路》（下），人民文学出版社 1997 年 12 月版，第 336—337 页。

装，虽然是粗布衣服，也不一定合身，但是特别有感觉，感觉自己真的长大了！沈霜是第一次穿这样的衣服，感觉很新鲜！他穿上八路军的军服，和大家一起拜谒黄帝陵，听父亲和朱德总司令讲述黄帝的故事，激发中华民族坚强的抗日意志。

从黄帝陵下来，茅盾和朱德总司令的车队直接奔向延安。

5 月 26 日下午，车队到达延安南郊七里铺。

总司令的车子比茅盾乘坐的车子快，早 20 分钟就进城去了。但是还有一些领导同志在路边迎接茅盾他们。当茅盾的车子停下来后，茅盾夫人发现前面路边等候的人群中，有一个高个子，一看，原来是多年不见的张闻天！孔德沚一下车，就急步朝张闻天奔去，一边兴奋地喊着："闻天，闻天！"沈霞和沈霜也奔过去，喊着"张叔叔！张叔叔！"。姐弟俩小时候，张闻天是见过的，甚至抱过他们。

这时，人群中一个中等个子的人过来，用上海话和茅盾打招呼："沈先生还记得我吗？"茅盾看了半天，总觉得面熟，却想不起名字。对方哈哈笑道："我是虹口分店的廖陈云呀！"经他一说，茅盾恍然大悟，廖陈云，和茅盾一起领导 1925 年商务印书馆的罢工时的战友！茅盾和他自从那以后就没有见过面。所以，廖陈云看见沈霞、沈霜，就说："孩子都这么大了！"在热烈的气氛中，茅盾夫妇和张仲实换坐小车，沈霞、沈霜仍旧上原来的车，一起进城去。在延安的南门口，茅盾一家见到了张琴秋，她现在是延安中国女子大学的教育长。

茅盾一家到达延安以后，首先考虑沈霞和沈霜的读书问题，在新疆已经耽误了一年多的学习时间了，所以到了延安，要尽快去延安的学校读书。茅盾和弟媳妇张琴秋商量去哪个学校合适。张琴秋告诉茅盾他们，延安的教育和香港、上海的教育不同，这里主要是因为打仗和革命的需要，办学校都是短期培训，不像香港、上海的大学，要四五年才毕业。她建议沈霞去中国女子大学，女子大学里有不同程度的班，有年纪大、文化低的普通班，有全国各地投奔延安的大学生和高中生的高级班，所以张琴秋建议沈霞去女子大学高级班。张琴秋还说，女子大学是新创办的学校，专门培养女青年，这对亚男（沈霞的小名）很合适。张琴秋一直记着沈霞的小名。而沈霜，张琴秋则建议他去泽东青干校，张琴秋认为，阿桑（沈霜的小名）的身体单薄，进抗大不合适，进“青干校”合适，“青干校”的学生来源也比较单纯些，像阿桑这样没有离开过父母、从学校到学校、没有社会经验的年轻人，“青干校”是合适的。

张琴秋的建议是有道理的，延安的“泽东青年干部学校”是在安吴堡青年训练班基础上新成立的，成立大会就是沈霜他们刚刚到延安前夕正式举行的。1940 年 5 月 3 日下午，在延安中央大礼堂召开泽东青年干部学校开学典礼，会上冯文彬就泽东青年干部学校创办缘由、办学特点、办学现状、培养计划以及目标做了具体说明，而且对学校名称的命名作了介绍：“该校为中国共产党直接领导下之学校，毛泽东同志是中国人民最敬爱的领袖，他的名字是中国人民解放的旗帜，把毛泽东的名字作为校名，即是要全体学生来努力学习毛泽东同志的理论、知识、革命方法、伟大的精神”[①]。开始创办时，泽东青年干部学校的学生并不多，只有 300 多人。泽东青年干部学校由陈云担任校长，冯文彬（主持日常工作）任副校长，刘光任教务处处长，丁浩川任教务处副处长，黄华任生活指导处处长，史洛文任生活指导处副处长。

其中不少负责同志都是从安吴堡青年训练班过来的，都是张琴秋在安吴堡青年训练班工作时的同事，所以张琴秋建议侄儿沈霜进泽东青年干部学校读书。可是，沈霜却不愿意去泽东青年干部学校，而要去陕北公学。因为泽东青年干部学校是刚刚组建成立的，沈霜还没有听说过这个泽东青年干部学校，而当时听到最多的是“陕北公学”，因为陕北公学的办学时间长、影响大，所以不少在国统区的知识青年都知道陕北公学，沈霜也一样，不知道延安有泽东青年干部学校，而只知道陕北公学。

1937 年，中共中央以边区政府的名义，向南京国民政府提出“在延安地区创办一所大学”的申请，但是，遭到南京国民政府的拒绝，认为“陕北已有抗日军政大学，无需再成立高校”[②]。南京国民政府不同意延安办大学，中共中央只好准备与上海的左翼人士合作办学。但是因为种种原因，合作办学的计划也没有

① 《泽东青年干部学校正式举行开学典礼》，刊《新中华报》1940 年 5 月 7 日。

② 《民国教育资料汇编》，江苏人民出版社 1982 年版，第 172 页。

成功。于是，中共中央决定独立自主地创办陕北公学。1937 年 7 月底，林伯渠、成仿吾等人受中共中央委托开始筹备陕北公学成立事宜。8 月初，陕北公学筹备委员会成立，成仿吾任主任，筹备委员会成员有林伯渠、吴玉章、董必武、张云逸、成仿吾等。

经过半年左右的筹备，1937 年 11 月 1 日，陕北公学正式举行开学典礼，毛泽东在开学典礼前一个星期，为陕北公学成立和开学题词，在开学典礼上，毛泽东作了《目前的时局和方针》的讲话，对陕北公学提出明确的期望："我们要造就大批的民族革命干部，他们是有革命理论的，他们是富于牺牲精神的，他们是革命先锋队。只有依靠成千成万的好干部，革命的方针与办法才能执行，全面的全民族的革命战争才能出现于中国，才能最后战胜敌人。"① 陕北公学初创时，校址在延安东门外的飞机场附近。从第二期开始迁移到清凉山下，1939 年春夏之交，抗战局势日趋严峻，中共中央曾经一度将陕北公学、鲁迅艺术学院、安吴堡战时青年训练班、延安工人学校四所学校的一部分或全部合并成立华北联合大学。1939 年 12 月，陕北公学在延安城北十余里的杨家湾正式复办，复办以后的陕北公学有学生大约 500 人，编为五个队。当时陕北公学的校长兼党团书记是李维汉。

当时，沈霜坚持进陕北公学，父亲茅盾和婶婶张琴秋也没有办法，只好同意沈霜进陕北公学学习。沈霞听了婶婶张琴秋的意见，进延安的中国女子大学高级班（六班）学习。沈霜后来在自

① 《毛泽东文集》第 2 卷，人民出版社 1993 年版，第 63—64 页。

己填写的履历表中说："1940.6—1940.9 延安 陕北公学，学习。"证明人是"张琴秋"。[①] 过去对沈霜何时进陕北公学，一般认为是到延安后，就进了陕北公学。从这个个人档案履历表看，这是没有错的。但是一般描述茅盾到延安的文章，只是说，沈霜进陕北公学，什么时候在陕北公学学习结束，都没有描述清楚。而沈霜亲笔填写的这份履历表，清楚地说明，他在陕北公学学习了三个月，到9月份就结束在陕北公学的学习。

沈霜进陕北公学时，正是陕北公学发展最迅速的时候。8月，陕北公学的学员大量增加，学校又增加十几个学员队。同时内蒙古大青山抗日根据地又输送40名民族干部参加陕北公学的学习。所以在1940年下半年，陕北公学的学生达到1300多人。而沈霜躬逢其盛，很快就融入陕北公学的大家庭里。

其时沈霜已经是18岁的大小伙子了，高高的个子，大大的眼睛，十分英俊，而且沈霜也喜欢文艺，是陕北公学的文艺积极分子。沈霜进陕北公学的第二个月，陕北公学就成立了学校文艺工作队。出于对文艺的喜欢和热爱，沈霜不久就成为其中的骨

① 见沈霜档案。八十年代在桐乡县县委组织部发现。据笔者了解，解放初，中央组织部清理档案中发现沈霜的档案，却不知道沈霜在哪里，但是档案履历表上写明是浙江桐乡人，就直接寄到桐乡县委组织部。而桐乡县委也不清楚沈霜在哪里，而且也不知道如何处理这份档案，于是就一直放在桐乡组织部的档案室里。一直到八十年代，才发现沈霜填写的两份履历表和一份"自传"，其中一份履历表和"自传"是1945年10月5日发给沈霜填写的；另一份是1949年9月12日填写的。这两份沈霜个人档案，后来桐乡县复印后送给沈霜保管。

干。陕北公学是沈霜人生中走上社会的第一站。

在这里，沈霜得到社会科学的学习，得到文艺的熏陶；在这里，沈霜感受到共产党的温暖！18 岁的沈霜，青春正当年。

在西北文工团的日子里

沈霜进陕北公学以后，眼界打开了，集体生活也慢慢习惯了。沈霜是茅盾家里最小的孩子，当时，家里生活条件也不错，母亲孔德沚十分宠爱他，父亲茅盾自己很忙，对儿子虽然不溺爱，但也是“放羊式”的，随沈霜喜欢，总是千方百计尽量满足儿子的要求。茅盾一家还在香港时，儿子沈霜要看上海出版的滑稽画报，茅盾就给在上海的孔另境写信，请沈霜的舅舅孔另境订上海出版的滑稽画报：“阿桑要订阅上海出版之滑稽画报一种，款请暂垫。寄九龙弟寓收可也。请即定为荷。”[①]祖母在世时，沈霜要求奶奶讲故事，奶奶也非常乐意给孙子讲故事，讲家里的往事。所以，在家里，沈霜虽然没有被惯着，但一直被宠着。随着沈霜的成长，独立意识和展翅飞翔的思想在沈霜年轻的头脑里渐渐清晰起来。这一点，茅盾在延安时，就开始慢慢感受到了。

到延安后，一双儿女都已进了学校，茅盾按照毛泽东的安排，夫妇俩搬去鲁艺。茅盾说：“周扬在桥儿沟东山脚下为我准备两孔窑洞。这里离沟口鲁艺院部约一华里，原来是个小山嘴，

① 茅盾 1938 年 7 月 23 日致孔另境信。

将它削成陡壁，正好打两孔窑洞。窑洞距地面只有两米，我们进进出出只要爬十多个台阶。两孔窑洞一孔有门，一孔只有窗户，从带门的一孔进去，有一通道与另一孔相连，我们的卧室和书房就在里面一孔，外面一孔则作客厅兼饭厅。洞壁刷了白灰，洞口向阳，窗格上虽没有玻璃而是糊的白纸，光线却很充足。窑洞前有一小块平台，可以散步、乘凉、晒被子。平台下面是翠绿的菜圃，桥儿沟著名的西红柿已开始成熟；再往前走，能听到潺潺的流水声。周扬派来一个'小鬼'帮助我们打水、打饭。我们吃的是小灶，伙房就在附近。鲁艺对我的照顾很周到，我住在那里很安静也很舒适，有事进城，还给我派马。"[①]在这样的环境里，茅盾的心情是舒畅的，感受到延安奋发向上的精神风貌。茅盾回忆说："鲁艺的另一门主课是生产，这是全体学生、教员、工作人员的共同科目。他们在桥儿沟的川地上种西红柿、黄瓜、洋白菜和辣椒，但大多数人是到一二十里以外的荒山上去开荒，种上谷子、土豆，然后按农时上山间苗、锄草和收获。我住在鲁艺，曾多次见到这样的情景：天不亮，同学们背着草帽，扛着锄头，肃静地沿着沟底的小径，从我的窑洞前经过；而傍晚，当沟底已经黝黑的时候，他们三三两两络绎不绝地回来了，在苍茫的暮色中，他们那充满了青春活力的歌声和笑语声在两山之间回荡。"[②]

① 茅盾：《我走过的道路》（下），人民文学出版社 1997 年 12 月版，第 357—358 页。

② 同上，第 367 页。

在“鲁艺”的日子里，茅盾每天读书写作，听报告，参加中共中央的一些座谈会、讨论会。女儿沈霞和儿子沈霜星期天回到家里，和父母聊天，一起喝小米粥。沈霜还将同学的“作品”带回家，让父亲指点。因此在延安时，茅盾读了不少延安那些年轻人的“作品”，发现这些文学青年的短板，是需要补充文学常识的营养。因此，茅盾为了提高延安青年的写作水平，专门写文章，讲如何练句、如何提炼作品的主题等。

沈霜进陕北公学三个月后，陕北公学成立了学校的文工队。这个文工队后来直属于中共西北工作委员会领导。陕北公学文工队最初酝酿组成于 7 月，王凡亚任队长，彦军任副队长，10 月，苏一平从马列学院调任指导员兼党支部书记。沈霜在陕北公学学习三个月后，调入陕北公学文工队。

陕北公学文工队的任务是开展西北少数民族文化教育工作。具体就是开展内蒙伊克昭盟的文化教育工作。当时陕北公学的校长成仿吾、党组书记兼关中分校校长罗迈、西北工作委员会贾拓夫等都非常关心支持陕北公学文工队的工作，帮助解决具体问题。据说当时陕北公学文工队第一次排练《蜕变》时，陕北公学专门到鲁迅艺术学院邀请导演史行、舞台设计何文今到陕北公学帮助指导，还请了张云芳做主演，公开演出后受到热烈欢迎。当时，陕北公学文工队是学习和演出并重，除了学习马列主义、毛泽东著作以及时事政治，还要学习文学、戏剧、音乐、美术等专业课程，张仲实、丁玲、艾思奇、萧三、萧军、史行等都去文工

茅盾夫妇在延安

队讲过课。也有人回忆，茅盾在延安时，也曾经应邀去陕北公学讲课。

1940 年 12 月 5 日，陕北公学文工队与斯曼尼、白衣领导的关中七月剧团合并，改名为陕北公学文艺工作团。

1940 年 9 月下旬，周恩来在重庆发来电报，让茅盾去重庆担任国共合作时期的文化工作委员会专任委员。茅盾夫妇没有二话，按照中共的要求，毅然决然将沈霞、沈霜一双儿女留在延安，夫妇俩轻装上阵，于10月 10日，在鲁艺师生的夹道欢送下，茅盾夫妇离开延安去重庆。

这是沈霜和姐姐沈霞人生中第一次真正意义上的离开

父母！

茅盾夫人孔德沚为此哭了好几次，但是沈霞、沈霜却已经很适应延安的艰苦生活，很适应延安那种奋发向上的环境，没有流露出依依不舍的神情。茅盾回忆说："我们拜托琴秋和仲实照顾两个孩子，给孩子留下了足够的衣物，再三叮嘱他们应注意的事情。四个月来，孩子们已在集体环境中生活得融洽无间，对我们的离去并不留恋，倒是德沚哭了两场。"[①]沈霜和沈霞，在父母的眼里，永远是孩子！但是，茅盾的一双儿女，在延安的环境里，得到集体主义的熏陶，已经融入集体的"大我"之中，对父母去重庆，并无离绪别愁，所以茅盾放心地和一双儿女告别。

万万没有想到的是，茅盾夫妇在 1940 年 10 月 10 日和女儿沈霞的离别，竟是永别！

沈霜在父母离开延安以后，依然在陕北公学文工团。

1941 年陕北公学和中国女子大学等合并成延安大学，陕北公学文艺工作团改名为西北文工团。西北文工团不再归陕北公学或者延安大学领导，而是归西北中央局领导。毛泽东亲笔题写团名，并由程铁、张召滨制作了洁白的西北文工团的团徽。沈霜晚年告诉我："我在陕公（60 队）学习三个月后，即转入新成立的陕公文艺工作队（又称 61 队）。两个月后全队搬至陕公沟口的蒙古文化促进会，曾传说将为蒙古文化促进会管辖，最后确定为归

① 茅盾：《我走过的道路》（下），人民文学出版社 1997 年 12 月版，第 380 页。

属西北局，正名为西北文艺工作团，地址搬往文化沟内。”[①]

改名以后的西北文工团，由苏一平等六人组成领导班子。团长兼指导员：苏一平。副团长：朱丹、白衣（兼生活干事）。党支部书记：李慕琳。党支部委员：徐瑞林、李建彤。

下设五个组：

研究组：组长韩戈鲁、东方明。

研究组成员：王汶石、闻捷、沈霜、凌丁、寒十坡、万淳。

戏剧组：组长高歌、郭介人。

戏剧组成员：周戈、邵盂虹、裴然、陈若绯、肖松、黎虹、张涛。

音乐组：组长李建彤、林丰。

音乐组成员：岳松、李庆森、舟冰、阮艾芹、闵利生、李凝、肖松、关键、伊力。

美术组：组长石鲁。

美术组成员：刘迅、程士铭、东方、吕崇实、程铁。

总务组：组长刘鹏杰、兰运夫。

沈霜在西北文工团时，分配在研究组。这个研究组里，和沈霜在一起工作的，有后来成为著名作家、诗人的王汶石和闻捷两位。

普及文艺成为西北文工团的主要任务之一，他们在街头教歌、张贴宣传画、书写街头诗等。1942 年 5 月，西北文工团还

---

① 韦韬 2005 年 12 月 7 日致笔者信。

排练、演出了曹禺的《北京人》，并在边区参议会大礼堂演出。西北文工团组织学习毛泽东在延安文艺座谈会上的讲话，在抗日战争的紧张阶段，提供贴近现实、影响群众的文艺作品，受到陕北人民的欢迎。

在学习贯彻毛泽东在延安文艺座谈会上的讲话精神中，西北局指示西北文工团，今后的主要任务是“开辟文化教育落后的农村工作，改变过去只演大戏的倾向”。所以此时的西北文工团，几乎都在陕北农村山沟沟里开展工作。沈霜在文工团文艺氛围的影响下，也对文学创作产生浓厚的兴趣，在业余时间悄悄地创作小说。1942 年下半年，沈霜写了一篇小说《山》，后来虽然没有发表，但是，姐姐沈霞看到后，十分高兴，在给父亲茅盾的信中，专门提到弟弟沈霜创作的小说《山》。

也正因为如此，当时茅盾夫妇离开延安以后，给女儿、儿子写信，几乎都是女儿沈霞回信多，而沈霜很少写信。有时候甚至沈霞逼着沈霜写信，沈霜才写一点。而茅盾给沈霞的信中，也是再三再四让儿子给他们写信。1945 年 6 月 30 日，茅盾给沈霞、沈霜去信，给他们带书。其中茅盾给沈霜的信是这样写的：

霜儿：

好久没有收到你的信了，不知你身体如何？近年学习得怎样了？我和你妈都好，可勿记念。上次你要《静静的顿河》，现在我买了一部，托人带上，共四册。此书还是桂林印的，纸张较好，现在重庆印不出这样的书；价钱也相当贵，望你爱惜。此次又托人带上法币一万元，你和你姐姐二人各分五千，以备不时之需。妈妈老忧虑你那件大衣破得不成样子，你来信始终没有提起，此次该有便人来重庆，望你详细写一封信，把这些事情都说说，以免妈妈挂念。至要至要。即祝近好。

父　字六月卅日

此信请交琴秋转交。

让儿子沈霜写信，茅盾用“至要至要”来强调，思念深切，可见当时茅盾夫妇对儿子沈霜的牵挂，已经非常强烈。

据说当时茅盾夫人孔德沚最放心不下的，是在延安的一双儿女，她每个月一封信，不管收得到还是收不到，每个月都写。但是，茅盾夫人孔德沚的信，从重庆寄到延安，估计大部分收不到。只是孔德沚思念儿女太强烈，于是就把思念倾诉在每个月的一封信里。茅盾对留在延安的一双儿女的思念，同样十分深切，他在桂林时，专门写了一首诗，寄托自己的思念，其中有“双双小儿女，驰书诉契阔。梦晤如生平，欢笑复呜咽。感此倍怆神，但祝健且硕”，可见思念十分强烈。

1943 年 6 月至 10 月，延安杂技团和陕甘宁边区艺术干部学校并入西北文工团。西北文工团的队伍扩大了，而此时，全党延安整风运动全面展开，西北局决定西北文工团全体干部进入中央党校三部学习。沈霜也随之进入中央党校三部学习。

沈霜毕竟是在大城市上海成长的，而延安的大部分年轻人，都是从全国各地贫困农村来的。而且南方、北方，城市、农村不同环境成长的年轻人的生活习惯差异很大。据西北文工团的同志回忆，沈霜当时对延安不少人的生活习惯看不惯，但他又没有办法去扭转，他就和这些人保持一些距离，不和那些人勾肩搭背，也不和那些人称兄道弟。所以在西北文工团里，沈霜被大家背后称为“少爷”，说他“清高”。虽然这个“少爷”的名称没有恶意，但是可见沈霜当时在西北文工团时的精神状况。据说当时西北文工团里，男女比例是三十比一，即三十个男的，只有一个女的。有一位西北文工团的女同事回忆说：“大部分男同志对我都很热情关心，但也有几个板着脸不理人的。其中有一个中等个子、瘦瘦的、长得还帅气的青年人，即使与我面对面相遇，他也当作没有看见，显得十分傲气。”当时，她问同事那是谁。同事说，你问的是少爷吧。少爷的真名叫沈霜，是茅盾的儿子。因为他的生活习惯和大家不一样，所以大家背地里叫他少爷。但是同事同时也告诉她：沈霜他的生产劳动十分努力，还得到过表扬。

后来，这个女同事对沈霜有了进一步的了解。她回忆说：1945 年“大约在四月下旬，我参加了一个党小组会，内容是讨论沈霜同志的入党申请。原来沈霜还不是党员。不过小组会上大家的发言是异口同声地称赞沈霜，说他坦率直爽，有正义感，敢于坚持真理。说他文化水平高，知识广博，有一定的理论基础。说他劳动改造认真，1942 年冬季主动报名上山烧了两个月木炭，成为团里劳动积极的典型。又说 1944 年春，他参加了中央青委组织的文教工作队，赴陇东地区工作了三个月，与贫下中农同吃同住，得到了很大的锻炼。又说他参加了西工团的整风审干甄别工作，工作认真细致，为好几位受冤屈的同志平反昭雪。谈到他的缺点，主要是在过去自由主义比较严重，组织纪律比较差，任性、清高等，但现在已有很大的进步。这次小组会使我对沈霜这位‘少爷’，有了较全面的认识，而且有两点特别使我惊讶：一是沈霜的入党介绍人是我们的上级领导著名诗人柯仲平同志，而且只他一个介绍人（按规定要两个介绍人）；二是沈霜还不是党员便参加了只有可靠的党员才能参加的整风审干甄别工作”。可见西北文工团党组织上对沈霜的信任。

这是西北文工团女同事的回忆，大体是事实。沈霜在 1949 年 9 月 12 日填写的《干部登记表》上，关于“何时何地何人介绍入（团）党？有无候补期？”一栏里，沈霜亲笔填写：“1945 年 3 月于延安西北文艺工作团由柯仲平同志介绍入党，候补期半年。”其中在时间上，与同事的回忆，相差两个月。入党介绍人是柯仲平，则并无二致。这里，沈霜的入党时间，应该以沈霜填写的干部登记表为准。至于沈霜劳动中得到上级表扬肯定，也是事实。沈霜在同一张《干部登记表》上在“受过何种奖励和处分？”一栏中，沈霜亲笔填写：“1944 年延安大生产运动时，曾因劳动模范而得物资与精神奖励。”关于沈霜参加过陇东地区文教工作队,《干部登记表》上也有记录,沈霜在简历中“何年何月至何年何月”一栏是这样填写的:“1944 年 7—10 月”;在“何地何种部门”一栏写“陇东”;在“学习或任何主要工作”一栏,沈霜填写:“临时参加陇东文教工作团搜集材料”;在“证明人”一栏,沈霜填写是“蒋南翔”。蒋南翔在新中国曾经担任过教育部部长。而提到的沈霜参加审干工作,则是他刚刚入党时的事情,沈霜在《干部登记表》中填写是:“1945 年 3—10 月”,地点“延安 西北文工团”,主要工作“入党,参加西北文工团的甄审工作”。

1945 年,沈霜已经是一个 23 岁的年轻共产党员了!生活、革命的经历,让沈霜在政治上更成熟了,在生活上也不再任性,一个阳光帅气的年轻人在延安健康成长了!然而,1945 年,沈霜在人生中遇到刻骨铭心的事,让沈霜一生都无法忘怀!

姐姐之殇

沈霜的姐姐沈霞,随父母到延安后,一直在延安学习,她先在延安中国女子大学高级班(6 班)学习。后来中国女子大学并入新组建的延安大学以后,她进入延安大学俄语系学习。由于沈霞非常勤奋好学,学习成绩在学校里一直是佼佼者,又是延安出名的“校花”,所以追求沈霞的男生不少,但是沈霞对找对象,十分谨慎。1942 年，沈霞和同学萧逸在延安大学认识并开始恋爱，当明确恋爱关系以后，沈霞和萧逸分别都向茅盾夫妇报告情况。所以茅盾夫妇虽然没有见过女儿的恋爱对象，但都知道萧逸的情况，茅盾甚至向延安到重庆的人打听萧逸的情况，茅盾夫妇对萧逸是满意的。经过几年的恋爱，沈霞和萧逸在 1944 年 10 月初，去边区政府登记结婚。为此沈霞给茅盾夫妇写信，报告人生中的这件大事。一个月以后，在重庆的茅盾夫妇收到女儿的来信，知道女儿已经在延安登记结婚，既高兴又觉得歉疚，因为他们还没有给女儿结婚准备一点礼物。1944 年 11 月 6 日，茅盾夫妇给女儿写信，表示祝贺的同时，也表示自己的牵挂。茅盾说：

霞儿：

十月五日邮寄的信（附有桑的信），今天收到了。差不多在路上走了一个月。但在此信之前你所寄出的另一信，却没有收到。你和萧逸已经登记结婚，我们可以同意，而且也很高兴。我们虽然尚未见过萧逸，可是从前你曾经来信描写过他，而且他自己也来过一两封信，所以，我们也就有了个印象。我们相信，我们的女儿在这事的选择上是用了比较审慎的态度和清醒的头脑的，我们同时也喜欢她的选择不以虚荣和外表为对象。我们喜欢在生活中受过艰苦的磨炼而有志学习力求上进的年轻人。萧逸从前是这样的一个人，我们相信他现在也还是这样的一个人，希望他永远是这样的一个

1945 年 7 月沈霞夫妇在延安

人。我们遥祝你们俩的共同生活将是幸福而快乐的，你们相敬相爱，共同朝你们所信仰的人生目标迈进！我们相信你们那里的环境是一个使人容易向上学好的环境，所以我们对于你们的前途抱着十二分的信心，想来你们是不会辜负我们的期望的！

近来常有人来往，大概你们也多少知道一点我们的生活情形，所以我们也不多说了。我们身体也还好。妈妈虽然为了家中什务而很辛苦，但尚能支持；而最大的欢喜是知道你和桑都很健康而且有进步。我的肠胃还是不佳，又有点贫血，不过医生说我尚无大病，只是运动太少而已。至于和你们见面，我们是时时这样盼望的；有了机会，我们自然不肯放过。现在看来，也许这不会太远了。以后你邮寄信来，不必再提此事；为什么不要提，这原因你是应当想得到的。

你需要什么东西，我们可以设法托带或寄。还要俄文书么？上次你要软片，我们曾去找过；但因此物很缺，一般照相店里都没有，非得特别托人找门路不可。这样我们觉得太麻烦了，就作罢了。况且我们相信不久后一定能看到你们，现在不见到相片也不算什么。书籍我们尽可能给你弄一些。大概二个月前，曾托人带上一批（书名我忘了），不知收到了没有？

我们要给你和萧逸一点纪念品，这托人带也太噜苏，将来见面时再给你们罢。

祝你们快乐而进步。

父母　字

十一月六日

1945年春节，沈霞和萧逸在延安乡下萧逸工作的窑洞举行简单到不能再简单的婚礼，两个革命年轻人走在一起，成为夫妻。婶婶张琴秋给茅盾夫妇的信中说："霞与逸已于阴历年假结婚，因为在乡下，我们都未去道贺，同时霞喜欢朴素不愿铺张，故未在校举行婚礼，因当时逸在离城二十多里路之乡下做事，霞便下乡同居。本来在此地对婚事是十分简单的，至多也不过邀些亲友团聚作乐庆贺一番便罢了，没什么仪式，原曾邀她和逸到我家结婚，横竖重实际的人也不在乎这些形式，只要他们感情好就好了。结婚前后二人感情都还很浓，萧亦年轻，还聪敏，很可造就。他们相识甚久，彼此也了解，既是志同道合，有感情，我当然也赞同他们。”①

沈霜在 3 月入党以后，立刻被组织上安排去做西北文工团干部甄别工作。

7 月，沈霞发现自己怀孕了。好学上进的沈霞刻苦学习五年，就是为了抗战胜利后为民族解放事业出一份力！现在抗战胜利的曙光就在眼前，不少同学已经摩拳擦掌，整理行装，响应党的号召，准备去东北前线。而沈霞觉得自己在这个时候怀孕，实在不是时候，将会影响自己的前程，为此，沈霞决定让婶婶张琴秋联系医院，去做人流。

8 月 10 日午夜，日本宣布投降的消息，在延安各个机关传开，一时间，延安沸腾了！当天晚上，全延安所有机关、学校的群众，拿着火把，自发地冲到街上，庆祝这期盼已久的胜利！人们激动、欢呼！苦苦奋斗的中国人民，终于迎来了胜利！沈霞同样被胜利的消息，被延安的激动所感染。

当时，萧逸劝沈霞不要去做人流，不会影响前程的。沈霞没有听进去，她坚决要去做人流。张琴秋也劝沈霞，认为即使为了工作，也没有必要去做人流，告诉沈霞：“如果孩子生下来，可以让你妈妈过来带，我也可以帮你带孩子，不会影响你工作的。”

---

① 据手稿。韦韬先生提供。

但是，张琴秋和萧逸都没有能够做通沈霞的思想工作，沈霞一定要把孩子拿掉。

张琴秋和萧逸没有办法，张琴秋只好帮助沈霞联系了当时延安较好的国际和平医院。8 月 16 日，沈霞住进国际和平医院。17 日，医院为沈霞做了人流手术。18 日，张琴秋专门去医院看望沈霞。沈霞告诉张琴秋，自己肚子有一些胀痛，胃也不舒服。张琴秋连忙问医生，医生轻描淡写地说，是手术以后的反应，已经给她打止痛针了。显然，医生没有重视。19 日是星期天，沈霜专门从西北文工团赶过来看望姐姐。但是，延河发大水，沈霜无法到对岸的国际和平医院看望姐姐，只好在张琴秋家里等待河水退去再过去。

没有想到，20 日的延河依然大水汹涌，张琴秋突然接到和平医院的电话，说沈霞发生休克，让张琴秋赶快派医生过去抢救，当时张琴秋的丈夫苏井观是边区联防军卫生部部长，苏井观立刻派好医生，让警卫员牵了马，准备以最快的速度过河去抢救。此时，延河依然汹涌奔腾，去抢救的医生和马匹都无法过河。11 时多，张琴秋再次接到医院电话，对方沉痛地告诉张琴秋，沈霞因抢救无效，于 11 时去世了。

顿时，身经百战的红军女将张琴秋听到这个噩耗，立刻瘫倒在椅子上，脑子一片空白！

张琴秋不顾一切地让人通知沈霜，通知萧逸！

萧逸听到这个突如其来的噩耗，两条腿已经迈不动了，心如刀绞，赶到和平医院，跪在沈霞遗体前泣不成声！沈霜哭着喊姐姐醒醒！姐姐醒醒！不久，俄文学校的老师来了，同学来了，医院里一片哭声、抽泣声。

21 日，张琴秋、萧逸、沈霜三个人亲自为沈霞入殓，他们用大板车，将沈霞的灵柩送到俄文学校，下午在俄文学校的礼堂开了一个追悼会。追悼会以后，沈霞被安葬在俄文学校后面的山上，长眠在沈霞为之奋斗过的延安红色土地上。8 月 22 日，延安的报纸刊登一则消息：

> 本报讯，老革命作家茅盾先生之爱女沈霞同志，不幸于本月 20 日病殁于和平医院。编译局全体同志 21 日曾举行追悼。

然而，在重庆的“老革命作家”茅盾却一无所知。女儿在延安的去世，直到一个月以后，茅盾才从延安到重庆的朋友口中知道。

茅盾女儿沈霞的突然去世，给茅盾夫妇的打击是天崩地裂的，给茅盾后来的影响是不可估量的！茅盾在回忆录中写道：

> 大约在九月二十日前后的一日，我略感不适，躺在文协的宿舍里休息，等着德沚进城来接我回唐家沱。以群的床铺在我对面，此时他正和我闲谈。忽然，版画家刘岘夫妇

1945 年 8 月 21 日，韦韬（萧逸和张琴秋之间）在姐姐沈霞的葬礼上

走进房来。他们刚从延安来，在新华日报社工作，那天是第一次出门访友，还带了他们的女儿，一个圆脸大眼睛的小姑娘。那一段时间延安来人不少，但我熟悉的不多；刘岘是我在三十年代就认识的，那时他在日本学美术，为《子夜》刻过一套版画，后来在延安也见过面，可以算是老朋友了。我自然向他打听延安文艺界的情形。他也侃侃而谈，并说，他还认识我的孩子。忽然他喟叹道："只是沈霞同志牺牲得太可惜了！"我大吃一惊，忙问："你说什么？!"他见我的神色不对，便不知所措了，讷讷地问："沈先生，您还不

知道?”“我不知道，我是第一次听说，你快说，究竟出了什么事。”我顿时从床上坐了起来。刘岘好像做错了什么似的，想开口又不敢开口，眼睛觑着叶以群。我的心猛地紧缩了，难道这是真的？怎么可能呢！前几天还收到了她的信啊！我感到一阵憋闷，喘不过气来。这时以群说话了：“这是真的，沈霞同志牺牲了，恩来同志叮嘱我们暂时不要告诉您，怕你们过分伤心，弄坏了身体。前一阵您正好又在赶写《清明前后》……”“怎么会死的？出了什么事?”刘岘说：“据说因为人工流产，手术不慎，出了事故。详细情形我也不清楚。”我胸中的瘀积化成泪水从眼眶溢了出来。我的亚男呀！你怎么就这样死去了，莫名其妙地死去了！死于人工流产！这不是太不值得了吗?!你在不久前的信中还说：“爸，妈，我很高兴，敌人投降了，我们胜利了，等得十分心焦的见面日子等到了，我们一定不久就可以见面。”可见你是热爱生活的，你的生命力十分旺盛，你的人生道路才刚刚开始呀！“这事发生在什么时候?”“八月二十日。”已经快一个月了！为什么琴秋他们不来一封信，难道能永远瞒着我们？医疗事故，随随便便害死一个人！难道不负法律的责任！[①]

① 茅盾:《我走过的道路》（下），人民文学出版社 1988 年 9 月版，第 386—387 页。

其实，张琴秋在沈霞突然去世以后，立刻就通过周恩来发电报给在重庆的茅盾夫妇，告知沈霞去世的噩耗。当时周恩来正忙于和国民党在重庆的谈判，想在谈判结束以后，亲自去告诉茅盾。因此，连张琴秋几封给茅盾的信，也由重庆办事处给压下来，准备谈判结束以后一起交给茅盾。

茅盾是见过风云激荡、血雨腥风的大世面的，但是朝气蓬勃活泼可爱的女儿突然意外去世，让茅盾一辈子无法释怀！而孔德沚在得知女儿去世那一刻，捶胸顿足，她的天塌下来了！她始终不相信这么活泼可爱的女儿会去世！她一直在等待，有一天她觉得女儿会突然出现在她面前，告诉她：谁说死了？我回来了。原来女儿去世，是一个梦！孔德沚从此精神恍惚。一直到孔德沚晚年，都无法释怀！

当时茅盾担心夫人孔德沚听到噩耗，身体会垮掉，因为当时茅盾夫妇在重庆读女儿沈霞的来信，成为他们日常生活中不可或缺的一部分。茅盾说：“两个孩子，阿桑来信少，因而读亚男的信就成为我和德沚这几年中最大的乐趣。每封信都给我们带来无限的慰藉，每封信都充满了女儿略带娇憨的爱。她在一封信中这样写道：‘爸爸胖了，这倒是令我们高兴的，爸爸不是从来都是瘦的吗？现在怎么会胖的？我有点想不通，因为照理说近年来只有更辛苦。妈呢？胖瘦？我希望她结实些，不要再虚胖，到重庆逃警报也不方便。甲状腺现在是否完全好了？念念。’现在这样一个活蹦乱跳的女儿忽然没有了，消失了！德沚怎么能受得了呢？我又将怎样告诉她这个噩耗呢？”[1]

后来，茅盾向周恩来提出，让在延安的儿子沈霜到重庆，在茅盾夫妇身边，再告诉孔德沚女儿已经去世的噩耗，这样可以缓解孔德沚的痛苦情绪。周恩来同意了，于是通知延安，让沈霜搭乘重庆谈判送毛泽东回延安的回程飞机到重庆。

从此，沈霜离开了学习、生活、工作了五年的西北文工团，离开了朝夕相处的西北文工团的朋友们！

在1945年的经历中，姐姐的突然去世，始终是沈霜刻骨铭心的。所以，在沈霜晚年，将姐姐沈霞的延安日记，让我整理出版，他还写了回忆文章，深情回忆姐姐。在笔者撰写《茅盾和他女儿》一书时，沈霜（韦韬）提供姐姐的中学作文，亲自审读初稿。充分体现了沈霜对姐姐沈霞的手足深情。

抗战胜利后，深明大义的父母送子上前线

10月12日，沈霜搭乘飞机来到重庆。孔德沚见到儿子霎时间的喜悦和得知女儿沈霞去世时撕心裂肺的悲痛，但是看到面前结结实实的儿子，孔德沚的情绪得到控制，茅盾回忆说：

十月八日，徐冰找到我，对我说：重庆会谈即将结束，

① 茅盾:《我走过的道路》（下），人民文学出版社1988年9月版，第389页。

恩来同志已给延安去电，请他们让您的儿子到重庆来，很可能搭乘毛主席回延安的那架回程飞机。他又交给我两封琴秋的信，其中一封是琴秋给恩来同志的，信中这样写着："霞的死，确系鲁子俊的严重错误，由于消毒不严而发生肠杆菌的传染，事后又未及时发觉，如早发觉尚可有救，实所痛惜！经检讨后已给鲁以处分并召开会议教育别的医生。"

十月十一日毛主席飞回延安，张治中陪同前往。十月十二日傍晚，八路军办事处主任钱之光的夫人来接我们，说是阿桑今日已到达重庆，在"山上"。

那时我们总算在市内找到了房子，就在四〇年住过的枣子岚垭良庄，是沈衡老把他三楼的住房让给了我们一间。房间虽小，我们已很满足。

我们到了"山上"，钱之光夫妇陪我们走进一间小客厅，只见里面搭了一张行军床，阿桑和衣躺在上面。见我们进去，他急忙站起来叫"爸爸""妈妈"。德沚喜冲冲地奔过去，抱着儿子边端详边叫道："长高了，也长壮了。"同时向周围搜寻，一面问："亚男呢？亚男呢？"又回头问阿桑："阿姐在哪儿？"儿子着慌了，他没有想到妈妈还不知道姐姐去世的消息，讷讷地竟不知怎样回答。德沚扫了我们一眼，发现我们一个个都阴沉着脸，就叫道："出了什么事？你们不要瞒我！"这时儿子说话了："姐姐已经死了。""死了！怎么会死的！这不可能！""这是真的，妈妈，姐姐真的死了，所以让我来重庆。”德沚愣了几秒钟就号啕恸哭起来。我们几个人只好轮番劝她。我说：“亚男是没有了，可是还有阿桑，他就在你身边呢。”德沚突然抬起泪眼盯着我：“怪不得好几次夜里发现你在哭，原来你早就知道了，为什么你要瞒着我呀！”说着又痛哭起来。但毕竟有儿子在身边起了缓和作用，渐渐地停止了哭泣。钱之光夫妇又安慰了几句就离开了。

儿子告诉了我们亚男死亡的经过：日本投降后，延安的干部纷纷奔赴新解放区开辟工作。亚男是俄语班高材生，已决定派往东北。可就在这时，发现已怀孕一个多月。为了不影响行军和今后的工作，亚男决定作人工流产。她找到琴秋，说服了琴秋，就由琴秋联系在和平医院做手术，因为做人工流产不是什么大手术，谁也不会想到会有危险。手术在下午做的，第二天亚男就觉得呼吸困难，腹痛难忍，告诉医生，医生却说这是手术后的正常现象，还流露出这点疼痛都不能忍耐，是病人太娇气了，只给了一点止疼药。亚男是好强的，就强忍着疼痛。到第三日早晨五时，亚男四肢突然发青，发生休克，经抢救，有所好转，可是主持手术的医生却不来照面。亚男就要求护士打电话请琴秋速来。琴秋急忙找了医生去会诊，不巧延河正发大水，骑了马也过不去，而医院又在河对岸。不久亚男又第二次休克，再次抢救，已经晚了，中午十一时许心脏停止了跳动。事后解剖，才发现死亡的原因是手术消毒不严，伤口感染了大肠杆菌，又转为腹膜炎，却又未能及时治疗之故。其实，只要医生有点责任心，第二天仔细检查一下，就能发觉并及时治疗的。那位医生忙什么去了呢？原来他要去东北，正在忙着整理自己的行装。

……

儿子第二天晚上就搬到家里来住了，多少冲淡了家中悲切的气氛。儿子长大了，不仅高了，壮了，而且也成熟了。他已经参加了共产党。原来我们还把他看成一个孩子，想让他继续上大学。可是他说，目前正是形势大发展的时

1946 年初韦韬与父母摄于重庆

候，到处需要干部，他不能去读书。在延安，像他这样年龄的人（其实他才二十二岁），早就工作了，他也已经工作了五年。这次他本已参加了青委组织的某工作团，正要去东北，临时被我们叫到重庆来了。听起来还有点委屈。于是我们让步了，同意他在重庆找工作。可是他不愿意，仍要回解放区。他说，这次奉命来重庆是为了陪我们住一段时间，安慰安慰妈妈，过后还是要回去的。他只希望在重庆期间，能把盲肠割掉（他患有慢性盲肠炎），免得日后回到农场工作，盲肠急性发作，来不及治疗。

女儿去世了，好不容易把儿子弄回身边，德沚舍得再放他走吗？出乎意料，德沚支持了儿子，赞成他回解放区去工作。“儿子大了，应该有他自己的事业，不可能永久留在身边，只要他健康、平安，我就满足了。要说安全，还是解放区。”后来她又对我说，让阿桑留在重庆她也不放心，国民党特务会加害于他，或者捉去当人质，像新疆盛世才所干的那样。也因为这种担心，阿桑在重庆的三个月中，一切行动都受到她的监护，轻易不放他独自上街。

我们经过柳亚子的介绍，请中央医院的外科主任为阿桑割了盲肠。出院以后，同去唐家沱搬了家。那时重庆的文化人正纷纷找门路回上海，我想我们也不会久住重庆的，不如把家搬进城。我们陪儿子去看了《清明前后》的演出，又为儿子置了几件衣服（儿子是穿了延安的粗布制服回来的），

韦韬 1945 年与父母

买了手表。我想等我们回上海的日期定了之后，就送他回延安。谁料回上海的飞机票已被国民党的接收大员一抢而空，半年以后也不一定轮得上。这时，儿子有些焦急了。德沚心疼儿子，就说，不如让他先走吧，免得在这里“关”瘦了。于是我又找了徐冰。徐冰说，只要您和沈太太同意，我们没有意见。现在来往延安的飞机很多，有了空座，就通知你。我和儿子谈了一次话，我问他今后有什么打算？他说他从小喜欢数学，一直盼望学工程，始终没有这个机会，现在解放区需要建设人材，他想去搞工业。我考虑：中国目前可能还会打仗，但将来一定要建设，而且主要是建设，就同意说，那你就去搞工业罢。不过，这几年你一直没有机会上学，基础差，我原想让你留下上大学就是为了让你打好基础，现在你只好在工作中学习了。我想解放区一定也会有进修的学校，你有机会还是去学一学理工科的基础知识吧。[①]

① 茅盾：《我走过的道路》（下），人民文学出版社 1988 年 9 月版，第 561—565 页。

根据党组织安排，沈霜不再回到延安。1946 年 3 月，沈霜从重庆到达华北，进《解放三日刊》。这时，换一个新单位了，沈霜干脆把自己的名字改一下，不要让同志们从一个“沈”字中，就知道他就是茅盾沈雁冰的儿子！

经过延安革命的熏陶，独立意识十分强烈的沈霜，决心走出父亲茅盾的光环，首先从名字开始！从沈霜档案中的《干部登记表》看，沈霜在 1949 年前，曾经用过“沈孟韦”的名字，后来才正式用“韦韬”的名字。这个名字伴随着他以后的人生岁月。

新中国成立前后

抗战胜利以后，国内形势发生很大变化，大批延安的同志，根据工作需要，陆续奔赴华北、东北，沈霜也急于想回延安。后来，周恩来亲自安排沈霜的工作，认为现在的形势下，沈霜可以直接到华北去，不必去延安了。北平刚刚成立军调处，那里需要人，让沈霜去北平工作。于是，沈霜奉命去了北平，之后又去新闻媒体从事记者编辑工作。

而茅盾夫妇离开重庆之后，去香港，回到上海，又应苏联对外文化协会的邀请，去苏联访问了几个月，在新中国成立前夕，根据中共的安排，秘密去香港，去东北，然后在中共安排下秘密到北平，参加新中国的筹建。

然而，万万没有想到的是，在新中国成立前夕，沈霜的姐夫萧逸，作为新华社记者，在解放太原时牺牲在前线阵地上，让茅盾夫妇失去女儿的悲痛，雪上加霜！

新中国成立后，茅盾担任中华人民共和国文化部部长。沈霜成家立业，服从组织安排，在军事院校担任编辑，兢兢业业，从事刊物编辑工作。

姐夫的关心和牺牲

沈霜 1945 年 10 月到达重庆父母身边以后，母亲孔德沚对儿子沈霜的照顾无微不至，连出门，母亲都要跟着，生怕特务绑架，或者生怕半路失踪。这让在延安集体大熔炉里成长起来的沈霜有点不自然了。

看着儿子那种不自然状态，茅盾心里也十分焦急。对儿子回到重庆以后下一步的学习工作，茅盾心里并不踏实，于是茅盾和儿子沈霜做了一次推心置腹的谈话。其实，在茅盾心里，实业救国的情结一直挥之不去，当年母亲、父亲对茅盾兄弟俩的教导和期许，茅盾一直没有忘记，也一直没有机会实现。儿子沈霜的数学很好，本来很有希望在理工科方面有所造就。但是，抗战爆发，茅盾一家颠沛流离，茅盾母亲孤零零地在乌镇去世，茅盾无法尽孝；女儿在延安意外去世，茅盾夫妇肝胆欲裂！现在儿子在身边，茅盾很想听听儿子意见，因为儿子已经大了，已经是中共党员了，已经有他自己的信仰和理想，有他自己的想法和观点，所以茅盾父子两人进行了一次谈话。结果，茅盾和儿子的想法一致，认为应该继续读书，最好是读理工科专业的学校，这样，将来在国家建设中可以发挥作用。

然而，事实往往并不如人意，当时人民解放战争的进展势如破竹，形势发展突飞猛进。中国共产党急需大批干部去华北、东北工作，而沈霜进大学做理工科学问的想法，已经不现实。茅盾记得：

一月八日，徐冰告诉我，恩来同志认为我的儿子不必回延安了，回了延安也还是要到华北去的，不如直接去北平。现在北平成立了军调处，需要人，两三天内就有飞机去。假如不愿意在北平工作，也可以再从那里去张家口。一月十一日傍晚，王炳南通知我（他和我同住在一栋楼内），今晚让我的儿子到周公馆去，明天一早飞机就起飞。我当即叫了一辆出租汽车，提上德沚事先为儿子整理好的一只箱子，把儿子送到周公馆。

等安顿好了儿子，恩来请我到他的办公室坐坐。他说："这几个月忙得不可开交，现在停战协定刚刚签字，政协会议又开幕了。所以你的女儿不幸逝世，我一直没顾得上向你们致哀。"我说："为了孩子的事已经多次打扰您了，我和德沚都深感不安。"恩来说："发生这样的事我们有责任，是我们平时对那个医生教育不够。孔大姐心情好些了吗？"我告诉他好多了，儿子回来，分散了她的注意力。"那么现在儿子又走了，她能放心吗？""这次儿子回解放区是得到她赞同的，她认为儿子在解放区比在重庆更使她放心。"恩来笑道："好，这样就好。"接着转了话题说："你的剧本《清明前后》的演出很成功，影响很大，是文艺战线配合政治战线的一次成功的斗争。现在文艺界在争论《清明前后》和《芳草天涯》两个剧本的是非，什么政治标准、艺术标准，我看，凡是文艺作品都既要讲政治标准又要讲艺术标准，只是两者的关系要摆正确，我以为应该把政治标准放在第一位。衡量政治标准，不是根据作品中口号喊的多少，而是看作品是否为群众所欢迎，是否说出了人民群众心里的话，是否吸引了他们又推动了他们前进。”我默默地听着。我明白，他是在鼓励我，其实我这第一个剧本技巧上很不成熟。恩来又谈到文艺界对《论主观》的批判，并批评了冯雪峰，认为这几年雪峰没有起到一个党员作家应起的作用。他问我今后的打算，我告诉他准备回上海，只是飞机票难买。他随手拿起桌上的一本便笺记了点什么，说，飞机票的确难买，我们也帮你想想办法吧。

离开周公馆时，儿子已经躺下，我叮嘱他一到北平就给妈妈写信。①

沈霜是 1946 年 1 月 12 日离开重庆飞抵北平的。

儿子离开重庆以后，茅盾又投身重庆的民主运动，当时正是政治协商会议召开期间，茅盾在重庆文化界招待政协会议代表的

① 茅盾:《我走过的道路》（下），人民文学出版社 1997 年 12 月版，第 565—566 页。

茶话会上，提出组织“全国人民政治协商会议协进会”，并率先成立“陪都文化界政治协商会议协进会筹备会”。第二天，茅盾又与救国会和民主建国会联合邀集各界代表正式成立“政治协商会议陪都各界协进会”，提出政治协商会议只许成功，不许失败的口号。茅盾参加文艺界协进会的理事会，“协进会”决定，每天举行“各界民众大会”，邀请政协代表到会报告当天开会情形，听取人民群众的批评建议。这个“各界民众大会”，引起重庆市民的极大兴趣，唤起了群众的民主意识，所以开始时，在重庆“合作会堂”举行，后来人越来越多，改在“沧白堂”进行。但是这个推动民主运动的活动，很快遭到国民党特务的捣乱，他们在政协代表演讲时狂呼乱叫，甩石头，放鞭炮，围攻殴打“协进会”工作人员，酿成“沧白堂事件”。最后，演变成一场历史上有名的大血案——较场口事件。

此时，茅盾虽然投身于民主运动，整天参加各种会议和活动，不过，大规模的群众集会如“各界民众大会”召开的八次大会里面，他只参加过一次。茅盾的工作重心，主要是参加文艺界的活动，对于重庆的那些政治集会，茅盾也只参加小规模的内部会议，公开的群众大会一般都不参加。

现在，儿子沈霜出发了，家里又冷清起来。茅盾又常常沉浸在失去女儿的悲痛中，他翻看女儿的来信，重温体味女儿在信中的每一句话，忽然，茅盾发现女儿在一封来信中有这样一句话，过去一直没有注意，被茅盾忽略了，这句话就是：“《劫后拾遗》

我们已经读到。我自己觉得遗憾的是这里面竟没有谈到我所最关心的学生与文化人的情况，在中间我也找不出什么你们在那时究竟在怎样的一点影子来。”

对女儿沈霞在信中的这句话，茅盾的心，受到强烈的震撼和刺痛！茅盾后悔自己当时没有仔细看女儿的信，失去了给女儿介绍当时情况的机会。现在在重庆万籁俱寂的时候，茅盾开始给女儿写女儿想知道的情形，弥补这个永远无法实现的缺憾！茅盾花了一个星期时间，撰写回忆女儿曾经想知道的往事，茅盾一边写，一边潸然泪下，写了三万多字的《生活之一页》，告诉女儿当时自己在香港的一切。

沈霜到了北平以后，很快给茅盾夫妇来信，告诉父母亲，到了北平以后，组织上安排他去《解放三日刊》工作，在报社做校对和内勤记者。所以，从此时开始，沈霜开始走上新闻编辑的道路，这是茅盾在重庆和儿子分手时都还没有想到的。

大概也是从这个时候起，沈霜开始改名为韦韬①，表示自己的人生道路上，既要坚韧不拔，勇往直前，又要低调内敛，坚持自己参加共产党时的理想信念和初心使命。

茅盾夫妇安排儿子上前线以后，重庆的形势日益严峻，茅盾开始考虑自己去哪里。茅盾曾经给在南洋的胡愈之写信，问南洋的生活情况如何，打算去南洋生活。但是，茅盾最后还是决定回到上海，上海离乌镇近，母亲去世以后，茅盾还没有回去祭拜

① 为了行文方便，此后“沈霜”改为“韦韬”。

过。如果可能，茅盾一定会回到乌镇去祭拜母亲。但是，在抗战胜利之后的重庆，回上海，谈何容易？没有交通工具，一大批在重庆的文化人走不了，叶圣陶一家是坐船沿长江回上海，一路上风餐露宿，惊涛骇浪，走了很长的时间才到上海。丰子恺一家在重庆，也是很晚才决心走陆路回上海，一路上没有盘缠，丰子恺一边开画展，靠卖画筹措路费、生活费。所以回上海的路，十分坎坷曲折。

现在茅盾想直接回上海，同样十分困难。虽然当年茅盾离开上海时，还说"我会回来的，我一定会回来的"。但是，真的要回来，谈何容易！

茅盾在周恩来、邵力子的帮助下，通过张治中，总算买到飞广州的飞机票。

1946 年 3 月 16 日，茅盾夫妇离开居住三年多的重庆，到达广州。在广州停留了一个月光景，4 月 13 日，茅盾夫妇到达香港，住在铜锣湾畔海景酒店。香港风景依旧，茅盾又想起女儿沈霞在香港时的种种，却不忍心去沈霞当年游玩过的地方看看，认为可资怀念的地方很多，即使去了以后，未必能够把悲伤埋葬在那里。所以，茅盾在香港的心情十分忧郁。这时，在澳门的亲戚柯麟来信，邀请茅盾夫妇去澳门休养，散散心。于是，茅盾夫妇去澳门休息了半个月光景，1946 年 5 月 26 日，茅盾夫妇从香港坐船回到上海。

茅盾夫妇回到上海以后，因为住房紧张，茅盾夫妇就住在大陆新村 6 号，房子是欧阳翠的，她把自己的二楼让给茅盾夫妇，自己住到三楼。这样，总算解决了茅盾夫妇在上海的住房问题。

茅盾刚刚到上海，亲戚朋友来来往往，非常热闹，分散了一些茅盾失女的悲痛。茅盾自己说，因为人来人往，写文章只能在晚上进行。

大概就在茅盾到上海时，韦韬的工作发生变化。1946 年 6 月，组织上安排韦韬去张家口冀中的华北联合大学当助理员。这是一个培养年轻干部的岗位，23 岁的韦韬去华北联大以后，工作十分积极，其间，韦韬被华北联合大学党组织抽调去参加两个月的土地改革，在实践中锻炼提高自己的工作水平。

1946 年茅盾接到苏联对外文化交流协会访问苏联的邀请。于是，茅盾夫妇在 1946 年 12 月初赴苏联访问，一直到次年 4 月下旬才回国。当时，苏联邀请茅盾去苏联访问时，茅盾提出夫人孔德沚也一起去，苏联的对外文化交流协会也同意了，因为茅盾考虑，夫人一个人留在国内，女儿意外去世一直影响着孔德沚。茅盾知道，孔德沚不顾自己文化低，在女儿去世一周年时，在上海悄悄写了一篇痛彻心扉的怀念文章。所以，茅盾提出夫妇二人去苏联访问，一方面是中国进步文化人士了解苏联文化发展情况，是政治需要；另一方面也可趁机散散心。

韦韬在华北地区工作期间，与父母一直有联系，可惜因为战争时期，留下来的资料几乎是空白。而韦韬与姐夫萧逸的联系，许多资料也已经散佚；但是，萧逸给妻弟韦韬的几封信，却保存下来。萧逸1945年9月19日离开延安进入新华社后，开始给还在延安的韦韬写过信，一方面托韦韬关心一下沈霞的遗物和墓碑事；另一方面关心韦韬的前途，关照他要进一步深造，要进正规学校读书，不要浪费光阴、青春和生命，“希望你能进正规的学校，不去‘试办’性的。光阴、生命、青春决不能轻易被试验的。你现在年纪虽轻，但也不能再等待了。昨天，我们知道国共谈判有部分协议，将来进正规学校是完全可能的”[1]。可见萧逸对韦韬的前途十分关心。

1949年，萧逸有一封没有写完的给韦韬的信，信是这样写的：

阿霜：

去年秋在绥远我接到你的八月份的来信，以后一直在行军作战，交通又不便，也没有机会给你去信。后来我又生了一场小病，转到后方去修（休）养，最近我才回到冀北总分社。

何去未定，所以也没有给你信，不知你是否还在安东日报工作？

在石门附近时我见到报纸上爸爸和妈妈已来到解放区（那时我才从察哈尔回来），以为他们一定在我们附近，高兴极了。但一打听，他们还在东北呢！本来我想，也许要

① 据2007年江苏南通市《博物苑》第二期。

在香港见到他们的，但现在看样子，恐怕一年内还看不到他们的。

两年来我们一直在行军打仗，从没有在一个地方经过两星期以上，虽然很疲劳，但对战争还是有了初步的了解，也体会了战争的生活……①

韦韬是1947年9月到1948年6月，在东北通化《辽东日报》担任外勤记者。1948年6月到11月，韦韬在东北《安东日报》社担任外勤记者组长。1948年12月到1949年4月，韦韬调任《东北日报》《沈阳日报》副刊编辑。而萧逸的半封信，就写于韦韬在《东北日报》做编辑副刊时。萧逸信中的“石门”，就是今天的石家庄，笔者曾经发现萧逸在石家庄和战友在一起的一张照片，十分珍贵。

萧逸说“恐怕一年内还看不到他们的”遗憾，不久就实现了。1948年岁末，茅盾夫妇和许多民主人士一起，在中国共产党的周密组织下，从上海秘密到香港，再从香港秘密到大连解放区，在东北解放区参观、考察一段时间后，于1949年2月秘密到达北平，临时住在北京饭店，参加全国新政协的筹备工作。

茅盾一到北平，萧逸就去拜访岳父母，在岳父母的住处北京饭店盘桓了两天，于2月27日离开岳父母回到部队，当时因为部队已经命令下来，马上要开拔。作为新华社随军记者，萧逸立

① 据2007年江苏南通市《博物苑》第二期。

刻向岳父母辞行。第二天，萧逸又给茅盾夫妇写了一封信，向岳父母告别。不料，1949 年 2 月下旬萧逸初次拜见岳父母，竟成为茅盾夫妇和女婿萧逸的最后见面！

1949 年 4 月 15 日，在解放太原市的阵地上，作为新华社战地记者，萧逸在阵地上拿着话筒，向敌人喊话，敦促敌人投降。这时，一梭冷弹打来，萧逸当即牺牲在阵地坑道里，年仅 33 岁！

萧逸牺牲的消息传来，茅盾老泪纵横！他在给萧逸战友的信中说：“萧逸此番在前线牺牲，大出意外，我们的悲痛是双重的，为国家，失一有为青年，为他私人想，一番壮志，许多写作计划，都没有实现，萧逸之死使我几次落泪。”[1]姐夫萧逸牺牲时，韦韬还在《东北日报》编副刊。失去姐姐的沈霜，绝对没有想到，如此关心爱护自己的姐夫，在人民解放战争胜利的前夕，竟然牺牲在国民党军队的冷枪之下。韦韬悲痛不已。新中国成立后回到北京，他一直保存姐夫萧逸的遗物，晚年又将姐夫萧逸的遗物送给姐夫的故乡——江苏省南通博物院保

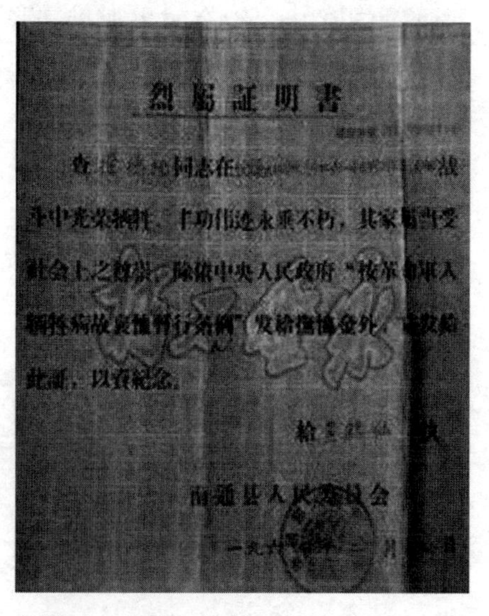
烈屬証明書
查[illegible]同志在[illegible]战
斗中光荣牺牲，其功绩永垂不朽，其家属当受
社会上之尊崇，除依中央人民政府“[illegible]军人
[illegible]病故褒恤暂行条例”发给[illegible]金外，[illegible]
此证，以资纪念。
给[illegible]执
南通县人民委员会
一九[illegible]年[illegible]月[illegible]日

徐德纯（萧逸）烈士证书

① 《茅盾全集》第 37 卷，黄山书社 2014 年 3 月版，第 304 页。

管。这是后话。

1949 年 5 月韦韬奉命去武汉《长江日报》担任外勤记者，兼组长。新中国成立前，韦韬一直在新闻战线奔波。

1949 年 10 月 1 日，中华人民共和国诞生了。为了培养外语翻译人才，根据组织安排，韦韬从武汉回到北京，进入北京外国语学校学习，时间一年。在北京的一年里，韦韬星期天有时间，就去看望父母。此时茅盾已经担任新中国的文化部部长，母亲则在家照顾父亲生活。一家三口难得相聚，而婶婶张琴秋、苏井观夫妻分别是纺织工业部和卫生部的副部长，他们有时候也来看望茅盾夫妇。沈泽民、张琴秋的女儿玛娅已经从苏联回国，她是韦韬唯一的堂妹，她有时也随母亲张琴秋等一起来文化部的小楼里看望伯父母。此时，如果韦韬回家看望父母，是茅盾夫妇难得的天伦之乐。

保持谦虚低调的作风

在新中国成立之前的几年间，韦韬在新闻界已经小有名气，《东北日报》等报社已经把韦韬作为骨干安排使用，韦韬自己回忆说："1948 年底东北全部解放了。在解放战争中我一直在东北的新闻战线上工作，已是个小有名气的记者"。但是，本来想一心一意做新闻工作的韦韬，在采访活动中，看到不少有文化的年轻人，为了迎接新中国，为了将来建设新中国时有所作为，纷纷

韦韬和父亲茅盾。约摄于 1949 年

改行，从事科学技术工作。当时的这种现象，从事新闻工作的韦韬敏感地感受到了。

韦韬本来数学基础很好，祖父、父亲希望孩子从事理工科的愿望，一直深深根植在韦韬心底。所以，在新中国成立之前，不少年轻人改行从事理工科的现象，重新激发韦韬心底里从事科学技术工作的念头。用韦韬自己的话说，当时也“动了心”。

韦韬晚年回忆说：

> 在采访工作中，我见到不少文化人转行到了工业战线，于是也动了心，想转行做经济工作，以适应全国解放后经济

建设的需要。我向时任东北局常委兼组织部长的张闻天表达了自己的愿望，张闻天同意我去重工业部门。正在这时，父母亲从香港来到沈阳。张闻天见到他们后，谈到了我请调工作的事，谁料父亲和母亲几乎是异口同声地说："阿桑当新闻记者不是当得蛮好么？就让他继续作新闻工作罢。"事后我为此对父母亲有些抱怨，母亲说："你为什么不事先给我们打个招呼？"父亲则喟叹道："看来我们沈家这两代人是命定不能实现我父亲那个实业救国的遗愿了，只好等待第三代的出世了。"①

然而，同样没有料到的是，本来茅盾夫妇想让儿子韦韬在全国解放后继续从事新闻工作，可是新中国一成立，国家需要外语人才，于是韦韬又被组织部门选拔去北京外国语学校读书，时间是 1949 年 10 月。韦韬在外国语学校学习的是俄语。

一年多以后，1950 年 12 月，韦韬从外国语学校俄语系毕业，韦韬又服从组织安排，进入解放军序列的军事院校工作。从此，韦韬这位没有扛过枪的人，成为解放军的一名文职人员，一干就是一辈子！所以韦韬晚年说："儿子并没有如父亲希望的那样把新闻工作一直干下去，全国解放后不久，我又阴错阳差地当上了没有扛过枪的人民解放军，而且一当就是五十年。这也是父亲始

① 韦韬、陈小曼：《我的父亲茅盾》，辽宁人民出版社 2004 年 2 月版，第 219—220 页。

料未及的。”[1]1950 年 12 月从北京外国语学校毕业后，韦韬被组织上选派到南京军事学院翻译室当翻译，成为一名名副其实的人民解放军。所以韦韬所讲的阴错阳差，就是指 1949 年至 1950 年在外国语学校读书，毕业后转入解放军院校，成为一名人民解放军的事。

韦韬到南京军事学院翻译室报到以后，没有几天，即 1951 年 1 月，组织上又调整韦韬的工作岗位，安排韦韬到南京军事学院学术研究室担任编辑。

这一年，韦韬已经 28 岁。

韦韬已经到了该成家的时候了。其实，此时韦韬已经有了女朋友，她就是外国语学校俄语班的同学陈小曼。在北京读书时，韦韬已经带女朋友陈小曼到文化部的部长小楼里，见过父母亲。韦韬回忆说，当时，“见到小曼，父亲和母亲都很高兴，觉得她还是个稚气未脱的可爱的孩子，立时喜欢上了她。”韦韬还说，“她是半个孤儿，母亲在抗战期间敌机轰炸遇了难，父亲则在她幼年时即去国外教书、办报，1941 年太平洋战争爆发后，交通阻断，就彻底侨居国外了。她自幼在亲戚家和寄宿学校中长大。”[2]

后来，韦韬在故乡桐乡和笔者说起陈小曼，他说，小曼是广

---

① 韦韬、陈小曼：《我的父亲茅盾》，辽宁人民出版社 2004 年 2 月版，第 219—220 页。

② 韦韬、陈小曼：《我的父亲茅盾》，辽宁人民出版社 2004 年 2 月版，第 220 页。

东人，她妈妈是江苏人，爸爸是广东人。我们问，那么小曼老家还有什么人？韦韬说，小曼还有个弟弟，当时抗战开始了，她妈妈带着小曼到了南京，她爸爸去了国外，后来又把弟弟带到国外，因为广东人有个风俗，让男的留在家里，女的可以带走。所以小曼的妈妈只能带着小曼到南京。后来，小曼的弟弟一直生活在加拿大。[①]

韦韬和陈小曼从外国语学校俄语专业毕业后，两个人一起分配到南京军事学院工作。1951 年中秋节，韦韬和陈小曼结婚了，茅盾夫妇非常高兴。虽然茅盾夫妇不能到南京参加儿子的婚礼，不过当时政治清明，婚礼风俗也是非常简单，只是一个形式而已。但是，茅盾专门为儿子韦韬、儿媳陈小曼结婚写了贺词：

祝韦韬小曼结婚之喜。

我们为你俩祝福：开始共同的快乐的生活，建立新的美满的家庭；

我们为你俩祝福：在生活上，学习上，工作上，互相帮助，互相督促，相敬相亲；

我们为你俩祝福：在新中国的建设中，服从祖国的号召，恭恭敬敬，诚诚恳恳，老老实实，努力做一双有用的螺

---

① 2011 年 3 月 25 日晚上，韦韬先生在桐乡和笔者以及桐乡档案馆（局）潘亚萍、王佶以及文联叶瑜荪聊天，笔者向韦韬先生请教有关问题，那天他很开心，有问必答。

祝韦韬小曼结婚之喜

我們為你倆祝福：開始共同的快樂的生活，建立新的美滿的家庭；

我們為你倆祝福：在生活上，學習上，工作上，互相幫助，互相督促，相敬相親；

我們為你倆祝福：在新中國的建設中，服從祖國的號召，恭々敬々，誠々懇々，老々實々，好々做一個有用的螺丝釘；

我們為你倆祝福：在偉大的毛澤東時代，在偉大的黨的教育下，有無限光明燦爛的前程！

你倆的爸爸和媽媽：沈雁冰 孔德沚

茅盾为韦韬陈小曼结婚的贺词（原件为桐乡档案馆收藏）

丝钉；

我们为你俩祝福：在伟大的毛泽东时代，在伟大的党的教育下，有无限光明灿烂的前程！

你俩的爸爸和妈妈　沈雁冰　孔德沚[1]

茅盾夫妇对儿子儿媳妇的新婚祝贺，充满热烈之情，也充满时代色彩，作为文化部部长的沈雁冰，对儿子结婚的期许，也洋溢着那个年代的情怀。

韦韬和陈小曼结婚以后，一直生活在南京，过着军事院校的部队生活，平时也不能回到北京照顾父母亲，只有利用春节的几天假期，回到北京看望父母亲。1952 年 6 月，韦韬的工作岗

① 韦韬、陈小曼：《我的父亲茅盾》，辽宁人民出版社 2004 年 2 月版，第 220 页。

位又有新的调整，组织上安排韦韬去南京军事学院军事科学研究部出版社担任编辑。韦韬坚决服从。而此时，陈小曼怀孕了，消息传到北京，茅盾夫妇非常高兴，对儿媳妇格外关心，因为他们知道陈小曼没有母亲，怀孕以后的身体保养，需要婆婆孔德沚指

韦韬夫妇和父母

点，将来生产，也需要婆婆在身边。因此，茅盾夫妇决定，让怀孕的儿媳妇陈小曼提前到北京，和茅盾夫妇住在一起，这样，他们也好有个照顾。况且，此时茅盾家里，有服务人员，生活更加方便一些。

于是陈小曼到了北京，得到茅盾夫妇无微不至的关心和照顾，不久陈小曼在北京生下第一个孩子——沈迈衡。

1955 年 10 月，韦韬在南京军事学院被授予大尉。这是当年部队系统授予军衔的一种，当时的军衔中，有士、尉、校、将、帅等等级，大尉相当于今天的少校，是营级干部。韦韬被授予大尉以后，一如既往地努力工作，依然没有半点架子。据陈小曼告

韦韬夫妇 20 世纪 50 年代初和父母合影

诉笔者，当年她和韦韬在南京军事学院工作时，按照韦韬的级别，他们两个人可以去吃“中灶”，即可以去人少一点、伙食好一点的食堂吃饭。但是，当时韦韬和陈小曼两个人根本没有想到有这样的待遇，而是一直在大灶（普通食堂）排队买饭。

当时的同事提醒陈小曼：你们可以有这样的待遇的，不是特殊化。但是，韦韬也没有去吃“中灶”，依旧在普通食堂排队买饭，保持低调、谦虚和谨慎。所以陈小曼给我说起韦韬在南京的往事时，沉浸在当时年轻时代的回忆里，话语中依然充满激动和怀念之情。

协助父亲写回忆录

1976 年 1 月，周恩来去世，举国哀悼。清明节，天安门广场上掀起怀念周总理，批判“四人帮”的浪潮，人心不可违！

粉碎“四人帮”后，玛娅的冤案在 1977 年 8 月 31 日得到平反昭雪，但是，给茅盾和韦韬心里，已经留下不可平复的伤痛！后来，韦韬主动担当起玛娅三个孩子的关照责任。这是后话。

一直在静静地观察国家形势的茅盾，突然把韦韬夫妇叫到身边，表示现在自己要写回忆录了。茅盾解释说：目前的政治局面看，“文化大革命”什么时候结束，还看不到头，去年邓小平大力整顿时出现的好苗头，现在又看不到了。如果等到他们这些人垮台，恐怕我也写不动了。所以只能现在就动手了。即使现在不

1976 年 7 月 4 日茅盾 80 寿辰拍的全家福（在交道口寓所）

1976 年韦韬全家福

能出版，留一份历史见证资料，也是好的。茅盾还说，家里有录音机，我可以想好一段，讲述一段，再根据录音整理。

韦韬夫妇一听，表示非常赞成：“这是个好办法，比你自己写省力得多，不过为了保险起见，录音与笔记可同步进行，录音时，小曼和小钢可同时作记录，这样就有三份材料，可以相互参照。”茅盾点点头，表示同意儿子韦韬的意见。

经过几天的准备，茅盾回忆录的录音工作正式开始了。韦韬回忆说：

1976 年 7 月茅盾 80 岁时全家福

1976年3月24日，我们开始了第一次录音。爸爸手持话筒，靠在卧榻上，韦韬站在三屉桌前操纵录音机，小曼和小钢在一旁作记录。爸爸的口述是这样开始的："大概是1919年下半年，陈独秀从北京来到上海……"爸爸打算从他早年鲜为人知的政治斗争生活开始叙述，第一次至第四次录音便是从1919年爸爸结识陈独秀开始，叙述到1927年的大革命失败。其中有参加上海共产主义小组的情节；有担任党中央联络员成为"钟英小姐"的故事；有在上海大学教书，参加"五卅"运动，领导商务印书馆大罢工等活动；有去广州出席国民党第二次全国代表大会，会后留在广州在毛泽东手下担任宣传部秘书的经历；还有到武汉参加大革命，担任中央军事政治学校武汉分校的教官和主编《汉口民国日报》的活动，以及经历大革命失败的故事。爸爸这些经历，对韦韬来说已很新鲜，小曼和小钢更是闻所未闻，我们听得十分兴奋。①

据韦韬回忆，当时茅盾的口述回忆录，开始并不顺利，原因是茅盾手持话筒，整个人就紧张，很不自然。茅盾虽然当过15年的文化部部长，他的口才依然没有训练出来，没有训练成夸夸其谈、出口成章的程度，也没有训练出临场发挥洋洋洒洒的程

① 茅盾《我走过的道路》（下），人民文学出版社1997年12月版，第826页。

度。茅盾虽然长期在北京生活，却不会讲字正腔圆的北京话，而是上海话夹杂着乌镇方言，“那末，那末”的口音很重。所以茅盾拿着话筒，讲述自己的过往时，生怕思路不清楚，事情不完整，一辈子谨言慎行的风格又出现了。

其实，越是担心，担心的东西越来，这样一来，原来茅盾打好的回忆录腹稿，录音时又丢三落四起来。开始，茅盾的口述录音，史料很丰富，但是前后重复多，遗漏也不少，原来跌宕起伏的故事，在讲述中变得平铺直叙了。而且，话筒上的开关，茅盾开始使用时并不顺手，讲了一会儿，发现开关没有开。想停顿一下，话筒却是开的。后来韦韬夫妇和父亲茅盾商量，不断调整思路，减轻茅盾的回忆讲述压力，情况才有所好转。用韦韬的话说：“经过几次实践，爸爸掌握得好多了，以后的录音就比较顺利。”[①]

此后，茅盾的回忆录口述录音继续进行，比较顺利地留下了茅盾回忆录的珍贵史料，为后来回忆录的写作提供了一个基础。所以当时茅盾在家里的主要任务是口述回忆录，光阴紧迫，八十岁的茅盾争分夺秒，为中共历史、为现代文学史留下许多珍贵史料。韦韬回忆当时的进度时说：“爸爸一般在午休后下午三时左右开始录音，每次约两小时，晚上和上午则躺在床上构思，为下一次录音打腹稿。遇到有其他事或者要去医院，就顺延一天。

① 茅盾《我走过的道路》（下），人民文学出版社 1997 年 12 月版，第 827 页。

1977 年夏与家人合影

不过整个四月份，他几乎天天口授录音，像一台开足马力的机器。自一九二七年从武汉回到上海开始，仅用了十天时间就讲完三十年代，又用了十天时间讲完抗日战争，再用两天时间讲完解放战争。爸爸说，回忆录就写到新中国成立，解放以后的不写了，因为解放后的事大家都熟悉，资料也容易找到。接着他又回头讲他的童年、他的学生时代，然后又分三次补讲了二十年代的文学活动，因为我们提醒他：二十年代他详细介绍了自己的政治活动，没有详细介绍文学活动。”[①]

当时，茅盾口述回忆录，完全是在秘密状态下进行的。除了家人，外面没有人知道。

茅盾和韦韬正在整理、调整口述回忆录时，突然发生唐山大

---

① 茅盾《我走过的道路》（下），人民文学出版社 1997 年 12 月版，第 827 页。

地震。韦韬他们也投入紧张的抗震救灾活动，一时间，也顾不上茅盾回忆录的整理了。

不久，“四人帮”被粉碎了，举国欢腾，茅盾知道，我们的国家将发生翻天覆地的变化。但是茅盾也知道，自己已经来日无多，只能抓紧时间，开始回忆录的写作。

这时，已经是1977年，茅盾依然在秘密状态下每天坚持回忆录的写作。

1978年春节前夕，茅盾去北京医院看病，正好和胡乔木不期而遇。胡乔木见到茅盾，非常高兴，说：“太巧了，茅公，我正好有一件事要给您写信，现在就当面谈吧。”茅盾就随胡乔木到休息室。胡乔木告诉茅盾：最近中央有个决定，要求组织力量，撰写革命回忆录。

这件事，中央认为，早就该做，因为“文革”，已经耽误了十年，许多老同志已经去世，所以现在是要抢救这些珍贵的史料。中央在讨论这项工作时，陈云同志专门提到您，说建党初期的历史，除了您，恐怕没有几个人知道了。所以希望您能把这段历史写出来。要我给您写信，提出这个请求。现在我当面向您转达陈云同志的要求。茅盾一听，爽快地答应了胡乔木同志的要求，表示可以试试。胡乔木同志还说：您除了这一段历史外，还可以写您的六十年的文学回忆录，这也是更重要的。茅盾觉得自己过去和家人做的回忆录写作准备工作，和党中央的要求想到一起了。

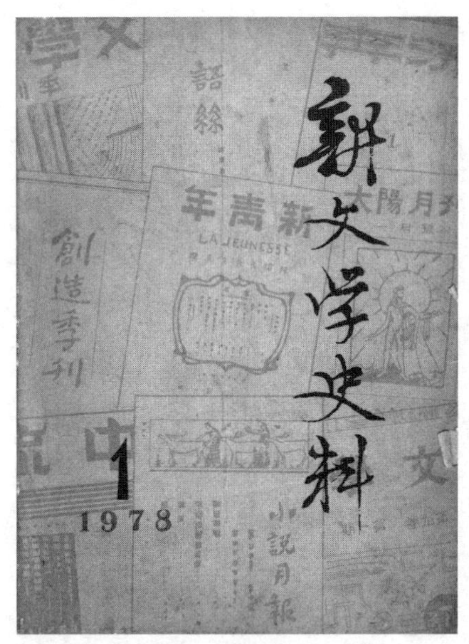

《新文学史料》创刊号封面

这时，茅盾回忆录的写作才开始从地下转到了地上。于是，从1978年开始，茅盾写作回忆录的消息才公开。

1978年3月，人民文学出版社社长韦君宜带着两名编辑，专门到交道口南三条13号茅盾家里拜访茅盾，并且告诉茅盾，人民文学出版社根据中央的指示，决定创办一个刊物，定名《新文学史料》，专门发表五四以来的作家回忆录和传记作品，所以现在想请茅盾写刊名，同时还请茅盾提供稿子，支持刊物。

茅盾听了韦君宜的计划和要求，表示刊物名，他可以题写，回忆录文章也可以提供。当时，韦君宜社长本来只是想就有关三十年代两个口号的争论，请茅盾写一点回忆文章。茅盾听后，表示有些历史事件，需要不断核实，才能写。韦社长转而请茅盾写文学研究会的回忆。茅盾说：如果写文学回忆录，可能要比文学研究会更早些，可以从我进商务印书馆写起。韦君宜一听，非常兴奋，太出乎他们意料了。茅盾看到韦君宜他们兴奋的样子，又说，这样吧，我给你们一个长篇连载的回忆录如何？韦君宜他们自然求之不得！茅盾问，你们的刊物什么时候创刊？韦君宜说，可能在下半年了。茅盾说，好，我们就这样说定。我八月份给你们第一篇回忆录稿子。

韦君宜和两位编辑真是喜出望外！

此时，鉴于茅盾当时已经没有秘书，人民文学出版社韦君宜等社领导研究决定，将茅盾的儿媳妇陈小曼作为出版社编辑委派给茅盾当助手，帮助茅盾寻找资料，处理一些日常工作，让茅盾集中精力写作回忆录，为茅盾回忆录的尽快问世创造条件。人民文学出版社此举，功德无量！

茅盾已经 80 多岁了，除了回忆录的写作，还有大量的社会

韦韬与茅盾在书房

工作，还有不少来信来稿来访，国内外的文学研究者，慕名而来，有时候，茅盾的家里门庭若市，这批人刚刚前脚走，那批人后脚到，茅盾和儿媳妇陈小曼疲于应付。茅盾想要参考上海出版的二十年代的刊物，但是这些刊物大都在上海，陈小曼无法脱身去上海帮助查抄资料，于是，茅盾只好四处向朋友如唐弢等写信，商量借阅《文学周报》等。但是，这些措施，只能说是杯水车薪，解决不了茅盾需要大量参考资料的需求。于是，茅盾开始向中央军委和中央统战部提出要求，借儿子韦韬到自己身边工作，帮助自己的回忆录写作。

茅盾的请求，得到中央有关部门的支持，茅盾的回忆录开始走上轨道。

韦韬在军委同意下，回到父亲茅盾身边，为父亲茅盾撰写回忆录服务。

为父亲茅盾奔波

粉碎“四人帮”以后，十年“文化大革命”结束，中国进入一个拨乱反正时期。1978 年 12 月中共十一届三中全会召开，中国共产党果断结束以阶级斗争为纲的指导思想，把经济建设作为中国共产党的中心工作，成功实现了党的中心工作的伟大战略转移。这是中国历史上浓墨重彩的一笔！

八十多岁的文学巨匠茅盾，亲身经历了这个伟大的历史转折时期，这是茅盾一生中心情最为舒畅的时期之一。

韦韬陪伴了父亲茅盾生命最后阶段，是茅盾最后奉献最重要的见证人之一。

1981 年 3 月 27 日，一代文学巨匠茅盾去世，韦韬继承父亲茅盾的遗志，亲力亲为，用自己的余生，全力以赴做好有关茅盾研究三件大事，即出版《茅盾全集》；保存北京、乌镇的茅盾故居；成立全国性的茅盾研究学术组织——中国茅盾研究学会（后改为中国茅盾研究会）。为此韦韬先生贡献了后半生的全部心血。

中央军委同意韦韬给茅盾当助手

茅盾晚年最重要的工作之一，仍然是如何推动新中国成立以来，心心念念的文化事业的繁荣和发展。因为，文艺的繁荣和发展，离不开文艺工作者的努力。但是十年“文革”，文艺界队伍已经星散，不少人被迫害致死，不少人离开文艺界队伍，还有不少人还没有“解放”，依然戴着“右派”的帽子，无法施展文艺才华。因此，粉碎“四人帮”以后，当务之急是拨乱反正，重振旗鼓，把“文革”造成的文艺界的混乱正本清源。所以，茅盾晚年不遗余力地推动文艺界的拨乱反正，为新中国的文艺路线正

茅盾在书房

名，为作家践行实践是检验真理的唯一标准引路。

经过十年的“文革”，我们国家的文化事业受到空前的摧残，文艺思想受到“文革”的影响极深，给文艺界的创作思想造成极大混乱，“高大全”的创作模式以及“文革”中的那一套文艺思想，让文艺界百花凋零，队伍青黄不接。而且，粉碎“四人帮”以后的一段时间里，文艺界的人们依然心有余悸，包括对“文革”前17年的评价等，文艺界普遍存在着等待观望的态度。

作为从大风大浪中过来的茅盾，习惯于对历史作深刻思考的茅盾，依然保持着五四精神的风范，解放思想，先人一步。

1977年10月，粉碎“四人帮”刚刚一年时，他就率先解放思想，针对文艺界存在的疑虑，一向谨言慎行的茅盾，一反常态，在公开场合表达自己的思考和观点。当时，《人民文学》在北京召开短篇小说创作座谈会，茅盾应邀出席并对小说创作以及“文革”前的文艺工作作实事求是的评价。他在即席讲话中，除了批判“四人帮”的公式化、概念化的所谓文艺作品外，还第一次公开肯定一些

1980年的茅盾

在“文革”中被打倒和否定的作品，认为“延安时期就出现了长篇叙事诗《王贵与李香香》《漳河水》，长篇小说《吕梁英雄传》，刘白羽、康濯的短篇小说，还有秧歌剧、新歌剧《白毛女》等。此后，新人新作品，陆续出现，风起云涌，蔚为巨观，是中国文学史上从来没有过的。例如《暴风骤雨》《创业史》《青春之歌》，王汶石、王愿坚、李准、茹志鹃的短篇小说。从延安时期到‘四人帮’霸占文坛以前，所有的好作品都是万人传诵，将记载在中国文学史上，永远保持其生命力。这个成就，‘四人帮’是否定不了的。”①

我们知道，这是在当时人们还没有完全从“四人帮”的文艺思想禁锢下解放出来的情况下，这些作品还没有完全解禁的情况下，茅盾就在公开场合表明态度。这些需要何等的思想勇气！据史料记载，北京图书馆最早开放的一批“文革”禁书，是在1978年1月的事。

就在这次座谈会上，老作家马烽在会上提了一个当时还非常敏感的问题:“文革”前17年文艺界究竟是红线占统治地位，还是黑线占统治地位？后来主持会议的同志将这个问题递给茅盾，茅盾一听，立刻回答说: 17年文艺创作成绩是巨大的，当然是红线占统治地位了。这在当时，茅盾的回答，还是振聋发聩的，让与会的作家精神为之一振，受到极大的鼓舞。马烽后来回忆说:“经过十年浩劫，我第一次看到他，是在1977年秋末，那时《人

① 《茅盾近作》，四川人民出版社1980年5月版，第44页。

民文学》在京召开短篇小说座谈会，我也参加了。会上我提了个问题：十七年文艺界究竟是红线占统治地位，还是黑线占统治地位？现在看来，这是个非常简单明白的问题。可是在当时的情况下，尽管大家心里都清楚，私下也有所议论，谁也不敢在公开场合回答这样的问题。谁都知道，在‘文化大革命’前夕《部队文艺工作座谈会纪要》宣判了‘十七年’的死刑，这个《纪要》是林彪委托江青炮制的，可它又是以中央文件的形式下发的，虽然林彪‘四人帮’已经垮台了，但那时中央对此还没有表态。大家在那种惊魂未定的情况下，还没那样的勇气，我所以提这个问题，也就说明自己心有余悸，希望领导上说话。在座谈会临结束前，茅盾同志来了，主持会议的同志把这个问题向他提了出来。他毫不犹豫地说：十七年文艺创作的成绩是巨大的，当然是红线占统治地位了。很显然，这样的大是大非问题，他早已深思熟虑过了。他面对的是事实，而不是考虑个人得失。就这么简简单单两句话，却给了与会同志极大鼓舞，大家痛痛快快舒了一口气。”①

事实也是如此，这个禁锢文艺界十多年的《部队文艺工作座谈会纪要》，到1979年5月中共中央才正式下文，撤销这个纪要。所以正如马烽所言，这在当时是需要极大的勇气和思想，才能作出如此肯定的回答的。

茅盾对文艺界是有深厚感情的。解放前，茅盾一直和进步文

---

① 马烽：《怀念茅盾同志》，载《汾水》1981年第5期。

艺界朋友保持密切的联系，在共产党领导下从事革命文艺，和大批文艺界人士结下了深厚的友谊。解放后，他在文化部工作15年，在中国作家协会，一直是主席，所以茅盾是看着文艺界发展的，也看到文艺界在“文革”中的遭遇和曲折。现在拨乱反正，茅盾又出面向党中央建议，及时平反文艺界冤假错案，还文艺界一个清明。

1979年，第四次全国文代会即将召开，茅盾看到一些地方的代表中，还没有把一些应该来参加文代会的老作家列入代表名单。为此，2月6日茅盾又亲自出面给林默涵写信，认为“可以采取选举的办法，但也应辅之以特邀，使所有的老作家、老艺术家、老艺人不漏掉一个，都能参加。这些同志中间，由于错案、冤案、假案的桎梏，有的已经沉默了20多年了！”还说：“由此我想到，应尽快为这些同志落实政策，使他们能以舒畅的心情来参加会议。但事实并非如此，有的省市为文艺工作者落实政策上，动作缓慢。就以我的家乡浙江而言，像黄源、陈学昭这样的同志，五七年的错案至今尚未平反。因此，我建议是否向中组部反映，请他们催促各省抓紧此事，能在文代会前解决；还可以文联、作协的名义向各省市发出呼吁，请他们重视此事，早为这些老人落实政策。”①茅盾的拳拳之心，天地可鉴！茅盾的建议引起胡耀邦同志的高度重视，“准备采取措施来加快落实政策的步

① 《茅盾全集》第39卷，黄山书社2014年3月版，第372页。

伐。”[①]4月26日，茅盾为林焕平的平反问题以及参加文代会问题给阳翰笙写信，希望各省市尽快给“右派”公开平反。

茅盾还为瞿秋白、张闻天、黄慕兰等平反，奔走呼吁。茅盾和这些革命前辈曾经都是同事，所以茅盾的证明和呼吁，至关重要。

我们知道，茅盾晚年撰写回忆录的时间十分紧迫，回忆录是茅盾晚年最重要的工作。但是茅盾在写作回忆录时分心关心文艺界，为文艺界拨乱反正，为文艺界的关于实践是检验真理的唯一标准的讨论身先士卒。

韦韬、陈小曼夫妇与父亲茅盾

但是，时间一天天过去，回忆录写作的工作量越来越大，需要查找大量的资料，查考时间、地点、人物，以求得真实。茅盾在门庭若市的生活环境里，精力

① 韦韬、陈小曼：《父亲茅盾的晚年》，文化艺术出版社2008年6月版，第259页。

体力都难以全力以赴撰写中央交给自己的回忆录写作任务。于是，茅盾想到，陈小曼在家里，光是来信和人来人往，已经够她忙了。如果儿子韦韬在身边，去上海等地查找资料就更方便了。1978 年 7 月 19 日茅盾给周而复的信中，这样写道："动手写回忆录（我平生经过的事，多方面而又复杂），感到如果不是浮光掠影而是具体而正确，必须查阅大量旧报刊，以资确定时间发生的年月日，参与其事的人的姓名（这些人的姓名我现在都记不真了）。工作量很大，而且我精力日衰，左目失明，右目仅零点三的视力，阅写都极慢，用脑也不能持久，用脑半小时必须休息一段时间，需要有人帮助搜集材料，笔录我的口授。凭以往的经验，从外找人，都不合适。于是想到我的儿子韦韬（在延安时他叫沈霜，也许您认识），他是我大半生活动中始终在我身边的唯一的一个人了。有些事或人，我一时想不起来，他常能提供线索。我觉得要助手，只有他合适。他现名韦韬，在解放军政治学院校刊当编辑。我想借调到身边工作一二年。为此我已写信给中央军委罗瑞卿秘书长，希望他能同意借调。为了尽快办成此事，希望您从中大力促进。"可见，当时韦韬已经成为茅盾写作回忆录十分迫切的人了。

很快，一路绿灯，中央有关部门同意借调韦韬到茅盾身边工作。

1978 年下半年，韦韬到父亲茅盾身边工作后，茅盾的回忆录写作速度得到加快，韦韬去上海、杭州等地图书馆查阅民国时期的刊物，把有关材料抄录后带回北京，供父亲茅盾参考。同

20 世纪 70 年代韦韬全家福

时，韦韬还请国内一些朋友、亲戚和专家学者帮助查找有关材料。上海的孔海珠是茅盾妻弟孔另境的女儿，请她在上海帮助搜集查阅当时二三十年代的报刊，了解茅盾的创作和生活。茅盾表弟陈瑜清在浙江图书馆工作，当时已经退休，但是他的小儿子陈毛英顶替父亲招工进了省图书馆工作，所以韦韬有时候也托陈毛英在杭州查找资料。1980 年 2 月，韦韬晋升为副师职编辑。

此时，韦韬感到父亲的回忆录写作的任务并不轻松，于是决定提前离休，他向单位组织部门写了要求提前离休的报告，一心一意为父亲茅盾的回忆录写作当好“后勤部部长”。此时韦韬才五十七八岁，连基本的退休年龄还没有到，何况离休！韦韬是延安时期入党的老同志，在工作岗位上，各方面的待遇、工作条件都不错，现在为了父亲茅盾的回忆录写作，决定放弃这些优厚的生活待遇，回家给父亲当好助手，当好茅盾回忆录写作的“后勤部部长”。这是需要勇气和决心的，也是需要境界和牺牲精神的。

此时，北京交道口南三条 13 号茅盾家里，除了热闹以外，茅盾的回忆录写作终于走上轨道，韦韬随时随地帮助父亲茅盾查找资料，核实有关史料。全国各地亲朋好友提供的资料，也陆陆续续寄到茅盾家里。国内外的茅盾崇拜者、研究者的来访，由陈小曼安排，有一些就由陈小曼接待。这样，茅盾本来不够的精力才得以集中在回忆录的写作上。

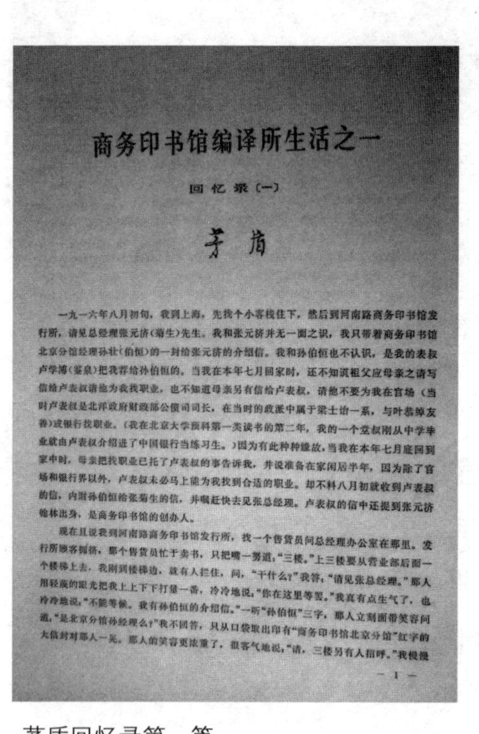

商务印书馆编译所生活之一

回忆录（一）

茅盾

一九一六年八月初旬，我到上海，先找个小客栈住下，然后到河南路商务印书馆发行所，请见总经理张元济（菊生）先生。我和张元济并无一面之识，我只带着商务印书馆北京分馆经理孙壮（伯恒）的一封给张元济的介绍信。我和孙伯恒也不认识，是我的表叔卢学溥（鉴泉）把我荐给孙伯恒的。当我在本年七月回家时，还不知道祖父应母亲之请写信给卢表叔请他为我找职业，也不知道母亲另有信给卢表叔，请他不要为我在官场（当时卢表叔是北洋政府财政部公债司司长，在当时的政派中属于梁士诒一系，与叶恭绰友善）或银行找职业。（我在北京大学预科第一类读书的第二年，我的一个堂叔刚从中学毕业就由卢表叔介绍进了中国银行当练习生。）因为有此种种缘故，当我在本年七月底回到家中时，母亲把找职业已托了卢表叔的事告诉我，并说准备在家闲居半年，因为除了官场和银行界以外，卢表叔未必马上能为我找到合适的职业。却不料八月初就收到卢表叔的信，内附孙伯恒给张菊生的信，并嘱赶快去见张总经理。卢表叔的信中还提到张元济翰林出身，是商务印书馆的创办人。

现在且说我到河南路商务印书馆发行所，找一个售货员问总经理办公室在那里。发行所顾客拥挤，那个售货员忙于卖书，只把嘴一努道，“三楼。”上三楼要从营业部后面一个楼梯上去，我刚到楼梯边，就有人拦住，问，“干什么？”我答，“请见张总经理。”那人用轻蔑的眼光把我上上下下打量一番，冷冷地说，“你在这里等罢。”我真有点生气了，也冷冷地说，“不能等候。我有孙伯恒的介绍信。”一听“孙伯恒”三字，那人立刻面带笑容问道，“是北京分馆孙经理么？”我不回答，只从口袋取出印有“商务印书馆北京分馆”红字的大信封对那人一晃。那人的笑容更浓重了，很客气地说，“请，三楼另有人招呼。”我慢慢

— 1 —

茅盾回忆录第一篇

茅盾的回忆录《商务印书馆编译所生活之一——回忆录之一》在《新文学史料》1978 年的创刊号上发表以后，一期不落地开始连载，成为读者热切的期盼。

呕心沥血做好三件事

茅盾1981年3月27日在北京去世，中共中央在人民大会堂举行了隆重的追悼大会。中央公布了茅盾的两份分别给中共中央和中国作家协会的信，根据沈雁冰的请求，中共中央决定恢复沈雁冰的党籍，党龄从1921年算起。茅盾向中国作家协会捐献25万元人民币，作为奖励中国长篇小说的基金。

茅盾去世，中国文坛一颗巨星陨落！全国所有的报刊、广播电视在报道茅盾去世消息的同时，纷纷发表悼念文章，回忆茅盾的点点滴滴，回忆茅盾为中国文艺界、文学界做出的巨大贡献。从五四时期的老作家到解放前就著名的作家，从解放后成长起来的作家，到新时期出现的年轻作家，都怀着对茅盾的深厚感情，回忆茅盾对他（她）们的关心和扶持。据不完全统计，1981年国内外发表怀念茅盾的文章数以千计。

此时，中国作家协会书记处向中共中央书记处写了报告，提出传承茅盾精神要做的三件事：成立茅盾研究学会；保护、确认好北京和乌镇的茅盾故居；出版《茅盾全集》。1982年8月，中共中央书记处第201次会议作出决定，下达了“通字（1982）85号通知”，正式批准中国作家协会书记处的报告。

党中央同意以后，韦韬和中国作家协会领导以及南京大学的叶子铭等研究茅盾的专家联络沟通，商量成立中国茅盾研究学会事项。

韦韬和孔罗荪、叶子铭一起研究、商量，决定利用纪念鲁迅百年的机会，提出成立茅盾研究学会问题。在 1981 年 10 月召开的鲁迅诞辰百年的学术研讨会上，老作家孔罗荪、沙汀、黄源、林焕平和中年茅盾研究者邵伯周、孙中田、庄钟庆、丁尔纲、查国华、李岫等成立中国茅盾研究学会筹备小组。韦韬虽然不在筹备小组名单中，但是他是实际上的筹备小组主要成员。笔者当时曾经收到过一份茅盾研究学会的筹备会议书面通知，是一份用蜡纸刻印的，十分简陋，可见当时条件之艰苦。通知原文如下：

通　知

全国茅盾研究学会筹备会已于九月下旬在北京成立。由沙汀同志任组长，孔罗荪、黄源、叶子铭（中国社会科学院文研所一人待定）等四同志任副组长。学术讨论会筹备小组由黄源、邵伯周等同志负责。论文征集编辑出版小组由孙中田、庄钟庆、丁尔纲等同志负责。学会筹备小组由叶子铭等同志（社科院文研所一人待定）负责，现在已开始分头工作。

为摸清全国茅盾研究队伍与选题规划情况，现把调查表发给你们，烦请转交本单位专业或业余从事茅盾研究和茅盾专题课教学的同志填妥寄来。上海、华东、中南、西南等地区寄给厦门大学中文系庄钟庆同志；北京、天津、华北、东北、西北等地区寄给包头师专中文系丁尔纲同志。

定于明年适当时候举办茅盾研究学术讨论会，拟根据论文产生代表，请大家及早准备论文，题目于十二月底以前按上述地区划分分别寄庄钟庆、丁尔纲两同志。论文交稿截止日期至八二年四月底，打印分（份）数和投寄地点另行通知。

希望大家支持筹备组的工作。

此致

敬礼

全国茅盾研究学会筹备组

一九八一年十月

1983 年 3 月，全国首届茅盾研究学术讨论会在北京西苑饭店召开，参加会议的有来自全国各地的 120 多名代表，收到会议论文 100 多篇。这次会议空前绝后，会议开了 8 天，孔罗荪致开幕词，周扬到会作重要讲话，老一辈作家、学者张光年、沙汀、冯牧、陈荒煤、周而复、黄源、臧克家、吴组缃、姚雪垠、戈宝权、孙席珍、王瑶、唐弢、田仲济、林焕平等出席会议。

笔者是在这次茅盾学术研究讨论会上第一次见到韦韬先生的。

韦韬实际上是这次茅盾研究学术讨论会的主要组织者之一，所以非常忙碌。笔者和东北师范大学张立国老师在这次会议中商量搜集沈泽民的资料，并且准备撰写沈泽民评传等，我们专门找到韦韬先生，他仔细听取了我们的计划和想法，表示一定全力支持。他还告诉我们：茅公生前，曾经想给叔叔沈泽民编一本书，也搜集了一部分文章，但是以前事情太多，没有时间编辑，后来是没有精力再来做这件事。现在你们做这件事，也是实现茅公生前的遗愿，是一件大好事。有了韦韬先生大力支持的态度，我们开始下决心做好这件事。[①]后来，韦韬将茅盾生前搜集的有关沈泽民的一些材料寄给我们，让我们在编辑时参考。

在全国首届茅盾研究学术讨论会上，成立了中国茅盾研究学会。这是茅盾研究史上最辉煌的高光时刻。成立茅盾研究学会，也是韦韬呕心沥血的“作品”。

茅盾研究学会第一批会员 77 人，大都来自高等学校和有关单位。当时入会非常规范，第一批会员都填了表，交给学会。笔者有幸忝为第一批茅盾研究学会会员。中国茅盾研究学会选举周扬为会长，沙汀、黄源、孔罗荪、叶子铭为副会长。秘书长孔罗荪（兼），副秘书长雪燕、丁尔纲。常务理事有 11 人，他们是：雪燕、樊骏、邵伯周、丁尔纲、孙中田、叶子铭、查国华、庄钟庆、林焕平、华忱之、陆维天。学会聘请巴金、戈宝权、王瑶、叶圣陶、冯牧、阳翰笙、陈荒煤、陈学昭、张光年、吴组缃、周而复、胡愈之、姚雪垠、夏衍、唐弢、曹靖华、臧克家为顾问。

① 后来，笔者和张立国老师用十多年时间，搜集了大量沈泽民的文章，其中我们选编了一部沈泽民的文艺评论和部分翻译文艺作品的《沈泽民文集》，1998 年由浙江文艺出版社出版。后来由我撰写的《沈泽民传》2003 年 12 月由中央文献出版社出版。

通　知

全国茅盾研究学会筹备组已于九月下旬在北京成立。由沙汀同志任组长，孔罗荪、黄源、叶子铭（中国社科院文研究所一人待定）等四同志任副组长。下设三个小组。学术讨论会筹备小组由黄源、邵伯周等同志负责。论文征集编辑出版小组由孙中田、庄钟庆、丁尔纲等同志负责。学会筹备小组由叶子铭等同志（社科院文研所一人待定）负责，现在已开始分头工作。

为摸清全国茅盾研究队伍与选题规划情况，现把调查表发给你们，烦转交你单位专业或业余从事茅盾研究和茅盾专题课教学的同志填妥寄来。上海、华东、中南、西南等地区寄给厦门大学中文系庄钟庆同志；北京、天津、华北、东北、西北等地区寄给包头师专中文系丁尔纲同志。

定于明年适当时举办茅盾研究学术讨论会，拟根据论文产生代表，请大家及早准备论文，题目于十二月底以前按上述地区划分分别寄庄钟庆、丁尔纲两同志。论文交稿截止日期至八二年四月底。打印分散和投寄地点另行通知。

希望大家支持筹备组的工作。

此致

敬礼

全国茅盾研究学会筹备组

一九八一年十月

中国茅盾研究学会筹备会通知

这是茅盾研究史上空前绝后的学会领导班子和顾问团队。

韦韬为茅盾研究学会付出了巨大的心血，但是韦韬坚决不肯在学会担任什么副会长、理事之类的头衔。第一届中国茅盾研究学会里，韦韬连会员都没有要。当时大家认为，韦韬在茅盾研究学会，担任任何职务都不为过的，可以说，没有韦韬的努力，也就没有茅盾研究学会。但是，韦韬虽然在茅盾研究学会不担任任何职务，依然殚精竭虑为茅盾研究学会的工作奉献。韦韬在茅盾研究学会成立以后，几十年如一日，用自己的毕生精力为茅盾研究学会服务。

全国茅盾研究学会成立伊始，每年召开茅盾研究学术讨论会。后来因为经济原因，隔几年开一次，但是即使隔几年召开一次，也是受到经费的限制，活动十分困难。韦韬为此将《茅盾全集》的稿费贡献给茅盾研究学会，甚至拿出父亲的收藏品拍卖以后的资金去投资，准备用投资回报的钱，拿来帮助茅盾研究会开展学术活动。虽然投资不成功，但是韦韬的用心，依然无私和高尚！后来茅盾故乡桐乡为茅盾研究学术讨论会的召开，承担了几次会议，为韦韬分忧。

茅盾研究队伍组织建立起来了，韦韬同时在考虑如何组织《茅盾全集》的编辑队伍问题，这是茅盾去世以后，韦韬一直在思考的第二件有关传承茅盾精神的大事。韦韬为此做了大量的协调和组织工作，在首届茅盾研究学术讨论会上，韦韬专门与宣传文艺出版界领导以及茅盾研究界的专家学者沟通协调。

经过充分酝酿，成立《茅盾全集》编辑委员会，编辑委员会名单确定以后，于1983年4月29日在北京宣告成立《茅盾全集》编辑委员会，编辑委员会由丁玲、巴金、韦君宜、戈宝权、王瑶、王仰晨、叶子铭、叶圣陶、冯牧、冰心、孙中田、刘白羽、艾芜、许觉民、阳翰笙、张天翼、张光年、沙汀、邵伯周、陈学昭、陈荒煤、周而复、周扬、孔罗荪、欧阳山、姚雪垠、胡愈之、唐弢、夏衍、郭绍虞、梅益、曹靖华、黄源、楼适夷、臧克家等35人组成。周扬担任主任委员，孔罗荪担任副主任委员。[①]编辑委员会下设编辑室，负责具体编辑工作。叶子铭为编辑室主任，雪燕、丁尔纲为副主任。

《茅盾全集》编辑委员会聘请曹辛之为艺术顾问。

29日上午，在北京召开第一次在京编委会议，夏衍、沙汀、冯牧、孔罗荪、刘白羽、周而复、王瑶、唐弢、臧克家、姚雪垠、戈宝权、叶子铭等参加会议。人民文学出版社的《茅盾全集》编辑室的编辑和有关同志列席会议。会议决定，从1984年3月27日茅盾逝世3周年纪念日开始陆续分卷出版《茅盾全集》，会议就“全集”的规模、工作规划、编辑校勘条例等编辑技术问题进行讨论，还通过了《茅盾全集》的注释条例和校勘条例。同时决定着手征集茅盾佚文、茅盾书信，希望国内外人士支持《茅盾全集》的编辑出版工作。

同样，韦韬虽然没有在《茅盾全集》编辑委员会中列名，但

① 《茅盾全集》第一卷，人民文学出版社1984年版。

他是《茅盾全集》的核心人物，没有韦韬坚持不懈的努力，《茅盾全集》的编辑出版任务是不可能完成的，更不可能以后在黄山书社重新出版《茅盾全集》。所以今天我们看起来平平常常的《茅盾全集》出版，在当年，韦韬的辛苦、烦琐，不是今天所能想象的。

人民文学出版社决定出版《茅盾全集》以后，韦韬继续为《茅盾全集》的出版殚精竭虑、无私奉献。《茅盾全集》内容面广量大，涉及面很广，而且时间长，从茅盾小学时代的作文到茅盾晚年的绝笔，各个时期的作品，都需要认真梳理整理。虽然有大批专家学者为《茅盾全集》的编辑出版数年辛苦，付出了大量心血，但是因为《茅盾全集》出版时间长，从第一卷 1984 年出版，到最后一卷附录（第 41 卷）2001 年出版，前后出版时间长达 17 年。可见编辑的艰辛和韦韬的心血。由于茅盾漫长的文学道路和多方面的贡献，还有大量的茅盾作品和书信遗漏，没有能够及时收入人民文学出版社出版的《茅盾全集》。韦韬又是一个人在奋斗，搜集散落在旧报刊上的作品，私人手里的书信，然后逐件甄别，去伪存真，不厌其烦，不断地寻找机会出版。

为了不让茅盾的那些佚文湮没在历史岁月里，韦韬一个人编辑了两卷《茅盾全集》补遗，于 2006 年 3 月由人民文学出版社出版。“补遗”两卷，共收入茅盾作品 169 篇（首），其中创作大纲、笔记、未完稿 6 篇，诗词 21 首，文论 51 篇，散文 38 篇，史论 2 篇，书信 37 封，古诗文注解 14 篇。韦韬在出版说明中说：

创作大纲、笔记、未完稿收辑茅盾一些重要作品如《子夜》《清明前后》创作前的构思、提要、大纲以及《霜叶红似二月花》的续稿。诗词除早期的一些新诗词外，收入不少未经刊行的赠诗。文论收辑茅盾1921至1981年六十年间对文坛及作家、作品的评论，部分读书笔记是作者生前未经刊发的文章，其中《与爱尔兰学生房义安的谈话纪要》，是茅盾最后一次与外宾的谈话。散文收辑茅盾自二十世纪三十年代开始写作的一些杂文、宣言、政论及五十年代后从事政府领导工作时，主持、参加各种活动的记录文稿。史论收“中国通史”和“西洋史”两篇，是茅盾在新疆学院授课时的讲授大纲，书信中的《致中共中央》是当年鲁迅与茅盾联名祝贺红军东征胜利的贺信，发表时署名隐去，代以“××”，现已为专家所确认。古诗文注解前一部分，为茅盾早年在商务印书馆从事编辑工作时选注的古代文学作品，大多收入当时商务版的“学生国学丛书”。其中，1917年初版的《中国寓言初编》是刊印出版的茅盾最早的一部作品；古诗词讲解部分，是茅盾为当年读小学的孙女学习古诗词选讲的“课本”。①

① 《茅盾全集·补遗》（上），人民文学出版社2006年3月版，见“出版说明”。

两部《茅盾全集 · 补遗》的出版，为后来黄山书社重新出版《茅盾全集》奠定了基础。也是韦韬先生在八十岁以后所做出的重大贡献之一。我们不知道韦韬先生二十多年时间为搜集编辑这两卷“补遗”，花了多少心血！一个七八十岁的人，没有助手，没有秘书，没有办公室，一个人为传承父亲茅盾的文化遗产在奔波！辛苦和劳累，可想而知。

与此同时，有关茅盾故居的保护工作也正式启动。茅盾逝世后，茅盾故居的保护工作开始摆上中国作家协会党组的议事日程。茅盾故居，包括北京后圆恩寺胡同 13 号（当时称交道口南三条 13 号）和乌镇观前街 17 号。北京是茅盾晚年工作生活的地方，而乌镇的故居是茅盾出生和童少年时代生活的地方。所以，认定这两处故居，对纪念茅盾、弘扬茅盾文学贡献，都有重大的历史和现实意义。

1982 年 2 月 18 日中国作家协会党组开始起草向中央宣传部和书记处的报告，次日，中国作家协会党组副书记朱子奇同意签发上报，中共中央宣传部以（82） 4 号急件的形式，由王任重部长在 24 日签报给习仲勋、胡耀邦同志，习仲勋和胡耀邦同志 26 日在中宣部报告上签阅同意。

紧接着，国务院机关事务管理局以（82）局调字第 271 号函，将交道口南三条 13 号的房子移交给中国作家协会。1982 年 8 月 23 日中央书记处 201 次会议决定，同意筹建茅盾故居等三件大事。

北京茅盾故居（钟桂松拍摄）

乌镇茅盾故居（乌镇茅盾故居提供）

北京茅盾故居（钟桂松拍摄）

乌镇茅盾故居平屋（乌镇茅盾故居提供）

韦韬在收到中央对茅盾故居的明确批示后，立刻带领全家搬出交道口南三条13号的四合院，住进新街口外的公寓房，而四合院故居里的茅盾生前使用过的东西、茅盾生前的陈设保持原样，不带走任何一样茅盾生前用过的东西。韦韬将一个保存完整、原样、原貌的北京茅盾故居交给国家。

后来经过维修和展陈布置，北京茅盾故居于1985年3月27日，茅盾逝世4周年时，正式举行揭幕仪式。北京的“茅盾故居”四个字，是邓颖超所写，由时任文联副主席夏衍揭幕，姚雪垠、陈白尘、戈宝权、臧克家、孔罗荪、骆宾基、王蒙等茅盾生前友好和文艺界知名人士参加仪式。北京茅盾故居，被北京市列为北京市文物保护单位。

而乌镇茅盾故居在中央认定以后，在国家文物局和浙江省文物局的指导支持下，同时开始由地方政府负责维修保护，将乌镇

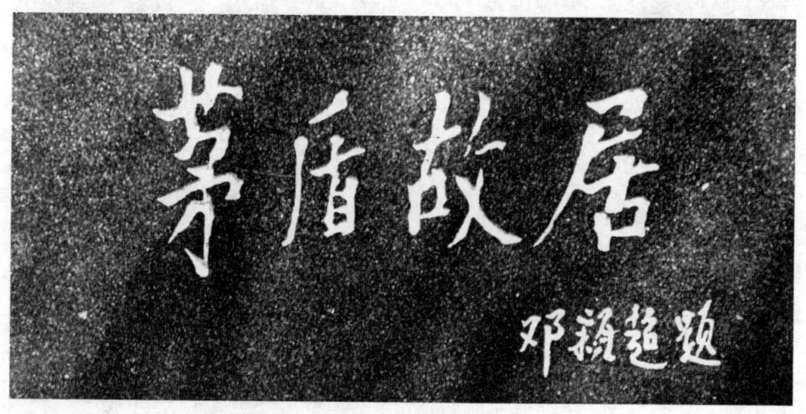

北京茅盾故居，邓颖超题字

观前街 17 号的茅盾家族的老房子重新落架原貌维修。乌镇茅盾故居是 1983 年 9 月开始动迁原来的住户，1984 年 1 月 3 日正式动工，历时 9 个半月，投资 10 万元人民币，于 1984 年 10 月 20 日竣工，之后开始展陈布置。

1985 年 4 月 27 日，陈云同志亲笔题写“茅盾故居”匾额。其中韦韬专门为乌镇茅盾故居提供了不少茅盾生前使用过的遗物，又提供乌镇茅公故居不少珍贵的旧刊物和茅盾生前出版的书籍。其中不少茅盾遗物，是 1983 年在北京召开的首届茅盾研究学术讨论会结束以后，韦韬交给笔者等去参加会议的桐乡同志带回来的，当时带回来有三大箱。

1985 年 7 月 4 日，茅盾诞辰 89 周年的时候，乌镇茅盾故居正式举行揭幕典礼，文化部副部长周巍峙等参加典礼并讲话，胡愈之、姚雪垠还写了贺信。浙江省政府的领导和上海市的有关领导以及嘉兴市领导和当地桐乡县委、县政府的领导出席参加乌镇茅盾故居落成典礼仪式。所以，乌镇茅盾故居的落成典礼，非常隆重热烈，新华社等国内各大媒体都发了新闻报道，影响

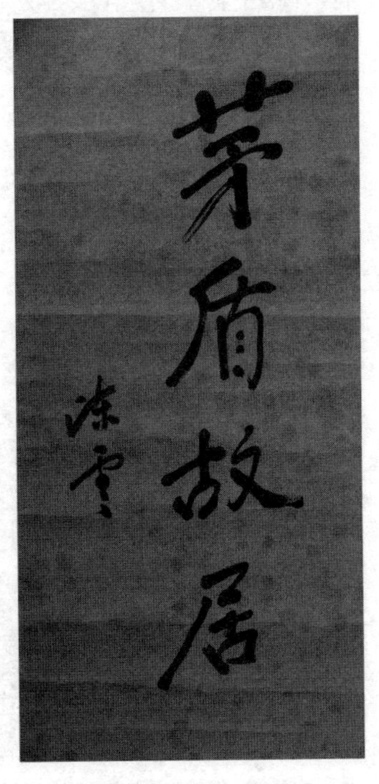

陈云题茅盾故居（乌镇）

乌镇茅盾故居修葺后举办盛大落成典礼

很大。

韦韬是乌镇茅盾故居从维修、展陈的全程参与者，也是乌镇茅盾故居的主要支持者。在 1984 年 12 月 9 日，当时正在杭州召开第二届茅盾研究学术讨论会的代表，到乌镇参观还没有开放的茅盾故居，根据韦韬先生建

1984 年韦韬和钟桂松在乌镇到桐乡的船上

议，乌镇茅盾故居召开一个座谈会，就有关展陈工作，听取专家学者的意见，当时县政府十分重视专家的意见和建议，对完善茅盾故居的管理和发展取得积极效果。如茅盾故居对面的房子，原来属于乌镇供销社的房产，专家们建议，请县政府划给茅盾故居统一管理，作为茅盾故居的接待场所。这是第一次提出这个问题，后来，县政府根据专家们的意见，落实了这个有益于茅盾故居管理的设想。

茅盾故居、茅盾研究学会、《茅盾全集》三件事，经过韦韬先生几年的心血，在中央和有关部门的大力支持下，终于尘埃落定并有了一个良好的开端。

不遗余力地推动茅盾研究，传承茅盾精神

经过韦韬多年的努力，传承茅盾精神的有关工作逐步走上轨道，开始日常运转。

但是，关于茅盾研究、茅盾故居的管理、《茅盾全集》的出版包括茅盾著作的出版管理，找他商量汇报的人特别多，全国各地的出版社和专家学者给他写信，商量、请教的事情让他无法推托。他一方面要顾及茅盾研究面上工作，一方面要照顾到《茅盾全集》的出版和研究会的工作，所以几乎每天都要给全国各地的来信回复，比上班的人还要忙，所幸韦韬先生的身体很好，还能够应付复杂繁重的工作。

茅盾研究学术会议，是茅盾研究的重要载体，不召开茅盾研究学术讨论会，茅盾研究学会（研究会）就成为一个摆设，成为一个空架子。几年不活动，就等于研究会消失了，被大家忘记了。所以茅盾研究会的学术活动，是茅盾研究学会生命力的一个重要所在。开学术讨论会，需要场地，需要宾馆、招待所，需要交通费用，这些都是开会所必需的。但是，这些开会所需要的资金从哪里来？当时茅盾研究学会领导都是文艺界有名望的人士，他们不可能为学术讨论会出资金。因此，这是韦韬先生在八九十

韦韬 1985 年 7 月在乌镇与茹志鹃亲切交谈

年代最为花心血的事。

从1983年首届全国茅盾研究学术讨论会，到2006年第八届全国茅盾研究学术讨论会，韦韬先生都是亲力亲为，尤其是茅盾的一些重要时间节点召开的学术讨论会，如1986年茅盾90周年诞辰的纪念活动，这个活动在北京召开，开幕式在全国政协礼堂召开，学术讨论会在北京香山召开，一百多人的会议来来回回，需要在工作生活安排上有条不紊。韦韬先生是幕后总指挥，工作量可想而知。而且当年文化研究界十分活跃，国外各种各样的文化思潮纷至沓来，茅盾研究也同样受到影响，韦韬先生一方面要照顾到年轻茅盾研究者的创新思维，鼓励年轻人创新研究；另一方面要引导、把握茅盾研究的政治方向。所以当时会议期间，韦韬几乎是白天参加大会，晚上和中国作家协会、茅盾研究会的领导商量工作，白天晚上连轴转，非常辛苦。

1996年，是茅盾诞辰百年，北京中国茅盾研究会和茅盾故乡桐乡，分别举行纪念活动。“茅盾诞辰百年国际学术讨论会”7月4日在北京人民大会堂开幕，李瑞环、丁关根、温家宝、李铁映等中央领导参加开幕式。后来又在北京五环大酒店召开学术讨论会。这样大规模纪念茅盾的会议，韦韬先生自始至终在会议上，协调相关的事项，保证会议的正常召开。

浙江省在茅盾故乡桐乡乌镇举行纪念茅盾百年活动，浙江省的有关领导出席会议，影响很大。

第七届、第八届、第九届连续三届的全国茅盾研究学术讨论会在桐乡召开。其中，韦韬先生连续两次到桐乡参加会议，2006年7月4日，第八届全国茅盾学术讨论会在桐乡召开时，韦韬先生已经83岁，但是当时韦韬先生依然精神焕发，在学术会议上静静地听取大家的研究发言，时不时地颔首肯定。有时候，大家发言中讲到一些史实时，韦韬先生听了以后，及时给大家补充他知道的一些情况，给大家许多启发。

所以，韦韬先生在学术讨论会上时，大家感觉很温馨。他自己常常说，自己和大家一样，也是在不断研究茅公中认识茅公，他只是一个普通的会议参加者。

自从茅盾逝世以后，有关茅盾作品出版著作权等事项，包括全国各地出版社出版茅盾的作品，都由韦韬先生一个人在打理，因此韦韬离休二十多年，从来没有好好休息过，更不要说去国外旅游、休养。

按照韦韬的级别和革命资历，出门让单位派个小车，完全是符合规定的。但是，所有和韦韬接触过的人，都感觉到韦韬从来没有利用这种革命经历的资格，向单位提出点什么要求。笔者在20世纪80年代开始接待韦韬先生到桐乡，或者到杭州，从来没有感觉到他是一位延安时期参加共产党的老革命，也没有感觉到韦韬先生是抗战时期参加革命的前辈，他没有架子，没有派头，没有讲究接待规格待遇，住的是招待所或者一般宾馆，住起码的标准间，所以韦韬先生是我碰到过最好接待的前辈老师。

北京城市大，茅盾研究会有时候在茅盾故居开会，大家从各

1984 年韦韬（右）在乌镇茅盾故居

个地方过来，都很远，韦韬先生也不例外，他常常骑自行车去开会，我们和他说，还是让单位派车吧。他总是说，不麻烦了，他们也很忙。其实那时候韦韬先生已经快八十岁了，况且是有规定可以享受派车条件的。

这是茅盾作风的影响！也是茅盾家风的传承！

茅盾逝世以后，韦韬先生不辞辛苦地奔波，不为名不为利，就是为了传承茅盾精神，传承茅盾巨大的文化遗产。所以，表面上看起来韦韬先生是为父亲茅盾奔波，其实是为中国文化奔波，为中国“五四”进步文艺的传承奔波，为中共最早党员之一沈雁

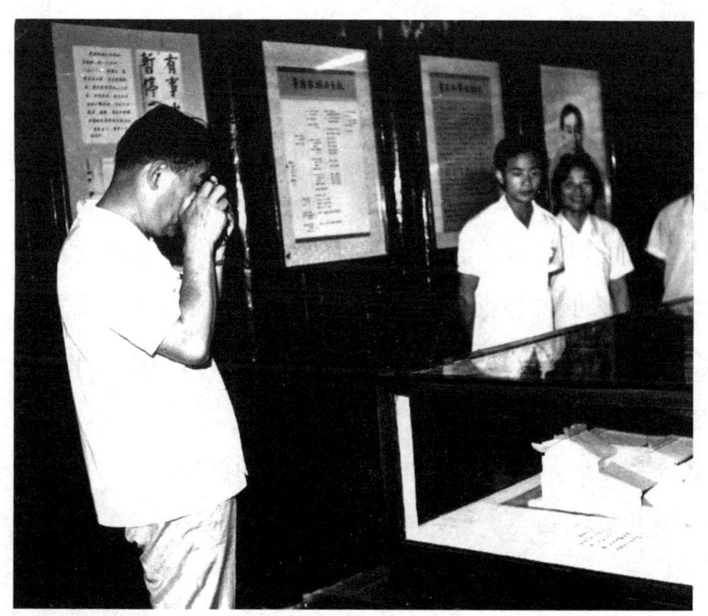

1985 年韦韬在乌镇茅盾故居

冰的精神遗产奔波。

回忆父亲茅盾的往事

韦韬在整理《茅盾全集》《茅盾译文全集》和茅盾回忆录《我走过的道路》时，感到有必要把自己知道的父亲茅盾写出来，提供给茅盾爱好者、研究者参考。

因为茅盾回忆录《我走过的道路》三卷出版以后，大家觉得茅盾在 1949 年之前的回忆十分详细，而在解放以后的经历同样很丰富，但是回忆录没有接着写下去，茅盾《我走过的道路》只写到 1949 年从香港到大连，就结束了。所以，读者对在解放后接二连三的政治文化运动中，曾经作为文化部部长的茅盾的生活究竟如何，都想了解知道。

新中国成立以后的政治文化运动，虽然大家都是亲身经历的，而且许多运动的出发点和过程，几十年间出版的有关书籍和资料，已经汗牛充栋。可是，有关茅盾在这方面的书籍，几乎还没有，连文章都很少。不少茅盾传记，也是解放前的部分，比较充分，事情的来龙去脉讲得详细，而解放后的部分，相对写得十分简单。因此韦韬和夫人陈小曼商量，将茅盾晚年经历的一些事情，从茅盾后人的角度，亲身经历的见闻，写出来提供大家参考。

于是韦韬、陈小曼在 20 世纪 90 年代开始回忆撰写茅盾解放后的一部分生活往事。

1998 年 7 月，韦韬、陈小曼撰写的《父亲茅盾的晚年》一书，由上海书店出版社出版。这本书比较全面地介绍茅盾在“文革”期间到茅盾生命最后的生活，提供了大量鲜为人知的史料，十分珍贵。全书共分 21 章，目录如下：

风暴前夕

红卫兵抄家

大串联

为父亲茅盾奔波

韦韬和陈小曼在这部《父亲茅盾的晚年》后记中说：

爸爸去世后，我们听到社会上许多反映，认为爸爸的回忆录只写到1949年是非常遗憾的，于是不少出版社和杂志社热心的编辑希望我们能弥补这个缺憾。

随着茅盾研究的开展，国内外越来越多的茅盾研究佳作络绎问世，评传、专著、论文、传记、年谱、词典等已出版了不少。我们感谢并祝贺他们取得的丰硕的成果。但是，这些著作主要是讲述爸爸的文学活动的，研究者和读者们也希望能看到更多的、第一手的真实反映爸爸日常生活和精神面貌的资料。当前又有个别人专以搜罗甚至编造作家的所谓“秘闻轶事”来取悦和招徕读者。因此，我们作为茅盾的后代，有责任尽最大的努力，将我们所知道的爸爸的真实情况奉献给读者，同时，也尽可能弥补爸爸的回忆录《我走过的道路》所留下的遗憾。

这本书着重写了爸爸一生中最后的十五年，即从“文化大革命”开始到爸爸谢世，因为这十五年我们和爸爸始终生活在一起；而“文革”前的十七年，只能选择我们所知道的若干重大事件，作一概略的回述。所以，本书就命题为《父亲茅盾的晚年》。……

韦韬和陈小曼在这本书中非常详细地回忆了茅盾晚年的生活和经历，这是真正的第一手资料，值得茅盾文学爱好者关注，也值得茅盾研究者关注。

后来，韦韬、陈小曼夫妇又撰写了《我的父亲茅盾》，从另外一个角度回忆和介绍茅盾。

《我的父亲茅盾》是2004年2月由辽宁人民出版社出版。全书有五章：父亲的政治生涯、父亲的文学追求、父亲的亲情、父亲的友情、父亲的人格魅力，以儿子的眼光看父亲，提供了许多珍贵的茅盾研究史料，这些亲身经历的史料，足可以弥补茅盾回忆录中没有涉及的部分；同时也从儿子的角度，看父亲的贡献和为人，不仅角度新，而且材料实在，是茅盾研究中最值得关注的茅盾研究著作。

在茅盾人格魅力上，韦韬回忆了大量的事实，反映了茅盾作为文化部部长、作为中国文坛最高的领导人之一、作为文学家，始终顾全大局，低调行事，反映茅盾从年轻时代树立的理想信念，实事求是，始终如一。从韦韬夫妇的回忆录里，我们知道，有些事，有些人，茅盾可以不说，但是说的时候，必须客观公正，尽量不意气用事。因为

1985年韦韬在钟桂松陪同下参观茅盾故居

茅盾在年轻时代的学术争论中，有过教训。但是，随着历史的发展和人生阅历的增长，茅盾自身修养达到很高的境界。比如茅盾看作家张恨水，能够一分为二，过去有过对张恨水早期作品的批评，但是在三四十年代对张恨水有很高的评价，对张恨水的作品也能够实事求是地评价。据说当年张恨水知道茅盾的态度后，感到很欣慰。包括对二十年代批评过的“学衡派”主要人物吴宓，茅盾也能够一分为二，对吴宓的传统文人的骨气和学究气表示钦佩。茅盾的这些人格魅力，是韦韬夫妇在整理茅盾回忆录和编辑茅盾作品中感受到的。

茅盾从来不高高在上，以势压人。无论是横空出世、如日中天的二三十年代，还是解放后担任文化部部长和中国作家协会主席，茅盾从来没有把自己当作了不起的大人物，更没有颐指气使、目中无人，而是对和他交往的所有人都平等相待，更没有拉帮结派，形成自己的什么“山头”。这样的人生境界，是中国文学界任何时候都要仰视的。

远离特权，公私分明。有时候，公家可以开支的，茅盾也不去开支，而是用自己的工资来支出。去海南休养，茅盾是自费的，文化部办公厅认为，沈部长的一些开支，按规定公家可以报销。但是茅盾坚决不用公家报销。出版社出版茅盾作品，如果已经发表并且有过稿费，茅盾就不收第二次的稿费。有时候，出版社给了较高的稿费，茅盾认为高了，就让陈小曼退回一部分。

但是，茅盾如果发现身边有“不学好”的人，茅盾也是是非分明、不和稀泥。韦韬夫妇在日常生活中看到这些反映茅盾人格的“小事”，在《我的父亲茅盾》中记录下来的，数量上估计仅仅是零头不到的。但是从这些有限的“小事”中，我们看到了茅盾的伟大。

韦韬和陈小曼夫妇撰写的这部《我的父亲茅盾》，是在充分了解茅盾作品和自己的亲身感受基础上写出来的。所以这样一部反映茅盾方方面面的书，韦韬夫妇功德无量，理应引起茅盾研究界的高度重视。

进入 21 世纪，韦韬先生的茅盾研究和传播工作依然没有停止，反而节奏更加加快。许多茅盾作品的传播，都是韦韬先生一个人在奔波努力。

2005 年 10 月，一套十卷本的《茅盾译文全集》由知识产权出版社出版。这是韦韬为父亲茅盾做的一件大事。因为，《茅盾全集》不收茅盾的翻译作品。但是，茅盾是从翻译起步，走上文学创作的道路的。而且茅盾也是从翻译西方文学作品、翻译西方革命理论中，逐步接受马克思主义的。所以，茅盾的翻译作品，是研究茅盾思想的一个重要的内容，也是研究茅盾生平的一个重要的课题。但是几十年来，茅盾研究界中对此用力不够，花的力量也不够，是茅盾研究中的一个短板、一个薄弱点。韦韬先生在搜集茅盾作品，编辑《茅盾全集》过程中，有感于茅盾翻译作品研究的薄弱，用一己之力，搜集 230 多篇茅盾翻译的小说、散文、剧本、文论、政论以及科普作品，编辑成十卷《茅盾译文全集》，为后人留下珍贵的茅盾文学思想财富。

韦韬在《茅盾译文全集》出版说明中，有这样一段话：

> 作为五四新文学运动的先驱，茅盾的文学生涯是从外国文学的翻译和介绍开始的。他认为译介外国文学作品，一半是为了“介绍他们的文学艺术”，一半也是为了“介绍世界的现代思想”，而后者更为重要；“若漫不分别地介绍过来，委实是太不经济的事”。他的译介工作侧重于俄国进步文学和苏联文学，对东欧、北欧等被压迫民族的文学也同样给以关注。他译介的作品涉及英国、美国、法国、俄国、波兰、印度、奥地利、西班牙、土耳其、丹麦、挪威、希腊、以色列、阿根廷、芬兰、比利时等近三十个国家。茅盾关于外国文学译介工作的主张和实践，是为他的革命民主主义的政治思想和现实主义的文艺思想所决定的，他的译介工作有益于当时中国人民反对帝国主义、争取民族解放的斗争，并为新文学带来了有益的养料。[①]

韦韬先生还认为：“通过阅读《茅盾译文全集》，读者可以对他向国人介绍异域文学，输入新思想、新知识的‘播火者’形象，有更全面的认识。”[②]

---

①② 韦韬主编：《茅盾译文全集》，知识产权出版社 2005 年 10 月版、见“出版说明”。

我们知道，此时的韦韬老师，已经是一个 82 岁的老人了，依然如此为父亲茅盾的文学贡献，马不停蹄地工作，这是需要付出何等的毅力和体力，如果没有一种信念支撑，是不可想象的。

高风亮节

茅盾是有世界影响的文学家、小说家。茅盾的遗物都是珍贵的历史文物，茅盾手稿是珍贵的独一无二的世界文学遗产，茅盾的著作是世界和中国珍贵的传世之宝。所以，茅盾逝世以后，国家 1984 年 5 月 20 日就将北京茅盾故居列为北京市文物保护单位，1988 年 1 月，浙江乌镇观前街 17 号茅盾故居列为全国文物保护单位，成为桐乡乃至嘉兴市第一个国家级文物保护单位。

茅盾逝世以后，韦韬先生全身心投入茅盾研究、推动茅盾纪念设施建设，悉心进行茅盾作品的搜集整理和出版。同时，韦韬先生一个人静静地在家里整理茅盾留下来的遗物，包括茅盾的生活用具遗物，茅盾手稿、手迹、书籍和书信，并撰写出版自己对父亲茅盾的回忆著作。几十年间，韦韬几乎没有休息过。虽然说是离职休养，称为离休干部，但是，据笔者所知，韦韬离休以后，从来没有和夫人一起出国旅游过，日复一日，年复一年，都是在忙碌茅盾身后的茅盾学术研究和茅盾遗物的整理。

在安放茅盾手稿的机构考虑上，韦韬先生费了很大的心血。

韦韬在桐乡参加茅盾、丰子恺档案捐赠仪式

因为茅盾的这些珍贵手稿，随着时间的推移，将来会越来越显示出它的无比珍贵的历史价值，而收藏保管机构的选择，关系到茅盾的这些珍贵手稿的永久性和安全性，直接影响茅盾手稿的历史价值和传播能力。如果仅仅是收藏进仓库，或者仅仅是放进保险箱里，或者收藏以后秘不示人，那么，茅盾的这些珍贵手稿的作用发挥，就会受到严重影响。所以韦韬先生在安排茅盾珍贵手稿存放时，既带着深厚的感情，也带着强烈的历史意识，选择和茅盾有关的机构和地方，逐一妥善安排处理，让茅盾的珍贵手稿档案有一个安适的场所。茅盾的这些珍贵手稿，韦韬先生没有向收藏单位要一分钱。

韦韬先生的高风亮节和无私奉献，相信将来的中国文学历史上、将来的茅盾文物历史上、将来的读者，会记住韦韬先生的巨大贡献。

在故乡桐乡乌镇的时候

韦韬的故乡乌镇，是一个有悠久历史的古镇，因为在浙江、江苏特殊的地理位置，曾经是两省三府七县的错壤之地，交通发达，文化昌盛。据说唐代就有这个镇。后来几经战乱，乌镇东西

2006 年 7 月韦韬在乌镇，左为时任桐乡市政协主席池晓明，右为钟桂松

2007 年 11 月 8 日，韦韬在桐乡档案馆

南北栅，几度兴废，但是乌镇在历史沧桑中传承了下来，人口繁衍，文脉不断，从梁昭明太子在乌镇读书，到诞生世界文学巨匠茅盾，一路下来，绵延不绝。据史料挂一漏万的记载，历朝历代的乌镇，曾经出过举人七十多人，一个江南水乡小镇，文化如此繁荣，在文化底蕴深厚的太湖流域也是熠熠生辉的佼佼者。

但是，在历史的长河里，乌镇给人的印象是古老而衰败的，人口到 20 世纪中期，只剩下万把人守着这个古老而历史悠久的小镇。茅盾从 1937 年开始，就再也没有回到过乌镇。新中国成立以后，他在文化部部长的岗位上，日理万机，无暇还乡。晚年有时间了，身体却不允许他千里奔波，加上他回忆录的写作，茅盾始终没有能够回到梦牵魂绕的可爱的故乡。

而茅盾唯一的儿子韦韬，自从抗战逃难开始，几十年间，也没有机会回到乌镇。笔者曾经在 2011 年 3 月 25 日请教过韦韬先生，解放以前您在香港、新疆、延安以及东北学习工作，新中国成立后在南京、北京军事部门工作，有没有来过乌镇？什么时候来过乌镇？韦韬先生告诉我们，在“文革”中间，他曾经一个人悄悄地回过乌镇，但是只是寻到故居的位置，当时房子里，都住着不认识的居民，他一个人在房子的外面看了看，拍了几张照片，就悄悄地回去了。那次没有和当地的政府见面，完全是私人性质地回乌镇看看。“当时我谁也不告诉，就是一个人来看看就回去了。”韦韬这样说。

茅盾逝世以后，韦韬先生和桐乡、乌镇的家乡人开始有了联系。在保护乌镇茅盾故居的工作中，需要韦韬先生支持的，只要家乡人需要，韦韬先生没有二话。乌镇茅盾故居建设中，家乡人没有提出来的问题，韦韬先生常常会主动提供方便，或者提供文物，充实故居的内容展示。

家乡人始终记得，观前街 17 号是文学家茅盾的家，笔者在有关档案中看到，早在 20 世纪 60 年代，茅盾故乡桐乡县就已经开始保护乌镇的茅盾旧居，1961 年 6 月 25 日，桐乡县公布的第一批 26 处文物保护单位中，就有“茅盾故居”！“文革”一结束，乌镇镇政府就有意识开始保护茅盾故居，把故居里面的三间平屋，开辟为茅盾文学业绩展示场所，简简单单，迈出了乌镇茅盾

2007 年 11 月 8 日韦韬在桐乡档案馆捐赠茅盾档案仪式上

2007 年 11 月 8 日韦韬在桐乡档案馆

故居保护第一步。

茅盾逝世以后，中央认定乌镇茅盾故居，韦韬就和家乡宣传文化部门的联系多起来。笔者和韦韬老师的联系，最早还是在茅盾逝世之前，茅盾逝世以后，笔者和韦韬老师的联系，于公于私，日益密切。所以，韦韬先生回桐乡乌镇的情景，韦韬先生在家乡的言行举止，笔者历历在目，对韦韬先生平易近人、高风亮节感同身受。

那么，茅盾逝世以后，韦韬什么时候回到乌镇的呢？据笔者记忆，韦韬第一次到乌镇，应该是 1984 年。而韦韬先生生前

2007 年 11 月 8 日韦韬在桐乡档案馆合影。韦韬旁边是丰子恺的小女儿丰一吟

最后一次回到乌镇，是 2011 年。笔者在 20 世纪 70 年代到 1992 年，一直在桐乡县委宣传部和县文化局工作，所以，韦韬 90 年代之前回乌镇，笔者一直是主要陪同的家乡人之一。

韦韬先生在茅盾逝世后第一次回桐乡乌镇，是1984年12月，是在杭州召开的第二次全国茅盾研究学术讨论会期间。当时，乌镇茅盾故居动迁整修已经结束，开始布置展览茅盾生平事迹。韦韬先生是和参加茅盾研究学术讨论会的专家学者一起，坐大巴汽车从杭州到桐乡县城，然后坐轮船到乌镇的。

据有关资料，韦韬在茅盾逝世以后第一次回乌镇的过程，是这样的：

1984 年 12 月，第二届全国茅盾研究学术讨论会在杭州西湖国宾馆召开。12 月 9 日上午 7 时，参加学术讨论会的全体代表 120 人，坐大巴车从杭州出发，到乌镇参观茅盾故居，韦韬、黄源先生以及浙江省文管会、省文联的领导一同前往。

当时乌镇还没有通公路，所以去乌镇的会议代表先到县城梧桐镇。上午 10 时左右，大巴车到桐乡县城时，桐乡县政府的副县长和县政府办公室副主任在县委大院等候会议代表，然后一起坐轮船去乌镇。当时 120 多名全国各地的茅盾研究专家学者到乌镇，成为乌镇小镇上的一件盛事，尤其是茅盾的儿子韦韬先生的到来，成为乌镇的新闻。这天下午，韦韬、黄源、茅盾的表弟陈瑜清等和代表们一起，在茅盾故居参观展览。由于当时人多，韦韬在故居的里里外外、楼上楼下，也是匆匆忙忙看了一遍，就和

20 世纪 80 年代乌镇座谈会

会议代表一起回到县城。

在县城吃过晚饭以后，大部分会议代表回杭州。韦韬还想看看故居的展览内容。于是，笔者陪同韦韬坐小轮船，晚上又重返乌镇，韦韬表示，想回到故居，对陈列展览布置，再仔细看看。看过以后，晚上 8 时 10 分左右，笔者陪同韦韬在茅盾故居休息，韦韬与茅盾故居的同志亲切交谈，询问有关建设情况和有关问题，对故居建设进度表示感谢，也感到欣慰。晚上 9 时，我们请韦韬先生今天晚上就在故居住宿，并告诉他，家乡人民知道他 1937 年回乡住宿后，一直没有在自己家里住过。韦韬先生再三推辞，并表示，自己住故居不合适，他说：“故居现在已由政府修葺一新，而且已作为省级文保单位，自己再来住宿，是不妥的。”因此表示自己去住旅馆，不住故居。他还说，家乡这么重视故居建设，自己不需要再体验儿时生活了。我们大家为韦韬先生的境界感动，尊重韦韬先生的意见，陪同去乌镇的“迎宾旅馆”住宿休息。

乌镇茅盾故居

第二天，12 月 10 日，上午 7 点 35 分，我们和乌镇镇委同志、故居的同志一起，坐小轮船陪同韦韬先生去乌镇东栅外农村拜谒他祖母陈爱珠的墓。8 时，小轮船停靠在墓地北侧，韦韬上岸，穿过桑林，来到他祖母的墓前，神情肃穆，凝视片刻，向竖有“沈太夫人陈爱珠之墓”墓碑的墓三鞠躬。随后过去抚摸墓碑，一边仔细审看祖母的墓冢，一边说，感谢家乡政府为他办一件好事，墓修得很好。接着，韦韬又说：“我父亲生前非常关心我奶奶的墓，时常跟我们说起，这个墓不知道怎么样了。”在回乌镇的途中，韦韬顺道又去东栅的“孔家花园”旧址观看。

1984 年 12 月，韦韬（右四）在祖母墓地

回到茅盾故居，韦韬再次一个展室一个展室审看。并且提出许多修改意见。他一个总的意思是，展览要更真实一些，跟当时时代更近一些，不要拔高。所以他同意县委县政府提出的“不急于开馆”的意见。认为再充实调整一番，能够在明年 7 月 4 日沈老诞生纪念日开馆最合适。

韦韬在茅盾故居参观审查、座谈到 11 时半，才离开故居。离开乌镇时，乌镇镇委和故居的同志一直送他上小轮船。笔者一直陪同韦韬在乌镇的行程。

12 月 11 日上午，韦韬先生在桐乡参加省文管委副主任史莽主持的关于茅盾故居陈列座谈会，省文物局副局长梅福根以及参加全国茅盾研究学术讨论会的代表查国华、万树玉、刘济献、魏绍昌、翟同泰、吴珊、鲍复兴和笔者也参加座谈会。

这是韦韬第一次回到乌镇的详细过程。当时，看得出韦韬对故乡有着深厚感情。

第二年，1985 年 7 月 4 日，韦韬再次到桐乡乌镇，参加茅盾故居落成仪式。这一天，乌镇茅盾故居正式向世人开放。古镇乌镇一派节日气氛，全国文化界和上海、杭州的领导、专家，来到乌镇，向诞生茅盾的地方致敬。

文化部副部长周巍峙、上海人大副主任陈沂、浙江省政协主席王家扬、浙江省副省长李德葆等领导出席并讲话，文化界黄源、吴强、茹志鹃、徐中玉、钱君匋、谭建丞、沈虎根等一千多人参加茅盾故居落成仪式和纪念大会。大会在茅盾题字的乌镇电影院举行，全国人大副委员长胡愈之、著名作家姚雪垠等发来贺词。陈云同志题写的“茅盾故居”匾额悬挂在观前街 17 号茅盾故居门口。

茅盾故居落成这一年，桐乡县城到乌镇已经通了公路，上海、杭州、桐乡县城汽车可以直接开到乌镇茅盾故居边上。

所以，乌镇改革开放以后翻天覆地的变化，是从茅盾故居的落成开放开始的。

韦韬先生此后到乌镇的机会更多了，故乡已经成为他心里离不开的一个地方。

从 1995 年到 2011 年，韦韬先生又多次到乌镇、桐乡参加家乡“菊花节”等文化活动，或者参加全国茅盾研究学术讨论会。

每一次回到乌镇，韦韬心情都是非常愉快。1985 年以后，韦韬回故乡，一般都住在桐乡的宾馆招待所，这样和县里的同志交流更方便。而他每次回到乌镇茅盾故居，总要问问，还需要他做些什么，还有哪些打算。韦韬对乌镇茅盾故居的关心，可以说是无微不至。笔者在桐乡宣传部工作时，他常常将新出版的茅盾著作，或者与茅盾以及沈泽民有关的书，直接寄给我，让我转交给茅盾故居。当时我把茅盾故居收到他的赠送书籍以后的收条寄给他时，他回信说，收到就好了，不用寄回收条了。言语之间充满信任。所以，后来我在给韦韬先生写信时，又多了一个内容，报告捐赠转交情况。

乌镇茅盾故居在政府的重视和韦韬的支持关心下，正常运转了，作为事业单位，有编制有经费，而且日益发展。

1984 年 12 月座谈会上，许多茅盾研究专家学者建议桐乡县政府把茅盾故居对面的供销社房子划归茅盾故居管理，楼下作为小型会议室和来宾接待室，楼上作为茅盾故居管理人员的办公室。专家学者的意见，当地政府十分重视，1987 年 3 月 15 日，桐乡县政府研究，同意将三开间两进清代民居划归茅盾故居管理，作为办公和接待之用。县政府还投入 5 万元，于 3 月开始按照原貌翻修，当年 10 月竣工投入使用。落实了当年茅盾研究专家学者和韦韬先生的意见建议。

当时，茅盾故居边上的立志书院旧址上的建筑，有一个教育机构在使用，为了更好地宣传茅盾成就，传承茅盾精神，桐乡县政府 1989 年 12 月决定，将立志书院旧址上的建筑划归茅盾故居管理，重新修复以后作为茅盾生平事迹陈列馆。1990 年 6 月 11 日，经过国家文物局批准同意，县政府投入 40 万元，立志书院修复工程开始动工，至次年 4 月竣工。

1991 年 7 月 4 日，立志书院作为茅盾生平事迹陈列馆落成开幕，作为嘉兴市纪念中国共产党成立七十周年系列活动之一，北京、上海文化界人士和省、市、县的有关领导参加开幕典礼。与此同时，茅盾故居保持原貌，原来的茅盾生平展览移到立志书院。从此，茅盾故居的发展史上，又上一个新台阶，故居原貌、

韦韬与夫人陈小曼、小女儿沈丹燕在一起

接待办公、生平展示三大功能形成一个有机整体。几十年来，乌镇茅盾故居在弘扬茅盾的革命精神，传承茅盾现实主义的文学道路上发挥了积极作用。上至中央领导，下至青少年学生，在茅盾故居感受茅盾对文学、革命的伟大贡献，成为中共党史和新文学史的教育阵地之一。所以，韦韬先生每次回到桐乡，回到乌镇，在茅盾故居里，真真切切地感受到家乡人民对茅盾的深厚感情，感受到家乡人民的真诚。

2001 年 3 月，茅盾逝世 20 周年纪念活动和第七届茅盾研究学术讨论会在桐乡举行，韦韬风尘仆仆，专门到桐乡乌镇参加活动。2006 年 7 月 4 日，茅盾诞辰 110 周年纪念系列活动在桐乡县城和乌镇举行，第八届茅盾研究（国际）学术讨论会在桐乡召开，同时茅盾夫妇骨灰安放仪式在乌镇茅盾陵园举行，韦韬先生亲自将父母的骨灰安放在乌镇茅盾陵园。位于乌镇西栅景区的茅盾纪念堂，也同时落成开放。弘扬茅盾革命精神和宣传茅盾文学成就，又多了一个平台。

2002 年，韦韬和孙女在一起

那天，韦韬先生非常

高兴，陈小曼和他们的子女也来了。北京、上海、杭州的亲戚也来了，浙江省、嘉兴市、桐乡的领导和朋友都来了，大家和韦韬一起拍照，一起参观。

7月，水乡乌镇的天气非常炎热，但是家乡人民对茅盾热爱、对韦韬先生的敬重，热情更高。故乡在韦韬心里，已经不是一般意义上的家乡，而是与韦韬心连心，无法割舍了。

2011年，韦韬先生八十八岁了。这是韦韬最后一次来桐乡，到乌镇，来桐乡看看放在档案馆的茅公珍贵手稿等保管是不是很好，使用是不是方便，档案馆领导是不是重视。韦韬到档案馆仔仔细细地看了一遍，开心地笑了，连连说：“好！很好！”韦韬先生对桐乡档案馆的管理工作非常满意。

在桐乡，韦韬专门让笔者去见他，我们在“东方大酒店”房间里，韦韬问我有没有时间，帮助负责一下黄山书社的《茅盾全集》，帮助他把关。他说自己年纪大了，现在还有两件事在心里搁着，一件是北京的茅盾故居，一件是重新编辑出版《茅盾全集》问题。他说，《茅盾全集》前期编辑工作，他已经用几年时间，做得差不多了。但是出版过程中，还会有许多工作的。自己年纪大了，精力体力都不允许做很多事，所以出版《茅盾全集》的事，就托我去负责主编。尽管当时我还没有退休，在省委有关机构忙碌，但是我一听韦韬老师的嘱托，知道这分量，立刻答应下来。他见我答应下来，很高兴，说：“这个事你帮助落实，我放心了。”那天，我们聊得很多，主要的还是聊茅盾研究。

那天晚上，我和桐乡的朋友一起，陪韦韬共进晚餐。晚饭后，我们在韦韬住的房间里，很开心地聊天。他那天聊自己的儿女，聊陈小曼，聊西北文工团的那些人。

第二天，春光明媚，乌镇的风景格外迷人，老街上依然充满烟火味，小草在乌镇河边的河埠边长出些许嫩芽，镇外的油菜花已经怒放，一片金黄。乌镇的空气中，弥漫着故乡的泥土气，这是韦韬小时候闻到过的气味。这一天，韦韬先生在档案馆的同志陪同下，去乌镇茅盾陵园为父母亲扫墓。在墓前，韦韬理了理自己的衣服，为父亲茅盾墓打扫上面落下来的树叶，然后站起来，面对父亲的墓碑，凝视片刻，紧接着说了一番感人肺腑的话："爸爸、妈妈，阿霜来看你们了，你们在地下还好吧，我想应该很好的，这里环境很好，许多人都会来看你们。可是儿子来得少了，有三四年没有看你们了。你们在地下是不是和姐姐在一起啊？姐姐的骨灰没有找到，被胡宗南到延安时弄掉了，再没找着。不过我相信姐姐的灵魂一定和你们在一起的，我想你们一家子三口一定很高兴，有时候还可以到旁边看看娘娘[①]。儿子现在也老了，88了。也许不久的将来，儿子也到你们那里去了。再一起把姐姐也拉着，然后我们去看娘娘，恢复我们30年代，这样一个小的家庭生活，好不好啊？儿子今天来就给你们送个花篮。这个花是菊花的，我相信这个香味呢，你们带到地下去，给姐姐也闻一闻。阿霜到这儿来祭拜你们了，给你们送上这

① 娘娘，乌镇土话，叫奶奶为"娘娘"。

个花篮，向你们三鞠躬吧。”这番感人肺腑的话，让在场的人潸然泪下。

2012年，桐乡的朋友到北京给他拜年，他听说桐乡已经通高铁了，非常高兴，说下次一定坐高铁到桐乡。可惜，韦韬先生这个心愿，成了永远的缺憾。

高风亮节的无私捐献

在茅盾的沈氏家族里，茅盾一家的生活条件应该是最好的，国家给茅盾的待遇，应该也是很优厚的，有单独的小楼，有警卫员、有司机，20世纪50年代初工资改革以后，茅盾是行政三级，工资是440元一个月。在当时的物价条件来说，生活可以过得很滋润。

但是，茅盾夫人孔德沚依然非常节俭，自己去菜场买菜，讨价还价，有时候还嫌服务员浪费，常常批评她们，所以，茅盾家里的服务员，换了一个又一个，最后只好夫人孔德沚亲自动手，服务人员只能打个下手。1970年，茅盾夫人孔德沚去世，茅盾十分悲痛，在孤独中，常常怀念沈氏家族中的亲戚，过年过节，常常出手接济亲戚中需要照顾的人家，几十、几百元不等，寄给那些需要接济的亲戚。不求回报，只念亲情。

受父亲的影响，韦韬常常主动照顾那些生活艰难的族人、亲戚。茅盾弟弟沈泽民的女儿玛娅，1976年被“四人帮”迫害致死，留下三个孩子，最小的还在小学低年级读书，生活十分艰难。当时，韦韬夫妇主动拿出 1000 元，帮助他们存在银行，把 1000 元的银行存折交给老大刘竞鸣，关照竞鸣：你们要好好吃饭，增加营养，把钱用在最需要的地方。80 年代，玛娅的三个孩子都长大了，刘竞鸣和刘竞英相继结婚成家，韦韬给他们每人 1 万元，当时老三刘秉宏还小，他的 1 万元就交给老大刘竞鸣暂时保管。而这些接济，韦韬自己从来没有说过，他和父亲茅盾一样，不求回报，只念亲情。

后来，据笔者所知，韦韬先生在茅盾逝世以后，新出版的茅盾的书，或者研究茅盾的著作，韦韬先生同样送给至亲每人一份。笔者每一次出版研究茅盾、沈泽民的书，我问韦韬老师要多少，他让我给他寄十本，他说，他要给北京、乌镇两个故居和三个子女以及几个至亲，各一份。韦韬先生的细心和周到，沈泽民的外孙们和茅盾表弟陈瑜清的儿子陈毛英感受最深。

韦韬先生生病以后，沈泽民的三个外孙一起去看望他，姐弟三人向韦韬倾诉他们的感激之情，讲了当年韦韬的周到照顾，才让他们度过艰难的岁月。韦韬听后充满深情地说：“是啊，你们的妈妈走得早，我要照顾好你们啊。”当知道他们姐弟三人现在生活很好，病中的韦韬露出发自内心欣慰的微笑。

茅盾逝世以后，茅盾的书信、文章、著作手稿，市场行情几十年间一路飙升，茅盾给人家的一封信，拍卖机构从 2 万、3 万到要价20万，茅盾的一篇《谈最近的短篇小说》文章手稿，拍卖到上千万。茅盾这些独一无二的珍贵手稿，既是中国新文学的珍贵文物，也是世界文学珍贵遗产，确实是物有所值，相信随着时间的推移，市场的价值还会越来越受到人们追捧。

韦韬在几十年间，经手整理过无数的茅盾手稿，深知茅盾这些珍贵手稿的市场价值。但是，他更深知这些手稿的历史价值和文学价值，在合适的地方机构保管、传承下去，让茅盾手稿真正发挥它的价值。所以，韦韬几十年来，不为世俗利益所动，对茅盾的手稿等历史文物，只做一件事，这就是全部彻底无偿捐献给合适的地方和机构。将整个茅盾的文学作品手稿、书信以及茅盾使用过的文物，贡献给读者，捐献给茅盾和韦韬深爱着的祖国！

韦韬先生将茅盾生前用过的文物，分别留给北京茅盾故居和乌镇茅盾故居，提供故居展示，这些文物都是茅盾生活中曾经使用过的，都是有气息有故事的。1983年，韦韬送给乌镇茅盾故居的文物，有茅盾出国穿过的皮鞋，戴过的帽子，用过的雨伞，还有一台茅盾三十年代在上海用过的家用烤面包机，现在这种家用小烤面包机已经很多，但是80年代初大家都没有见过这个小小的家用烤面包机。大家才知道，当时的上海就有这样精致的生活用具。

茅盾的《子夜》手稿，是经历战争的炮火而幸存下来的，其中有茅盾夫人孔德沚和茅盾二叔沈仲襄的功劳。当时茅盾写《子夜》，商务印书馆准备先发表，于是由夫人孔德沚抄写后交给商务印书馆。不料，1932 年 12 月 8 日发生“一二 · 八”事件，日本的炮弹打到上海，炸毁商务印书馆，孔德沚抄写的部分茅盾《子夜》手稿，也在日本轰炸的炮火中化为纸灰，所幸茅盾的原稿没有交给商务印书馆。1933 年 1 月，《子夜》在开明书店出版后，《子夜》的手稿一直由茅盾自己保管。后来，抗日战争全面爆发，茅盾一家离开上海，茅盾将《子夜》手稿交给在上海银行界工作的二叔沈仲襄保管。沈仲襄知道《子夜》手稿的文学历史价值，专门把茅盾的《子夜》手稿，放在银行的保险柜里，这才让《子夜》手稿平安度过战乱岁月。后来，抗战结束以后，茅盾回到上海，茅盾的二叔沈仲襄将《子夜》手稿从银行取出来，交给茅盾自己保管。

所以《子夜》经历了半个多世纪风雨历程以后，韦韬先生率先将《子夜》手稿，捐献给中国现代文学馆。现代文学馆是中国最大的保存现代文学作家作品手稿和著作的机构，也是研究现代文学作家的重要平台之一。茅盾是中国现代文学巨匠，《子夜》是茅盾长篇小说创作的重要代表作。所以韦韬先生将这部重要的作品手稿捐献给现代文学馆，为茅盾的《子夜》找了一个最适合保管、传承的场所。还有茅盾其他一部分作品手稿、书信等，韦韬同样无私捐献给现代文学馆收藏保管。

如何让茅盾的珍贵手稿让更多的读者看到，让更多的研究者能够研究，韦韬开始尝试印行手迹本。1996 年，为了纪念茅盾诞辰一百年，韦韬决定由中国青年出版社出版茅盾《子夜》手迹本，印了 1996 部，编号发行，此举获得很大的成功。韦韬先生赠送给笔者的《子夜》手迹本，是 118 号。

韦韬的姐夫萧逸是革命烈士，江苏南通人，在新中国成立前夕牺牲在解放太原的阵地上。萧逸牺牲后，茅盾一直保存着女婿的一些书信日记等烈士遗物。茅盾逝世后，韦韬专门整理了萧逸的书信、日记，并将萧逸的书信、日记原件捐献给萧逸的家乡——江苏省南通博物院，让萧逸的家乡，记住这位文学巨匠的女婿，记住这位革命烈士！

上海是茅盾文学和革命起步的地方，受《新青年》的影响，茅盾在上海接受马克思主义，参加中国共产党，从事党的早期革命活动。茅盾也是在上海走上文坛，从事新文学活动，创作了《子夜》《林家铺子》《春蚕》等一大批现实主义文学作品，奠定了他在中国现代文学上的历史地位。韦韬的母亲孔德沚受茅盾的影响，也是在上海参加共产党组织的。韦韬和他的姐姐沈霞，都是在上海度过青少年时代的。所以上海对茅盾一家来说，是绕不开的。因此，韦韬在考虑茅盾手稿、书信的捐赠保管时，整理出不少茅盾的珍贵书信等文物，捐献给上海图书馆，让上海能够找得到文学巨匠茅盾的文化印记。

在桐乡，韦韬先生是带着对故乡的深厚感情，捐献了大量茅盾文献和手稿给桐乡的。2007 年春节前，桐乡市档案馆的同志到北京拜访韦韬，表达家乡人希望韦韬先生留一些茅盾手稿文献，作为永久纪念。韦韬理解家乡人的感情，想法和他不谋而合，他立即慨然同意。2007 年 3 月初，韦韬给桐乡档案馆同志回电话，说档案资料整理好，六大箱。

听到这个消息，档案馆同志兴奋得立即开车去北京，迎接茅盾这些珍贵的档案资料回家乡。桐乡市政府领导亲自去北京和韦韬交接，表达对韦韬先生的感谢，交接仪式上，韦韬先生亲自交代捐献清单，并且在箱子上写了“日记”“手稿”“书籍”等，整理得十分清楚、明了。韦韬把现有的茅盾珍贵文物，全部捐献给了茅盾故乡桐乡！除了已经给乌镇茅盾故居捐献以外，给桐乡市档案馆一次一次的捐献，总数已经达到相当可观的程度。据介绍，桐乡档案馆现在已经藏有茅盾档案 159 卷，1056 件。其中手稿原件 610 件，包括日记、回忆录、书信、小说、诗词、文艺评论、读书笔记、译文等手稿原件 14000 多页。还有茅盾用过的印章、参考资料、图书、原声录音带、照片等珍贵文物资料。如茅盾的《访苏日记》手稿、茅盾的日记、茅盾《人民是不朽的》翻译手稿、茅盾回忆录手稿、《霜叶红似二月花》续稿原稿、《时间的记录》原稿、《归途杂拾》原稿，还有茅盾的大量读书笔记、有关《红楼梦》的文章手稿等等。这些，都是韦韬先生捐赠的，非常珍贵。

2007 年 10 月 8 日，韦韬先生捐献的茅盾珍贵档案在桐乡市档案馆展出。桐乡市档案馆整理出版了《游苏日记》《走上岗位》《人民是不朽的》等十三部茅盾档案手稿，以“茅盾珍档手迹”的名义，由浙江大学出版社出版。韦韬先生专程从北京到桐乡，参加《游苏日记》等手迹首发以及档案展览活动。那天，韦韬很高兴，和丰子恺的女儿丰一吟老师一起，在开幕仪式上，回忆、畅谈父亲的过去和自己对家乡的赞许。那天笔者应邀也到桐乡参加活动，真真切切感受到韦韬对家乡的感情，韦韬先生看到父亲茅盾的这些珍贵的档案有了完美的归宿，看到家乡父老乡亲的诚心和真心，看到茅盾档案在桐乡的科学保管，韦韬放心了，心安了。

韦韬先生终于可以松口气了，几十年来，殚精竭虑，对父亲茅盾的遗物的处理，终于尘埃落定。北京、上海、桐乡三个地方，是和茅盾一生、巨大的文学贡献紧密相连的地方。

韦韬先生无偿捐献大量茅盾珍贵档案的崇高奉献精神，在故乡桐乡传为佳话。

最后的心愿：重新出版《茅盾全集》

韦韬为《茅盾全集》的出版，已经奔波了几十年，茅盾的作品，韦韬已经熟悉得不能再熟悉了，比国内外任何一位茅盾研究者还熟悉茅盾作品。茅盾的文章、茅盾的往事，都在韦韬的脑海里。人民文学出版社从 20 世纪 80 年代开始，陆续出版《茅盾全集》，韦韬始终参与。他离休以后几十年间始终如一、不遗余力地搜集茅盾散落在旧报刊上的茅盾作品，对茅盾用笔名发表的作品，一篇一篇地考证，比对茅盾书写习惯，确认是否是茅盾作品。日积月累，韦韬为人民文学出版社的《茅盾全集》编辑出版贡献巨大。

所以,《茅盾全集》出版过程很长，而且体量很大，编了 40 卷，1400 多万字，还有不少没有编进去。其中茅盾研究的专家叶子铭、孙中田、丁尔纲、丁帆、吴福辉、王中忱、雪燕等和人民文学出版社的黄仰晨、张小鼎等先生为《茅盾全集》的出版，付出了大量心血，他们从大量的史料和报纸杂志中，钩沉出茅盾过去没有选编过的文章作品，筚路蓝缕，编辑、出版 40 卷《茅盾全集》，这个茅盾研究的浩大工程终于在 21 世纪元年竣工。

从 1984 年出版第一卷《茅盾全集》到 2001 年出版第四十卷《茅盾全集》，加上一卷附录，参与者的心血可想而知！

后来，在人民文学出版社的支持下，韦韬又独力搜集编辑出版两卷《茅盾全集》的补遗。其中有未完稿的诗词、文论、散文、史论、书信、古诗文注解等，2006 年 3 月由人民文学出版社出版。

在完成茅盾遗物手稿等安排以后，韦韬开始考虑重新出版《茅盾全集》，在此后的几年间，韦韬将已经出版的两卷补遗中的文章，根据不同时间、不同体裁，分别编辑到全集各卷里，并且从 40 卷扩大到 41 卷，再加 1 卷附录。这样，新版《茅盾全集》第 1 至 9 卷为小说，第 10 卷为剧本、诗词、童话，第 11 至 17 卷为散文，第 18 至 27 卷为中国文论，第 28 卷为中外神话研究，第 29 至 33 卷为外国文论，第 34 卷是古诗文注解，第 35 至 36 卷为回忆录，第 37 至 39 卷为书信，第 40 至 41 卷为日记。附录收入相关资料。

后来，韦韬先生与黄山书社签订了出版合同，并且专门让笔者到桐乡，商量《茅盾全集》的出版问题，授权笔者主编黄山书社的《茅盾全集》。他说自己年纪大了，剩下的大事，就是《茅盾全集》的出版了。我知道韦韬先生的想法，我答应韦韬先生，一定全力以赴，尽心尽力做好这件事。

因为自从 1981 年认识韦韬老师几十年来，他一直是我业余研究茅盾最有力的支持者，他热情无私的支持，是我研究茅盾最大的动力。我在研究中，需要向他请教，他总是及时给以回复、回答我提出的问题；我在学习和研究时，需要他授权时，他总是无私地满足我的要求；30 多年来，韦韬老师的时时教诲，让我懂得做人和研究的道理，让我处理好本职工作与业余研究的关系。而当我每一次岗位变化，韦韬老师总是及时提醒，不要有架子，不要忘了茅盾研究。每当我有茅盾研究的书出版，他总是第一时间给以鼓励，给以肯定。

其实，我从 20 世纪 80 年代出版第一本茅盾研究的书开始，每写好一本书，总是把书稿先寄给韦韬老师帮助把关。而他看过以后，每次总是很宽容地提出他自己的看法和意见，让我从他的审稿中，领悟到他的想法。90 年代，我第一次写《茅盾传》，其中要不要提茅盾在日本时的感情经历，其他的茅盾传记书里，都没有提过这个问题，或者三言两语带过。在研究茅盾到日本以后的生活环境，我用客观、实事求是的态度，写了茅盾在日本时的这段情感经历。当我把书稿寄给韦韬老师审看时，他回信同意我的看法，并且又介绍补充了一些情况，介绍了当时茅盾回到上海时，他母亲的态度以及他自己见到父亲时的情景。

在我的茅盾研究中，韦韬老师多次提出，茅盾研究要坚持实事求是，要顾及当时的时代环境。作为一个伟大文学家，思想比一般人先进，是有的，但是不可能每一件事情都比一般人先进，他也受到时代环境的制约，不可能不受到时代环境的影响。对当时茅盾在国共合作时期和国民党高官的交往中，体现了一个共产主义者的有理有节，反映了历史时代背景下茅盾的真实生活。韦韬先生曾经提醒我，对当时那些和茅盾交往的国民党人员，也不要脸谱化，不要想当然，还是要实事求是地反映。他的这些意见，为我研究茅盾确立了一个基本立场。

韦韬先生毕竟是20世纪40年代入党的革命前辈，有着深厚的群众情怀。笔者有一次写到60年代全国性的批判电影《林家铺子》时，文章中提到和引用了当时在报刊上普通群众发表批判电影《林家铺子》的文章。当年有不少商店职工，甚至理发师、人民公社社员在报纸上发表署名文章，用自己的亲身经历批判《林家铺子》。韦韬先生在审看我的稿子时，及时提醒我，不要点名那些写批判文章的普通群众，他们都是无辜者。当时我看到他的态度，非常震撼。这种实事求是、与人为善的思想，是我研究茅盾所要遵循的。

几十年来，我不知道麻烦、浪费了他多少宝贵时间，占用了他多少宝贵精力！我已经记不清给他写过多少信，但是，他从 80 年代初给我的一百多封信，我一直保存着。所以，今天韦韬先生为了《茅盾全集》的出版，让我帮助把关，我立即答应下来的。

当时我正好需要在温州工作一段时间，韦韬回到北京以后，就将与出版社的出版合同，以及他已经做过的工作，还有哪些事情需要我注意的，书面快递到温州给我，让我在主编《茅盾全集》时把握。

从 2011 年春天开始，我与韦韬老师联系十分密切，我起草了编辑《茅盾全集》的十多条原则意见，在送黄山书社时，给韦韬老师也送了一份，征求他的意见。很快，他就给我回信，完全同意我提出的原则意见，并且转告出版社，让他们按照我提出的这个原则意见编辑。这样，我和出版社都有依据交流沟通了。所以在整个《茅盾全集》编辑出版过程中，出版社的《茅盾全集》编辑进展非常顺利，我和出版社的合作非常愉快。

在黄山书社整个《茅盾全集》编辑出版过程中，让我又进一步深深体会到韦韬先生宽厚待人的伟大人格、认真负责的历史意识，以及一个共产党人无私奉献的精神。

2013 年上半年，韦韬生病以后，我希望出版社能够及时出版《茅盾全集》。当时韦韬知道后，让人转告我，不要去催出版社，他对《茅盾全集》的出版，已经很放心了，还是时间服从质

2013 年 5 月，韦韬和大女儿沈迈衡、儿子沈韦宁、小女儿沈丹燕在一起

量。当时我和出版社的编辑们，知道韦韬的想法以后，都为之动容。

2014 年 3 月，黄山书社的 42 卷《茅盾全集》出版，看着装帧考究大方的皇皇 42 卷《茅盾全集》，我和黄山书社的朋友感到欣慰，可以告慰韦韬老师的在天之灵了。

一个风清气正的普通人

韦韬先生是 1945 年抗战胜利前在延安加入共产党的，他的入党介绍人是柯仲平。因为姐姐沈霞意外去世，1945 年 10 月由周恩来安排离开延安到达重庆，和父母住在一起，他在茅盾夫妇身边，多少给父母一些安慰。1946 年 3 月，韦韬从重庆直接去了华北，去了东北，工作上也根据组织的安排，从文艺战线转换到新闻战线。新中国成立后，韦韬先生又从新闻战线，转换到军事领域，并且长期从事军事刊物的编辑工作。工作地点从东北沈阳到北京、到江苏南京，没有和父母生活在一起。从韦韬的工作经历和地点变化来看，韦韬从来没有利用当文化部部长的父亲的权力，谋取自己的工作生活方便，更没有谋取自己利益。

韦韬不仅没有利用父亲的影响，谋取私利，而且一生严格要求自己，无愧为茅盾后人！

凡是和韦韬先生接触过的人，都感到韦韬先生是一个风清气正的人，韦韬的家乡人都感到，和韦韬这样的名人交往，没有什么压力，而且满满的都是正能量。笔者多次听到桐乡的朋友说，韦韬先生有时候来桐乡，回去时，想带一点桐乡的土特产回去，让桐乡的朋友去代买，买好以后，韦韬一定要付钱，桐乡的朋友想表示一点心意，韦韬坚决不要，一定要自己付钱。其实，所谓的土特产，就是一点桐乡榨菜之类的。就是这样的小事，韦韬一点都不含糊。所以，韦韬当年在北京，当得知交道口南三条 13 号茅盾生前居住的四合院房子，中央确定为“茅盾故居”以后，自己一家立刻搬出四合院，去住公寓房了。因为这四合院房子已经是中央认定的茅盾故居，自己虽然是茅盾儿子，再住在里面，显然已经不合适。所以韦韬先生根本不用有关部门催促，自己早早果断地搬出去住。乌镇观前街17号的茅盾祖宅房子成为“茅盾故居”以后，韦韬认为这个“茅盾故居”，已经是国家的了，所以韦韬连在乌镇茅盾故居休息一下的想法都没有。

作为名人之后，每次回到桐乡，生活和工作上，从来没有要求这个，要求那个。到桐乡参加茅盾研究学术讨论会，也和会议代表住一样的标准间，不住豪华套间。平时因纪念茅盾的活动回到桐乡，或者当地政府邀请他到桐乡参加活动，同样是简简单单，住的都是普通宾馆的标准间。没有迎往送来，没有杯觥交错，更没有前呼后拥。他总说：不要麻烦地方领导，不要麻烦地方政府。所以，韦韬回到桐乡，桐乡的领导和接待的同志是最轻松的，他们不需要去陪同，也不需要陪吃，下班以后，去看望一下，老朋友见面，大家相聚甚欢。

几十年来，韦韬先生坚持的就是这种朴素的真挚的革命传统，所以，父辈坚持的这种作风，在韦韬先生身上得到完美的传承。

2013年7月14日晚上8时零6分，韦韬先生走完他九十岁的人生路程。根据韦韬生前遗愿，同年12月22日，冬至，韦韬先生的骨灰，在他儿子、女儿的护送下，安葬在乌镇茅盾陵园，真的又和他的祖母、父母亲、姐姐在一起了，实现了韦韬先生生前的遗愿。

卖花人去路还香。茅盾走了，留下了巨大的精神财富和文学财富；韦韬先生走了，留下了一个共产党人的巨大的精神财富和无私崇高的精神境界。

2023年是韦韬先生逝世10周年，也是韦韬先生诞辰一百年，他平凡而忙碌的一生中弘扬传承的茅盾精神，为中国文学事业无私奉献的精神，必将流芳百世！

附录

怀念父亲韦韬

［美］沈迈衡

2013 年 7 月 14 日爸爸与世长辞了。我从美国回来参加他的追悼会和安葬仪式。在机舱幽暗的灯光里，小时候的片断回忆在脑海中像过电影般地闪现：

一个春季的星期天，爸爸一大早就把我和弟弟叫醒，赶长途汽车去游潭柘寺。印象中那里群山环绕，我们花了不少时间爬山，傍晚返回时已筋疲力尽。车上人很拥挤，爸爸让我和弟弟挤坐在一个位子上，他自己则整整站了两个多小时。

利用我一次从东北回京探亲的机会，爸爸带我和弟弟去南方游黄山。记得他行前做了详尽的研究和安排，手抄了一本黄山游览笔记，沿途为我们充当导游，介绍每一个景点。

我上小学期间，爸爸曾买过一本书，标题好像叫《王老师跟小学生谈作文》。他那时每个周末回了家就给我和弟弟讲课，一边讲一边跟我们分析、讨论。我上这门“课”上得有滋有味，成为我每周最大的期盼。

在爸爸九十年的漫长人生中，由于种种原因，我在他身边的日子却屈指可数。小时候我跟着爸妈在南京，四岁时搬到北京。来京后的头两年全家都住在位于西郊当时的高等军事学院。后来为了上学方便，我跟着妈妈搬到了城里。之后的很多年，爸爸都是每周回家一次。“文革”开始，家庭被彻底打散，爸妈各去了不同的干校，我去了东北，还在上学的弟弟和年幼的妹妹留在北京。从东北回来，又跟爸爸在一起生活了差不多两年的时间。当时并不知道，这将是我生活在爸爸身边的最后两年。1977 年高考恢复后，我上了大学，住在学校。毕业后，我去了美国，从此与爸爸的接触就只能用“偶尔”来形容了。

爸爸是个少言寡语的人，年轻时尤其如此。他跟我们谈话的时候不多，随便闲聊的时候就更少了。小时候对他的感觉是敬畏多于亲近，除了与学习有关的问题，其他事情很少找他谈。他对子女的要求很简单，做一个诚实、正直、对社会有用的人，只要我们走的大方向是对的，他不太过问我们的事，给我们充分的自由去探索我们自己的人生道路。现在回想起来，能享受这样的自由是我的幸运。不过年轻时不懂，有时反倒觉得他对自己不够关心。

爸爸虽然不善言谈，做事却不遗余力。家里有人病了，半夜三更送医院、去药店、喂水喂药的多半是他。我们喜欢的东西，他一定尽力满足。记得有一次他从军事学院小卖部买回一包排叉儿，又香又脆，味道极好，我们都赞不绝口。于是之后若干星期，他每周回来必带一包，直到有一天妈妈终于说：“说声喜欢

1996 年 7 月韦韬与女儿沈迈衡、表弟陈毛英合影

你就倾盆大雨。上周买的还没吃，又买，要放坏了。”我在东北时，探亲后返程的火车票必须提前订购。这件事我完全可以自己做，但爸爸却坚持早上四点起床去排队为我买票。

上大学后，我渐渐独立了，需要父母的时候少了，跟父母的距离好像也日渐疏远。不是感情上疏离，而是生活上离得远了，互相的接触少了。我的感觉是：我长大了，可以而且应该一个人去面对生活了。父母怎么想呢？妈妈喜欢絮叨，时时会把她的感受告诉我们，爸爸则很少谈自己的想法。表达感情不是他的长项。每次我回国，他都会很有兴致地听我讲述我的情况、孩子们的情况。对我能够独立在外闯荡，承担起家庭的责任，他显然很满意。

得知他病将不起，我和弟弟都从美国回来看他。我们两人同时回国，这是第一次。看到三个子女都在身边，爸爸精神焕发，兴奋与喜悦溢于言表，甚至站起来在房中走来走去。我不记得什么时候看到他这样快乐过，我第一次清晰地意识到我们在爸爸心目中的地位。很欣慰我们能够给他这样一个美好的送别礼物。

爸爸走了。在遗体告别会上，表妹跟我说：“那天我去医院看舅舅，说起你，他说你很能干，很独立，这些年也帮不上你什么忙。不过他很高兴最后还是能帮帮你。”我愕然了：原来他一直在寻找帮我们做些什么的机会。

谢谢你，爸爸！谢谢你为我们所做的一切。

2014 年 2 月 27 日

舅舅的爱护温暖我们一生

刘竞鸣　刘竞英　刘秉宏

2013 年 7 月 14 日 20 时零 6 分，我们的舅舅韦韬永远离开了我们。舅舅走后，天空下起了雨，从毛毛细雨到中雨再到大雨，这雨伴随着我们心中的哀思一直下着下着……

我们忘不了舅舅的关心和爱护，特别是在“文革”中，舅舅以他宽厚的胸膛温暖着妈妈和我们，给予政治上和生活上的帮助和关怀。1976 年 5 月妈妈遭迫害离开我们之后，舅舅更是竭尽全力为当时年龄尚小的我们提供更好一些的成长条件和环境。舅舅为我们所做的，有些我们当时就懂得，有些则是我们长大以后才领会到的，并不由感叹舅舅为我们思虑之长久！这份深深的感动一直珍藏在我们的心里，直到 2013 年 6 月 29 日的下午，我们三个一起到医院看望病中的舅舅，和他聊起往事时，才把这份深藏已久的感激告诉了他。舅舅说：“是啊，我的堂妹（我们的妈妈张玛娅）走的早，我要照顾好你们啊。”看到我们三个现在生活得很好，舅舅也深感欣慰。

妈妈遭迫害离开我们之后，我们三个一度相依为命，生活十分困难，舅舅、舅妈得知这一情况，当即拿出一千元的存折交给大姐小鸣，并嘱咐，好好吃饭增加营养，把钱用在最需要的地方。我们在舅舅、舅妈的帮助下，度过了最困难的时期。随着年龄的增长，20 世纪 80 年代，小鸣小英相继结婚，舅舅给我们三个孩子每人一万元，老三小宏的一万元暂由小鸣保管，等小宏成年需要时再交给他。在当时，这一万元是很大的一笔数目，舅舅的这份厚礼在我们日后的生活中都发挥了十分重要的作用！

有一年春节，我们带着孩子们来看舅舅，当小鸣让孩子们称舅舅为舅姥爷时，舅舅说"怎么叫舅姥爷呢，叫姥爷就可以了"，听着舅舅的话，我们心里充满了惭愧和感动！是啊，在我们成长和生活最艰难的日子里，因为有舅舅父亲般的关怀与呵护，我们才得以跨过我们当时还没有能力跨越的沟坎！每当舅舅得知我们遇到思想上的困惑，都会帮助我们理智地分析问题，鼓励我们在困难的时候看到希望。舅舅的鼓励一直给予我们克服困难的力量！

舅舅不仅在生活上帮助我们，还让我们对外公外婆有了更多更深入的了解。外公沈泽民于 1933 年 11 月在鄂豫皖根据地抱病坚持保卫苏区的艰苦斗争中因病去世，年仅 33 岁。外婆张琴秋在 1968 年 4 月"文革"中遭迫害含冤去世，终年 64 岁。而外公外婆唯一的女儿、我们的妈妈张玛娅也在 1976 年 5 月遭迫害含冤离去，终年 50 岁。作为晚辈的我们，"文革"开始时还是懵懂无知的孩子，小鸣 11 岁半，小英 8 岁半，小宏还不到 3 岁。随着年龄的增长，当我们想了解自己的亲人时，却发现我们对外公的了解只限于几张珍贵的照片，对外婆的了解也只限于“文革”前幼儿和童年时的记忆，外公外婆那么具有震撼力的经历竟然一无所知。我们真正了解外公，是从舅舅送予的《沈泽民传》和《沈泽民文集》开始的。我们了解到早逝的外公不仅是一个优秀的革命者，还在新文学史上留下了不凡的成绩，外公在照片中的影像鲜活了起来。从书籍的编后记中我们得知舅舅在繁忙的工作中，对出版介绍外公的书籍给予了大力支持，提供了许多珍贵的资料和具体的指导。1995 年，中国纺织出版社为外婆出版传记《张琴秋的一生》时，原稿的审定工作也得到了舅舅很大帮助。在纪念茅盾诞辰一百周年的活动中，舅舅带着我们参加活动，还带着小英回到老家乌镇和石门，回到外公外婆出生和成长的故乡。这一切，让我们有机会更多地了解自己祖辈生命的足迹，更让我们为自己的血管里流淌着祖辈的血液而感到自豪！我们深深地感激舅舅，是他帮助我们走进外公外婆的那个年代和精神世界，带着我们回到乌镇和石门的老家，令我们能够及早触及我们生命的脉络，感悟到生命历程的责任以及走好生命历程的重要。

舅舅，您走了，但您给予我们的爱永远留在我们心里，温暖我们一生！

悼念敬爱的表哥

陈毛英

2013年冬至（12月22日）上午，我怀着殊深轸念的心情前往乌镇参加韦韬表哥的骨灰安葬仪式。10时许在乌镇西栅松树环抱的茅盾陵园，会集了许多桐乡市的各级领导和亲属好友，一起实现表哥回到父母身边的生前遗愿。当覆盖着鲜红党旗的骨灰盒由其儿子沈韦宁亲手缓缓地安放在墓穴时，我悲痛难抑，将从杭州带去了一盆菊花与百合相配的小花篮敬献在墓碑前，寄托我的哀思。表哥生前情系家乡，死后魂回故里，与他父母和祖母一起安葬于乌镇，我将会常去祭奠亲人，缅怀他们杰出的贡献、崇高的品德和伟大的人格情操。

7月23日上午，我接到表哥大女儿沈迈衡的电话，得知表哥于7月14日在北京溘然病逝的噩耗，他们三个子女已把表哥的骨灰护送回乌镇，我立刻驱车前往与他们相会。这位令我十分崇敬的兄长，竟突然离开了人世，深感惋惜和悲痛。回想起每年新春佳节前夕，我总是寄上新年贺卡向他祝福和拜年，而2013

年的春节却没能收到他的回复。记得在 2011 年 11 月初，我收到他迁居海淀区国防大学第二干休所新址的来信，就及时复信给他，12 月初又接到来电与他长谈，获知他的身体和近况，上了年纪，患有眼疾做了手术，平时很少外出，有保姆照顾他的生活起居等。听到这些消息都令我感到安慰，已搬回了北京市区居住，离子女更近了，身边有人照顾，自然使人放心。没想到，一年后他竟与我们永别而去。

我是从 1978 年起与表哥保持联系的，那时表伯茅盾开始撰写回忆录，日后为编纂出版《茅盾全集》等著作，表哥全身心地投入文献史料的搜集和整理之中。我在浙江图书馆工作，有条件利用馆藏文献帮助代查复印所需的文献史料。他每次来信都非常认真和详细，对我收集到的资料，及时给予回复，还不时对我表示谢意和鼓励。1985 年 2 月 3 日他在来信中写道："毛英弟：寄来的复印件收到了。这是一个巨大的发现，因为以前许多人找过这两个刊物，都没有找到。而这些刊物上的文章代表了父亲在参加共产主义小组前后的观点。你发现的《新乡人》则是 1919 年'五四'运动以后父亲写的文章，它弥补了一个空白……"他总是事无巨细地核对每一篇文章的题目、署名、时间、出处以及各种图书版本等，那时交流主要通过书信，有时为核实一篇文献的确切信息须多次书信往返，我切身感到他处事严谨、认真负责的精神。

1981 年 3 月 27 日，表伯茅盾逝世，我陪父亲赴北京参加了追悼会，后来还多次参加过纪念茅盾的活动，与表哥有过许多接触。

他身为名人的后代，待人接物无任何架子，十分低调和谦逊，处处严以律已，谨言慎行。他来过杭州数次，嘱咐我对外保密，不要打扰他人，也不要给有关单位增添麻烦。在他的言传身教之下，其子女都十分低调，从不炫耀家庭背景和身世。在他的子女心目中他是一位不苟言笑的人，可是在和我们交往中，他十分亲切和蔼，平易近人。令人感动的是他经常关心亲友们的身体健康。1978年他特地从上海托人购买了进口的助听器送给我父亲（1939年父亲逃难到桂林，为躲避敌军空袭，被一颗扔在防空洞附近的炮弹炸得双耳震聋导致耳鸣）；1987年5月他来信嘱咐我去了解陈学昭先生家里是否安装暖气片，因为杭州的冬天湿冷，他记挂着老年人的保暖问题；当得知我母亲腿关节患有骨刺，行动不便时，他主动从北京购买了骨刺片寄来。老一辈亲友们都亲身感受到他的真情为人和诚挚关爱，我们会把这些感人的往事永远铭记在怀。

每当我收到他寄赠的《茅盾全集》和撰写的《我的父亲茅盾》《父亲茅盾的晚年》等著作时，都深为感动和敬佩，他为世人留下了丰厚而宝贵的财富，是真正地践行了“要把茅公一生所做的事情发扬光大，把他所写的东西，比较完整地保存下来留给后人”这一诺言。记得2004年1月22日他来信中写道：“毛英弟：送上《我的父亲——茅盾》一册，请指正。这书是去年下半年写的，现在就出书，速度是快的，完成这本书后，我就不再写什么了。人老了，各种衰老症状都出现且愈来愈重了！越养越年老，也就对得起马克思了。 兄 韦韬”他明知自己晚年体力不济，仍一直保持着乐观和全身心投入的状态，为茅盾研究事业呕心沥血，无私地奉献出自己的毕生精力。重温表哥给我的30余封来信，能看到他为实现“我愿尽自己的一切力量为父亲做事”的人生目标，真正做到事必躬亲，不辞辛劳，鞠躬尽瘁。1990年为筹拍电视剧《子夜》，当时浙江电视台准备拍，北京的潘霞有意执导，来信要我找浙江台进行协调；1996年为筹建茅盾基金会，要我帮助向海外做一些宣传和推介；1999年为拍摄电视连续剧《茅盾》需筹集资金，他多次来信要我设法物色浙江的企业给予赞助，解决资金上的问题……

表哥走完了90年不平凡的革命人生之路，他在世的最后30年间，又从事了他人难以胜任而意义深远的一项伟业。为搜集、整理、续写父亲的回忆录、编纂出版《茅盾全集》，撰写回忆父亲的著作而辛勤地耕耘；为建立茅盾故居、成立茅盾研究会而不懈地努力；为筹办茅盾纪念活动，积极推动茅盾学术研究而奔波操劳；为父亲生前留下的宝贵档案资料作出了无私的奉献。他所做的卓越贡献功德无量，他创建的杰出成就有目共睹，他奉献给世人的文化遗产弥足珍贵，他那些高尚的品德和非凡的思想境界更是有口皆碑。令人崇敬的表哥，您确实太累了，需要休息了……敬爱的表哥，安息吧！您淡泊名利、高风亮节、处事低调的优秀品德将是我学习的楷模，您慈祥、和蔼的形象将永远活在我的心中。

2014年2月

既是前锋，又是后盾

——韦韬同志对茅盾研究事业的贡献

丁尔纲

在1982年之前，茅盾研究的格局仅停留在文学家茅盾的范围。当时已出版的专著，多以“文学道路”“创作历程”标志书名。论其文学创作多以小说为主，即便涉及散文与文学批评，也大抵浮光掠影，远未展示全局。

然而茅盾不仅是文学家，还是理论批评家、文学史家、翻译家、文学教育家。不仅是参与创建中国共产党并一度致力于党的高层领导工作的老一辈无产阶级革命家，还是参与领导工人运动、参与北伐革命战争、抗日战争的社会政治活动家。不仅是从五四运动到新中国成立后以至改革开放初期的文艺运动的前驱与旗手，还是新中国文化战线国家领导核心的主要成员之一。这一切均非“文学道路”“创作历程”所能涵盖。何况，即便是茅盾的文学创作，也无不和他的社会的、政治的、文化的方方面面的活动密不可分。正是这一切实践的生活积累，成为他创作的雄厚源泉；形成了善写带热的生活、重大的题材与主题的创作特色；

成为中国现代文学史上社会剖析派的开山始祖。离开这个宏大格局，即便论其文学创作，也很难穷究底里，具审美穿透力。鲁迅说得好:“我总以为倘要论文，最好是顾及全篇，并且顾及作者的全人，以及他所处的社会状态，这才较为确凿。”[《且介亭杂文二集·“题未定”草（七)》] 以此标准衡量，此前的茅盾研究格局，只能算作初级阶段。

真正突破此格局的，还是茅盾本人和儿子韦韬。茅盾的长篇回忆录《我走过的道路》的连载，逐渐显现了茅盾新中国成立前的全貌。他的儿子韦韬、儿媳陈小曼合著的《我的父亲茅盾》(2004 年辽宁人民出版社）和《父亲茅盾的晚年》(1998 年上海书店出版社）的面世，显现了茅盾新中国成立后的全貌。1984—2006 年《茅盾全集》及其《补遗》的陆续出版，托出了茅盾的“全文”。此后的茅盾研究格局，渐呈全方位性。此期间的茅盾研究专著，大抵以“传”和“评传”标志书名了。

《我走过的道路》的写作，远早于1978年1月《新文学史料》的创刊并连载。1973 年茅盾在报纸上公开亮相以后，就有人呼吁他写回忆录。韦韬也曾一再建议其父动笔。但茅公觉得时值“文革”，图书馆许多书籍冻结，不便查找资料，只能等等再说。1976 年发生了“四五”天安门事件，“文革”何时结束，无法预料。80 多岁的茅盾意识到时不我待，就决意凭记忆所及动笔书写。他接受了韦韬的建议：自己口授，韦韬录音，陈小曼和小钢记录，最后由韦韬据录音和记录整理成文，再由茅公修改润色。

这样下来工作了两个多月完工。但由于缺乏史料支撑，很难血肉丰满，老年人的记忆也未必完全准确。茅公决定重来。但在北京搜集的材料远不够用，全国搜集又缺人手，写作一度受阻。1976年“文革”结束。1978年初中央决定抢救革命历史遗产。陈云同志在健在的少数老同志中挑选茅盾写建党初期的回忆录，并派胡乔木跟茅公商量。不久人民文学出版社社长韦君宜为配合此工作拜访茅公，研究创办《新文学史料》事宜，请茅公供稿并题刊名。茅公答应把《我走过的道路》长篇回忆录交该刊从创刊号起连载。韦君宜还派陈小曼以责任编辑身份担任茅公的助手。茅盾又特地致信中央军委秘书长罗瑞卿商量借调时任中央军委高等军事学院学报编辑的韦韬（副师级）担任助手。他又致信全国政协秘书长周而复（茅公时任全国政协副主席）请他从中斡旋，信中说，韦韬现在“是我大半生活动中始终在我身边的唯一的一个人了。有些人或事，我一时想不起来，他常能提供线索。我觉得要助手，只有他合适”。1978年8月底借调成功，9月韦韬便赶赴上海。这里是茅盾大半生的活动基地，又是全国资料最充分的集中地。在孔海珠同志的帮助下，在上海旧书店、上海图书馆等单位的支持下，茅盾解放前出版的大量的书、主编的杂志、发表文章的报刊等资料搜集齐全了。《我走过的道路》的资料准备工作初告完成。而这又是后来编辑《茅盾全集》的主要基础。

《我走过的道路》在《茅盾全集》中占了两卷：第34卷共20章，写茅盾自童年至1934年的经历，篇幅占全书一半弱些，是茅公亲笔书写。第35卷共16章，写到新中国成立时止，篇幅占全书一半强，是茅盾逝世后韦韬根据茅公口授的录音、记录、谈话、笔记以及这期间的创作与论著加工整理而成。韦韬从事编辑工作达数十年，自然笔下来得。他参与此书的策划，整理了前半部分的全文，熟稔了茅公的体例、写法与语言风格。所以他整理的后半部与其父亲笔写的前半部珠联璧合。出版后至今凡数十年，学界、坊间一致认可。正是这部回忆录成了开拓研究茅盾在新中国成立前部分的新格局的奠基之作。茅盾之外，韦韬是第一功臣。

韦韬与陈小曼合著的《我的父亲茅盾》和《父亲茅盾的晚年》两书，则开拓了研究茅盾新中国成立后至逝世这段经历与贡献的新格局。两书的框架由韦韬设计，主要的篇幅也由他执笔。陈小曼丰富了其血肉并执笔了部分文字。两书夹叙夹议，不仅纪实，也具极强的学术性。如《我的父亲茅盾》第一章“父亲的政治生涯”就具史论性质，第二章“父亲的文学追求”当作学术论文读也不逊色。两书提供了大量的第一手材料，更是弥足珍贵。三书合一，还我们一位活生生的茅盾。

韦韬还为他主编的茅盾的著译、画册、照片集、手迹集等写了多篇前言、后记，文中也时有闪光的见解。

茅盾研究局限在文学家格局的原因之一，是新中国成立后出版的10卷本《茅盾文集》主要收的是创作且以小说为主。40卷的《茅盾全集》和两巨册《补遗》却收入了除个别由别人起草的茅盾以文化部部长身份所作的报告外的全部著作。这套大书从1984年到2006年的陆续出版，使人得以跟踪拜读了茅盾的全部心血之结晶。可以毫不夸大地说，每卷每篇，都倾注了韦韬的汗水。

1981年3月27日茅盾逝世后，中国作家协会给中共中央报告提出纪念茅盾的具体建议。韦韬参与了报告起草工作。1982年12月8日中共中央办公厅下发通字（1982）85号通知称：1982年8月23日中共中央书记处批准了作协的报告，决定办三件大事：一是编辑出版《茅盾全集》；二是在北京和浙江桐乡乌镇建茅盾故居，作为文物保护单位正式开放；三是在中国作协属下成立中国茅盾研究学会。办这三件大事，韦韬都做出了重大贡献。

《茅盾全集》的筹备工作由时任作协书记处书记罗荪同志主持。韦韬和叶子铭是他的左膀右臂。成立了编委会，确定了编辑方针与体例，下设编辑室负责具体编辑工作。韦韬是不具名的编委会委员，不驻编辑室的编辑，和没有责编身份的责任编辑。

编辑工作大体分前后两期。前期工作历时约3年，即从1984年到1986年。全国各单位借调来的叶子铭（编辑室主任）、丁尔纲（编辑室副主任）、查国华、翟同泰、王中忱、吴福辉齐集北京，驻在韦韬主动腾出来的茅盾故居。后来改驻人民文学出版社时，只有叶子铭、丁尔纲、查国华驻室。当中丁帆短暂驻室。但韦韬始终参与全过程，不仅参与确定分卷体例与目录，审定篇目编排，而且提供了几乎全部文章、作品的原件。韦韬当时已年过六旬，每天在书柜、卷宗柜和书架间爬上爬下，按照目录挑出初刊文本，找出结集的初版本，再按时序理顺归宗。待查国华（他是编辑室里最辛苦的一位）去取回编排复印，再分发给审稿小组成员和校勘注释者，分头进行校勘注释及审定稿工作。

后期工作历时约20年，即从1986年到2006年。编辑室成员不再驻京，各回本单位利用业余时间工作。这时本由多人共担的编辑室剩余工作，就由韦韬一个人“承包”了！

校注者都是散居全国的高校、科研单位的学科带头人，教学、科研、领导工作、学术兼职集于一身。校勘注释工作只能挤业余时间进行，拖期交稿已是常态。这就和配合不久将举行的纪念茅盾活动的出版计划产生矛盾。他们校注工作中常常遇到各种在当地无法解决的矛盾与问题，大都来函请韦韬帮助排除。我手头保存了多封这期间韦韬的来信，可从中窥见他承担这些工作麻烦的具体情形。如1989年3月12日他在给我的信中谈到某公拖期日久，催稿信未获回音的苦闷时说：“你们都很忙，但这催稿任务是我自己揽下的。盼望大家配合。只要你们不生病躺下，还是希望把全集工作往前排一排。”急切与无奈的心情溢于言表。但他揽下的任务不仅仅是催稿，而是编辑室曾多人共担的全部工作。

首先是协调散在各地的编辑室成员、校勘注释者、审定稿者和责任编辑之间的多角合作关系。这工作从第11卷起就由他承担了。我手头保留了一份从第 18 卷到 33 卷的“校、定稿任务表”，仅这 16 卷就有校注者 12 位，审定稿者 8 位。那时大家都没有手机，家中装电话者也寥寥无几，联系的主要方式是写信。韦韬不知写了多少信，打了多少电话！ 1989 年 1 月 12 日他来信告诉我：经他和出版社领导协商确定了集中与分散相结合的原则：“校注要求及进度表已由张小鼎（接替王仰晨任全集的责编）寄去。经商定，定稿人来京，路费由出版社报销。住在出版社（仍留有一间房）。但定稿人是否来京，由责编根据定稿的质量决定。问题不多就通过书信解决。”

随着工作细化，各卷的目录多有调整。韦韬在信中提醒我说：“1985 年拟定了调整补充目录后，因有的注释者未注意，交来的稿件并未调整。因此我又一卷一卷地重新把调整后的目录寄给校注者。只是你负责审定稿的第 26 卷和你分工校勘注释的第 27 卷因为靠后，尚未把目录给你寄去。这次给你寄去，实在已经晚了两年了。给你的目录是我的原件。所以上面涂改甚多。”

韦韬还负责解决校注者、审定稿者提出的许多繁杂问题。1986 年 5 月他以《茅盾全集》编辑室名义发出公函说：“凡有如下三种情况，请即速函告编辑室：一、缺漏篇目；二、仅有抄件，缺原刊（当地又无法寻觅）者；三、原刊复印件字迹不清而又无法就地复核者。凡有上述三种情况，编辑室将根据来函所开列的篇目尽可能补寄材料。”当时编辑室已唱“空城计”，所以揽下的上述工作实际都是韦韬一个人负责。校注者与审定稿者都是从茅盾研究队伍中挑选的精英，他们解决不了的问题，其难度可想而知。散居各地的校注者、审定稿者近20人；即便每人提一个问题，就是十几个问题，实际上每人所提问题绝不止一个。就以我负责校注的第27卷为例，所提请他解决的问题共23个。他先后回了我5封信，一一做出明确的答复。

这些问题中，包括随着政治形势发展必须对文章内容做相应的删改。1989年1月12日他来信说："《在人民文学编辑部召开的在京文学工作者座谈会上的讲话》一文注明'要删改'，是因为文中涉及刘少奇，当时少奇尚未平反。根据删改的原则：凡给某人扣上政治帽子的文字，皆删改。记得我交给你好几篇文章（铅印的）上面都有我用铅笔勾画的记号，这些勾画皆与上述原则有关。供你注释时参考的。"3月12日又来信列出了6篇文章中13处应删改文字的具体页码和行数后，信中又说："关于全集内容是否删节的问题，现在与过去的观点可能有变化，这可以作为问题来讨论。但全集已出了一半，再来作原则性变更，我以为不妥。这些问题将来出集外集时再来研究。"可见韦韬的眼光已经放得很长远。

韦韬所说的"集外集"，就是后来由他独力搜集、编辑、校勘、注释后出版的《茅盾全集·补遗》（上、下）。40卷的《茅盾全集》（外加附集）是2001年出齐的。《补遗》是2006年出版的。所收的文章是全集全部发排后韦韬独力搜集和从茅盾未发表的手稿中发掘整理出来的。所收文章的时间跨度从1925年到

1981年的1月23日，几乎和全集齐平。计收创作大纲、笔记、未完稿6篇（其中《子夜》大纲又包含记事珠、提要、分章大纲残稿等三种），诗词21首，文论51篇，散文38篇，史论2篇，书信37函，古诗文注解14篇，总共169篇（首）。其中最珍贵的，一种是创作大纲、笔记与未完稿，从中可以窥见茅盾的形象思维过程与隐秘的创作心态；另一种是少见的史论（含《中国通史》讲授大纲和《西洋史》讲授大纲），这是茅盾在新疆授课时的讲稿，不仅展示了茅盾独特的历史观，还展示出他作为教育家的风貌。以上文章几十年后才面世，其价值甚至超出了全集中的许多文章。

韦韬生前还做了一件大事：重新编辑了《茅盾全集》。他把两卷“补遗”打散，按文体与时序分别插入各卷，根据涨出来的篇幅相应地作了调整，由40卷调整为42卷。他一集一集细致地校订了一遍，纠正了已经发现的错讹。在钟桂松同志的帮助下，将由安徽黄山出版社出版。遗憾的是将来这套新版全集面世，韦韬同志不能先睹为快了！

韦韬还促成《尘封的记忆——茅盾友朋手札》的出版。1996年12月上海图书馆新馆开馆，韦韬捐赠了20多件茅盾的手稿。次年又把茅盾珍藏的900多封友朋书信全部捐给该馆的“中国文化名人手稿馆”。这批书信涉及170多位文化名人，时间跨度为1937年1月到1981年3月，将近半个世纪。该馆从中选出40多位文化名人和茅盾的来往书信作对应的编排，2004年1月由文汇出版社出版。

韦韬在该书“前言”中写道：“书信和日记，还有私人间的谈话，向来被视为‘隐私’，是不供发表的，至少当事人在书写记述时并未想到要公开发表。因此……往往能展现更真实的人性——写信人的思想、情感、观点、人格、爱好等，也能揭示出某些事件中鲜为人知的情节和过程。这本书信集就为我们提供了作家们彼此敞开胸怀，交流心声的一个样板：其中有学术思想的商榷，有艺术技巧的探讨，也有对文坛现状的忧虑；有谈天说地，有倾吐与求教，也有在逆境中的相互关怀。……至于作家们在工作中学术上的彼此讨教，生活上的问寒问暖，在书信集中比比皆是。”

这段话不仅总结了这本书信集，其实也总结了韦韬把茅盾留下的全部书信和日记收入全集，把全部手稿捐赠给中国现代文学馆等单位的义举对扩展茅盾研究以至现当代文学研究格局的意义之所在。

韦韬还编了两种茅盾手稿集，一种照片集：《茅盾》画传（和陈小曼合编）。陈小曼也编了一本有详细文字介绍的照片集《茅盾》（2011 年 11 月河北教育出版社出版）。1996 年为了纪念茅盾诞一百周年，中国青年出版社（其前身是和茅盾关系密切的开明书店）出版了一部装帧古色古香硬封套的《子夜》手迹（钢笔体）。因为百周年是 1996 年，所以手迹仅印了 1996 部，编号发行，供典藏用。书中有叶浅予画的多幅插图。手稿由韦韬同志提供。此后，韦韬又编辑出版了规模更大的线装本《茅盾手迹》（2001 年 9 月浙江华宝斋书社出版），整套书分上下两函。上函共 3 册，收《子夜》手迹（钢笔体）。下函共 5 册，是综合篇，收创作札记、诗词、题字、书信、古诗文注释、《红楼梦》杂抄和日记等不同时期的墨宝（毛笔体）。此书全面展示了书法家茅盾的风貌，更留下了作品修改的原始状态，揭橥了茅盾形象思维的脉络与过程，具很高的学术研究价值。

韦韬、陈小曼编的《茅盾》画传（1996 年 6 月文化艺术出版社出版）是献给茅盾诞生一百周年纪念活动的一份厚礼。他们在“编后记”中指出：这部画传旨在“通过画面和简单的文字，呈现茅盾的生平、经历、品德、事迹、成就和他的献身精神。”画传收入茅盾及其亲属、友人、合作者、外宾等的照片，茅公的手迹、书影（特别是初版本封面和初刊文本）、插图、题字题词、任命书、居住环境、出席的会议的照片和有关实物的照片，约五百四五十幅，时间跨度从 1896 年至 1981 年，新中国成立前和新中国成立后各占约一半。这部画传体现了茅盾的全文、全人与所生活的时代环境，展现出活生生的茅盾，也为学者写茅盾传记提供了生动素材。后来韦韬把全部照片底片捐献出去。许多茅盾研究的专著中所采用的茅盾照片，往往翻拍此画传中的有关部分，其作用大大超越了原宗旨。

韦韬是茅公的独子，遗产的唯一继承人。他在茅盾临终前支持父亲把 25 万元稿酬（在 1981 年，这是个巨大数目）捐出作为茅盾文学奖的基金。茅盾逝世后，韦韬立即从北京茅盾故居迁出，建立茅盾故居。除为编《茅盾全集》所需的报刊资料等外，全部藏书、家具及茅公生前一切用物都保存原貌留在故居，供人瞻仰，供学者研究。其中最有价值的书刊之一是茅公生前阅读时写下许多眉批、总批的作品。我写《茅盾评传》时就引用了他在玛拉沁夫、敖德斯尔等作家的小说集里所写的批语，以作为茅公扶植少数民族作家与青年作家的实证。中国现代文学馆还据此出版了多种茅盾眉批本的作品集。其学术价值之一，就在于体现出文学批评家茅盾如何继承与发展中国古典文学批评评点派的优良传统。

韦韬还把拥有产权的浙江桐乡乌镇的茅盾故居捐献出来。这里完整地保存着茅盾出生时的房间与祖宅的原貌，和茅盾用《子夜》的稿酬为母亲扩建的住宅，还有他在此写作的房间，以及室内的家具用器，院内栽植的花木。在中国现代文学馆布置的茅盾书房，一切陈设都是韦韬捐献的。这一切都用无声的形象语言，描述着茅盾的儿时、童年和青壮年时那花样的年华。

关于茅盾及其作品的多部影视作品，都离不开韦韬的支持。例如祝希娟任主任的深圳电视艺术中心拍摄的8集电视艺术片《茅盾生平》，其策划工作与资料准备中都有韦韬的心血。茅盾作品的改编，如《子夜》《霜叶红似二月花》等电视剧的拍摄，都得到韦韬的具体帮助与支持。

开拓茅盾研究新格局，依靠的是茅盾研究学者。把分散的学术力量组织起来，形成集体合力，成了时代的要求；创建茅盾研究会就是决定性因素。韦韬的重大贡献之一就是参与发起创建中国茅盾研究会。中国茅盾研究会是极少数经中共中央直接批准的国家级学术团体之一。其实在韦韬参与起草中国作家协会给中共中央的报告之前，韦韬就在凝聚着国内外的茅盾研究者，客观上就是为创建茅盾研究会打下组织基础。创办此学会的关键人物有三位，除罗荪、叶子铭外就是韦韬。罗荪熟悉并联络的主要是老一辈茅盾研究者。叶子铭熟悉并联络的主要是中青年一代茅盾研究者。而韦韬既熟悉并联络着老一辈，也熟悉并联络着中青年一代。特别是中青年一代茅盾研究者的成长，许多人都离不开韦韬的帮助。以上三位发挥着创建中国茅盾研究会的巨大凝聚力。

我是经王瑶先生推荐参与发起、筹备学会工作的。1981 年 10 月在北京召开的鲁迅诞辰百周年纪念学术讨论会期间，成立了包括老一辈作家罗荪、沙汀、黄源、林焕平和中年一代茅盾研究者叶子铭、邵伯周、孙中田、庄钟庆、丁尔纲、查国华、李岫在内的筹备小组。韦韬不肯列名，但他是实际的最重要的小组成员之一。在学会成立选举理事会理事时，韦韬众望所归。但他仍坚辞说:“我是会员，同样能做工作。”他担任学会顾问，也是后来的事。通常顾问是挂名而不做实际工作的。但韦韬既“顾”又“问”又“理事”。从 1983 年学会成立到 2013 年韦韬逝世，30 年如一日，韦韬为学会做了许许多多的实事。

因为我从学会成立到纪念茅盾百周年期间，一直担任学会分管学术工作的副秘书长而又身处外地，韦韬经常给我写信研究学会工作。1991 年 4 月 24 日他在信中说："学会的工作无非两件大事：一是组织学术讨论会；一是出《茅盾研究》丛刊。" 30 年来韦韬也一直围绕这两个中心做了许多贡献。

学会工作首要的物资保障是经费。社联每年拨给的经费少得可怜，仅够发公函等常务开支。办刊办会都得另筹经费，韦韬是最大的资助者。茅公生前的稿酬已经捐给作协作为茅盾文学奖的基金了。茅盾逝世后的稿酬，特别是《茅盾全集》的全部稿酬，韦韬都捐给了学会。后来他又把茅公珍藏的字画等捐出，变卖所得 60 万元成立了茅盾研究基金。（遗憾的是学会有关管理基金的成员投资不慎，韦韬的心血全部打了水漂！）韦韬还从国外为学会开拓经费来源。1989 年 4 月 9 日他给我写信说："是永骏（丁按：日本学者）在厦门会议时提出出版茅盾手迹在国外销售，以便学会从差价中得到好处以补经济困难。回国后他在中国文艺研究会理事会上提出资助中国出版茅盾手迹作为该会 20 周年纪念的一项内容，得到通过。日方资助日元，我方赠送书籍供他们在国外销售，基本上能收回资助费。而我方除白得几百套书外，尚能为学会挣得一笔基金（约 10 万元）。这次我们研究了，决定由日方中国文艺研究会和中方茅盾研究会合编。并正与几个出版社商谈，以便得到最大优惠条件。王中忱去日本访问时将代表学会落实这件事。" 此事仅是韦韬操心学会会务的诸多事例之一。

在韦韬生前，共开了九届茅盾研究学术讨论会。首届讨论会与纪念茅盾诞辰百周年大会的经费由中国作协和全国政协资助，就有韦韬出面交涉争取的因素。为此他还和茅公工作过的商务印书馆办了多次交涉。杭州、厦门、南京这三次，由茅盾研究者所在高校承办并补助部分经费，韦韬也有争取与协调之功。而在桐乡所开的多次学术讨论会与纪念活动，其经费都是韦韬亲自回故乡“跑”下来的。九次会议韦韬都始终与会，不仅参与筹划，而且接待代表，为学者们答疑释惑提供资料。韦韬还深谋远虑，促成了学会理事会年轻化。在第六届以前理事会曾有决议：理事年龄以 70 岁为限。第五届选举时，年届七旬的学会元老邵伯周、孙中田、查国华诸先生就率先引退。第六届有的理事提议缓行而作罢，其实是不应该的。第七届改选前韦韬提议执行七旬退出的决议。学会接受后才导致而今充满活力的新一届学会领导班子开辟了新生面。这证明了韦韬的眼光是长远的。而这次退下的老理事们以其高风亮节起了垂范作用。

在国家级诸多中国现、当代文学研究会中，茅盾研究会是最活跃、最持久、最稳健，也是最硕果累累的学会之一，除全体会员的努力，与韦韬的鼎力支持是分不开的。

对学术讨论会的论文结集和《茅盾研究》丛刊的出版，韦韬也全力帮助。首届学术讨论会的论文结集《茅盾研究论文集》（上、下） 1983 年 11 月由湖南人民出版社及时出版，是韦韬和该社领导与责编黄仁沛多次联系促成。《茅盾研究》丛刊 1–7 期，第 9、10 期，都由文化艺术出版社出版，也是韦韬争取的结果。

他紧紧抓住热心茅盾研究事业的周明（俗称“大”周明，以区别于现代文学馆的“小”周明）同志，他和责编杨爱伦也保持着紧密的联系，保证了丛刊出版的连续性。

注意节约出版经费是他一以贯之的。1989 年 1 月 12 日他给我来信说：“厦门会议论文集尚未最后落实。有两个方案：①由厦大出版社出版，老庄（丁按：指庄钟庆）他们编。但厦大出版社条件较苛：学会贴 3000 元，稿费由学会发，作者每人给 100 本，自己推销。②作为《茅盾研究》专号（第 5 期）由北京编，文化艺术出版社出，这一方案较省钱、省事。”最后他协调促成了后一方案。

从《茅盾研究》创刊号起，几乎每期他都提供一些未发表的茅盾手稿作为头题，形成丛刊的特点之一。创刊号提供了文学界、学术界最关注的“《子夜》大纲之一部分”和“茅盾书简”（8 封）。第 3 期提供了“茅盾书简”（10 封）。第 4 期他把“《锻炼》：总纲及第二部以后笔记”的手稿交给我整理加注并抄清后在丛刊发表，同时又有“茅盾书简”（8 封）。第 5 期他提供了茅公没发表的“夜读抄”。第 6 期提供了“茅盾书简”（27 封）。第 7 期他又把茅盾的创作笔记《桂渝札记》（1942.3—1943.3）手稿交给我整理注释抄清后在丛刊发表。同期又有“茅盾书简”（3 封）。

学会和丛刊硕果累累，是会员努力的结果。但许多会员研究成果中包括了韦韬的种种帮助。现任学会副会长、著名茅盾研究专家钟桂松在其刚出版的《茅盾评传》后记中说：“在写作过程中，我依然要感谢茅盾的儿子韦韬同志，每当写到某些节点，发现史实与资料不一致时，常常会去电话或写信向他求教。几十年来韦韬同志一直耐心真诚地给予指点和无私的帮助。这次写《茅盾评传》，依然如此。”韦韬还把精心保存的他姐姐沈霞的日记，先后分两批交给钟桂松整理出版。他亲自把打字稿和原日记比照校对，正误补缺，还写了《怀念姐姐沈霞》一文附在书后。钟桂松在《整理说明》中说：韦韬为此书出版“花费了大量心血”并表示“衷心感谢”。

我也是得到韦韬许多帮助的一个。例如我写《茅盾评传》时，《茅盾全集》仅出版了一部分，包括日记、书信等许多第一手资料都未面世。韦韬和陈小曼的《我的父亲茅盾》《父亲茅盾的晚年》也未出版。搜集第一手资料是一大难题。韦韬帮助我很多很多。这里只能举例陈述。如他把还没交给校注者的茅盾日记原稿全部借给我拜读摘录。我专程来京住在招待所，分批到他那儿借阅。茅公 1953 年到 1958 年的日记是用钢笔写在普通的工作日志小本子上。1960 年以后，是写在供高干“内部参阅”、单面印刷的德文电讯稿的背面，由韦韬装订成本子，用毛笔书写。两类日记七大八小共六七十册，不论钢笔毛笔，字迹都娟秀挺拔，清晰工整。我从韦韬手中一批一批接过这些墨宝，对茅公充满敬意，对韦韬充满感激。又如我应长江文艺出版社约稿写《茅盾的读书生涯》（这是文化名人读书生涯丛书之一种。后因篇幅过大，学术性过强，与普及读物不合，出版社从丛书中抽出单独出版，更名为《茅盾翰墨人生八十秋》）时，韦韬提供了很多资料。1999 年 8 月 5 日他寄来茅公未发表的多篇文章并附信说：“我选了 4 篇与读书关系密切些的文章复印寄上。另有 1960 年儿童文学的‘读书’笔记因字数太多（25000 字）就不复印了。好在关于 60 年儿童文学茅公已有一篇文章。”此外韦韬还帮助我订正补充了此书所附的《茅盾主要阅读书目》，保证了材料的准确性。

韦韬还给许多学者所写的茅盾研究文章提出指导意见。仍以我为例。鉴于当时秦德君用回忆录、答问等形式在海内外发表了多篇挟嫌报复、政治诬陷、给茅公身上泼污水的文章，个别茅盾研究者当作“新发现”著文推波助澜，掀起一个否定茅盾的波浪。由于当时人们的思想不如今天开放，对当年的特殊历史条件又缺乏了解，一时议论纷纷，影响很坏。我出于不平，写了一篇题为《泼向逝者的污泥应该清洗——澄清秦德君关于茅公的不实之词》的长文，寄给韦韬征求意见，并托他转给北京的刊物。1988 年 7 月 3 日韦韬来信说：“大作的观点我基本同意。唯写法上论争的姿态重了些。文章开头提出三个问题，而实际上只批驳了第二个问题。第三个问题又未回答其中的关键——对茅公的污蔑和对自己的美化。这样论争的架势就有点空。其实秦文本不值得正面论争。她也不是个学者。如果换个写法（角度）：正面论述自己的观点，顺便带出秦文并加以批驳，这虽不‘全面’，但针对性强，效果也许更好。第三个问题也就不必顾忌是否回答了秦文的污蔑。这样，就颠倒了一下因果关系：你是在探讨学术中批驳了秦文的谬误，而不是为了批驳秦文而来进行学术探讨。这一种角度也许刊物的编者更欢迎些。”“我已将一份寄给吴福辉。《文艺理论与批评》暂不寄。等《现代文学研究丛刊》有了回答再做定夺。”“唯大作所论问题专门了些，两刊能不能用尚难说。”果然不出韦韬所料，此文未能如愿刊出。后来我按韦韬的指点改写了一遍发表在《茅盾研究》丛刊上。这个问题在《茅盾评传》和《茅盾 孔德沚》两书中我充分展开了书写，也是接受了韦韬转换角度与写法的意见。文章与书出版后获得了正面的评价，桐乡茅盾故居负责人还据以回答参观者的提问。我虽然从 1955 年起开始研究茅盾，但立足点仍不及韦韬高。作为家属他仍能保持冷静态度以纠正我的情绪化偏颇，实在让我钦佩！

韦韬同志大约从 50 岁起开始直接介入茅盾的回忆录写作、茅盾著作出版和茅盾研究会的创建与发展，到 90 高龄逝世时止凡 40 年。其前期帮助开拓了茅盾研究的新格局，起的主要是打“前锋”的作用。后期帮助开拓了茅盾研究新领域，鼎力支持《茅盾全集》的出版、茅盾研究会的学术讨论与茅盾研究者的学术工作，起的主要是坚强后盾的作用。这两个方面又前后交叉，水乳交融。在人生中，做一件好事并不难，难的是毕生致力于这事业，日日夜夜，宵旰辛劳，鞠躬尽瘁，死而后已。而韦韬就是这样 40 年如一日，兢兢业业，持之以恒的！

五四前驱者和大师级文学家的亲属或后代中，固然不乏承继前人、发扬光大者，做得杰出且持之以恒者为数寥寥。而如此突出的佼佼者，除了丁玲的丈夫陈明同志之外，还没有谁堪与韦韬媲美。韦韬同志的特点一是毫无私心，不图名利，旨在奉献，全是为继承发扬中国现当代文学及其代表人物的优良传统，使之代代相传；二是为相应的研究事业的健康发展倾尽全力，费尽心血，做出了重大贡献。这种精神与其父一脉相承，是我们应该学习、继承和发扬光大的。

在茅盾研究的史册里，应该浓墨重彩，描绘韦韬同志留下的一个一个扎扎实实的足迹！

怀念韦韬先生

钟桂松

韦韬先生去世的噩耗传来，让我惊愕的同时感到十分难过！

我知道，韦韬先生今年虽然已经90岁，但是身体一直很好，说起话来，声音中气很足。但是，2013年5月27日我给他打电话时，发现他的声音从来没有这样无力和虚弱，他告诉我，住了一段时间的医院，现在想回家里休息，让单位的医生来治疗，我们还说了几句有关新版《茅盾全集》的事。没有想到过几天他又住院了，7月14日就走了，永远地离开了我们。了解、熟悉韦韬先生的朋友得知噩耗后都十分痛惜！

韦韬先生是一代文学巨匠茅盾先生唯一的儿子。1923年2月出生在上海一个革命家庭，其父亲茅盾和叔父沈泽民都是中国共产党早期的革命活动家，20世纪40年代韦韬先生随父母从新疆投奔延安参加革命，并加入中国共产党。1981年茅盾先生去世后，韦韬先生就提前离休，专心致志整理茅盾手稿、遗物，推动茅盾研究，和他有过交往的人都知道，韦韬先生为人十分低调，而境界非常高。他虽然出生在革命家庭，自己又是20世纪40年代就参加革命的老同志，但是，七八十岁的他在北京出门开会或者去图书馆查资料，都是骑着自行车来来回回，我曾经劝他让单位派个车，他说，这样方便，不要去麻烦人家。我知道他的想法，认为这是他自己的事，公私分明，不愿意用公家的车。北京交道口的茅盾生前住过的房子，被国家列为茅盾故居之后，韦韬先生就立刻搬出，住进了公寓房。后来的事实证明，韦韬先生在茅盾逝世以后所做的事，哪里是私事，完全是为了中国文学的发展，为了保护和传承现代文学的宝贵财富。

韦韬先生的晚年，淡泊名利为现代文学的发展作出了无私的奉献，他用几十年的时间整理他父亲茅盾的大量手稿日记、书稿、书信和遗物，并且陆陆续续无偿捐赠给现代文学馆、茅盾故乡以及茅盾曾经工作战斗过的上海。这些在世俗看起来价值不可估量的珍贵文物，韦韬先生都是义无反顾地无私无偿捐献。他的这种高风亮节的境界，为熟悉、了解他的人所感动。前年春天，他专门到南方来走一下，回到他老家浙江桐乡看看，看看他亲手整理捐献在那里的珍贵的茅盾手稿书信等，对故乡的保管表示放心和满意。记得他当时告诉我："家里父亲茅盾的手稿书信照片等珍贵文物，现在已经都捐献了，而且大家都保管得很好，放心了，去见马克思就没有什么牵挂了。"他说这话时仿佛很轻松。其实我们知道，作为名人之后，作为一位在延安时期参加革命的老干部，他一开始就坚定不移，把名利看得很轻很淡。在他离休的几十年里，他还不遗余力地收集、整理、出版茅盾的作品，推动茅盾研究的发展。他完成了他父亲茅盾的回忆录的整理，因为韦韬先生是在茅盾身边时间最长，最熟悉情况的一个亲人，粉碎“四人帮”后，茅盾曾经亲自给罗瑞卿、周而复写信，请中央军委和统战部同意借自己的儿子韦韬到自己身边当写回忆录的助手。因为当时陈云同志代表中央请茅盾写回忆录，认为我们党早期的许多事情，茅盾是了解比较多的一个人。而茅盾认为韦韬是最了解他经历的人，所以选自己的儿子做助手，以便及时完成中央的任务。茅盾逝世时，回忆录已经写了大半，并且留下了不少素材。于是韦韬先生根据父亲留下的材料，整理出一部完整的茅盾回忆录《我走过的道路》上中下三部，为中共党史和中国现代文学史留下了宝贵财富。他还和陈小曼一起写出了《我的父亲茅盾》和《父亲茅盾的晚年》两部珍贵的回忆录，讲述了许多外人鲜为人知的茅盾家里的故事，为现代文学研究提供了珍贵的第一手材料。同时韦韬先生还亲力亲为，编辑出版了不少茅盾的作品，如十卷本的《茅盾译文全集》等。20世纪八九十年代的四十卷《茅盾全集》出版后，又陆续发现一些茅盾的佚文、佚稿，八十多岁的韦韬先生一个人重新整理《茅盾全集》，交出版社出版新版的茅盾全集。2011年他来浙江，其中一个事情是委托我帮助他为新版茅盾全集的修改把关。他对我的信任，让我感动。两年多过去了，四十二卷的新版《茅盾全集》也快出版了，但是韦韬先生却离我们而去，成为我们心中永远的遗憾！

三十多年来，韦韬先生每次回到故乡，我总要去见他，听他讲述有关茅盾的往事，向他请教有关茅盾研究中碰到的问题。他每次回来，从不讲究待遇和条件，20 世纪 80 年代，桐乡县城到乌镇还没有通汽车，要坐两个小时的小火轮，他也和我们挤在一起，奔波在县城和乌镇之间运河里。当时我在县里工作，对乌镇茅盾故居的保护，韦韬先生不仅提供了很好的建议，而且还捐献大量茅盾生前用过的生活器物、书籍、照片等。当时他捐献的这些珍贵的文物，为今天乌镇每天成千上万人参观茅盾故居提供了丰富的内容。进入 21 世纪，耄耋之年的韦韬先生也多次回故乡，看到故乡的发展、变化，他又把茅盾日记等珍贵手稿、茅盾的许多珍贵照片等捐献给桐乡，让故乡永久保存。他说，看到家乡的变化，他觉得非常欣慰和高兴。是啊，韦韬先生对故乡的关心，我自己是有切身感受的，几十年来，他看过我的大部分茅盾研究书稿，给我写过一百多封信，给我介绍茅盾的有关史实。并告诉我，做学问，研究茅盾一定要实事求是，一定要把研究对象茅盾放在当时的时代里去研究，历史不是后人想象那么简单，再伟大的作家在当时历史的情景里，认识上可能既有不同于一般人的先进性也有他的局限性。韦韬先生的这些教诲成为我学习研究茅盾的座右铭。所以，三十多年来，在我写的十多部茅盾研究著作里，也凝聚了韦韬先生的心血！韦韬先生，我永远感谢您！

2013 年 5 月 27 日我给他打过电话后，发现他的身体非常虚弱，就给茅盾故乡桐乡文化界的朋友打电话，告诉他们韦韬先生的情况。桐乡的朋友立刻给他打电话询问病情，他还说没事，并坚决不让桐乡的朋友去北京看望他，说：“你们工作都很忙，不要来了。”还关照他们，不要让更多的朋友知道他身体不好，免得让大家担心。从来不肯麻烦别人的韦韬先生连这个时候还想着别人！以致让我和许多朋友失去了再见他一面的机会。7 月 22 日在乌镇举行的简朴的韦韬先生追思会上，想起韦韬先生为现代文学和弘扬茅盾精神作出的巨大贡献，我们的崇敬和思念是永远的。韦韬先生，一路走好！

回忆我与韦老相识的那些时光

王　佶

2013 年 7 月中旬，茅盾儿子韦韬先生因病悄然离世，消息传来令人心情沉痛。在这炎炎的夏日，增添了一份无尽的哀思。回顾与老人相识的那段日子，心中总有许许多多的回忆和怀念。

家乡情深

与韦老相识缘于 2007 年“茅盾档案”无偿捐赠。此后每年，市档案馆或是上门走访，或是邀请韦老来家乡参加活动，双方联系不断，渐渐地与韦老建立了良好的关系，而这种关系除了是工作上的联系外，更多的是一份浓浓的情谊。在与韦老多年的交往中，让我始终感受到韦老对家乡的深深眷恋。

当初“茅盾档案”回归家乡，很多人不理解，为什么许多国家级大馆威望高、馆库条件好，韦老却不为所动？ 2010 年，韦老在接受媒体采访时是这样讲述的：“其实茅公档案捐赠给现代文学馆和上海图书馆都是应该的，文学馆是全国作家的档案库，而上海是茅公进行文学创作的主要活动地。我也正准备把档案分为两份，交予两家保存。后来，家乡档案馆找到我，让我改变了主意。我是这样考虑，全国作家的档案都集中在文学馆，但针对每一个具体作家而言，文学馆可能不会有过多精力深度挖掘。在文学馆，茅公的档案是‘之一’，而在家乡档案馆，这些档案却是‘唯一’。家乡热爱茅盾、研究茅盾的氛围很浓，连小学生都对茅公有很好的理解。茅公祖居在这里，骨灰也安葬于此，在这样的社会风气下，桐乡无疑是研究茅公、关心茅公、保存茅公档案和文物的最好地方。再说，桐乡市档案馆也很不简单，他们的执着感动了我。这些东西交给他们，不但有很好的保存条件，还能整理出版。捐赠时间不长，《茅盾珍档手迹之留苏日记》就已经出版发行。家乡档案馆会不断弄出新花样，让档案发挥更好的作用。我相信，档案回家也是父亲最想看到的结果。我终于可以为自己 26 年整理父亲档案资料的工作画上圆满的句号了。”

是啊，正是韦老对家乡的深情，才使他坚定了茅盾档案回家的想法。如果说茅盾先生的骨灰安葬故乡是落叶归根，魂归故里，那茅盾档案的回归更像是茅公的精神与思想回到故乡，而这就是韦老留给家乡最最珍贵的精神财富啊！

乌镇的故居，是韦老每次回乡必定要来的地方，因为那里有老人根植于心灵深处挥之不去的乡愁。2011 年 3 月，是韦老最后一次回乡参加活动。活动结束后，他就要我们陪着回乌镇看看。尽管故居已经来过多次，但他依然是看得那样认真、仔细，或驻足凝望，或低头沉思，看到激动处就用手拍拍脑袋，捋捋满头银发，“唉！老了，有些都记不住了。对了，对了，这是我娘娘的房间，小时随父母回乡我就住过这间的。这是我父亲发明的书橱，即可以做屏风又可以当书柜……”，韦老深情地回忆着。是啊，这里的一砖一瓦，一草一木，对于老人是那样的亲切，那样的熟悉。也许，这就是源于对“家”最真实的感受和牵挂吧！

平凡名人

名人总是让人感觉光环耀眼，需仰视。而在与韦老多年的交往中，感觉他就像是你我身边普普通通的一位长辈，和蔼可亲。韦老一直说他不是名人。韦老原名沈霜。1940 年到时延安后，他觉得“沈霜”这个姓名很容易让人想到他是沈雁冰的儿子，他不愿以此招摇，后来茅盾先生将他改名“沈孟韦”，他觉得“韦”有韧性的意思，而“韬”有锋芒不外露的意思，因此就自作主张改叫“韦韬”了。他说他这辈子的经历很简单，一生最大的事就是为父亲整理了一些资料，做了三件事：建立茅盾故居，出版《茅盾全集》，成立茅盾研究学会。“从某种意义上说我就是替父亲复述的一个人。”

每次与韦老聊天，他流露最多的是一个儿子对父亲的敬爱与孝道。韦老最后一次回乡到父亲墓前祭扫时，对父亲茅盾先生的一番深情话语至今让我记忆犹新。韦老缓步走到墓碑铜像前，整整衣服，恭恭敬敬地把花篮放在墓碑前，两眼凝视着父亲的铜像，深情地述说：“爸爸、妈妈，阿霜来看你们了，你们在地下还好吧，我想也应该很好的，这里环境很好，许多人都会来看你们。可是儿子来得就少了，有三四年没来看你们了。你们在地下是不是和姐姐在一起啊？姐姐的骨灰就没有找到，被胡宗南到延安时弄掉了，再没找着。不过我相信姐姐的灵魂一定和你们在一起的，我想你们一家子三口一定很高兴，有时候还可以到旁边看看娘娘。儿子现在也老了，八十八了。也许不久的将来，儿子也到你们那里去了。再一起把姐姐也拉着，然后我们去看娘娘，恢复我们三十年代，这样一个小的家庭生活，好不好啊？儿子今天来就给你们送了个花篮。这个花篮是菊花的，我相信这个香味呢，你们会带到地下去，给姐姐也闻一闻。阿霜到这儿来祭拜你们了，给你们送上这个花篮，向你们三鞠躬吧。”听到韦老这些发之心底的肺腑之言，不禁让我们这些旁人也潸然泪下。

韦老也有着固执的脾气与性格，在他看来只要自己能做的事，就绝不麻烦别人。2011 年，为了准备这次故乡之行，88 岁高龄的韦老在 3 月初特意做了双眼白内障剥离手术，并一再坚持要独自回家乡。我们在他临行的前一晚，定下了与他同一航班的机票，然后再通知他。结果老人动了真性情，“不是说好不要来接的吗？你们真的来，我可就不来了”。最终还是老人获得了胜利。事后每每说起此事，韦老都会笑呵呵地说道“我身体不是还很好嘛，你们要理解和尊重老人的坚持和固执”，言语之间流露着孩子般的喜悦。2013 年 4 月，我接到韦老家保姆大刘电话，大致意思是刚刚接到老家电话，但没听清楚是谁，说是要来看望韦老。结果韦老知道后，非要大刘打电话，让他们不要来，打个电话问候下就行了。大刘没办法，只好让我找找看是谁打来的，让他们别来了。

有时韦老也会像个孩子。一次韦老回乡参加完活动后，很是神秘地微笑着对我说：“小王，明天乌镇回来后你要陪我办个事儿，你不能告诉你们潘局长，就我们两人知道。”我嘀咕着说：“韦老，什么事呀？要不您先告诉我吧。”“不行不行，明天再说。今天要说了你肯定‘告密’，就破坏我原来的计划了。”韦老笑道。“韦老，您相信我，我肯定不会说出去的。”我认真地向韦老保证。

韦老想了想说：“好吧，就告诉你，不过你一定不要说出去。我都计划好了，明天我们从乌镇回来，下午你就陪我到这里的商店买那个家乡产的榨菜片，要小包装的，买好后你还要陪我到邮局寄回北京去。”

“韦老，就这小事啊，我帮您买好寄去不就行了。”

“我就知道你会这么说，不行不行，我一定要自己买。这事我在家里就想好的，不能老麻烦你们，我要自己去买。”韦老坚持着说道。

我无奈只好暂时答应。第二天从乌镇回桐乡已是下午一点多，我对韦老说：“韦老您也累了，要不回酒店睡个午觉，休息一下吧？”

“不了，我不累。你忘了我们还要去买榨菜呢。”

“韦老，这事就让我来给您办吧。这里离超市有点距离，邮局那就更远了，我们这里是小地方，邮局不多的。”我再次努力劝说着，其实超市与邮局就在酒店附近。

“不行不行，说好的，你陪我去买，路远我们就叫个车吧。”

看着包裹被送进邮局，韦老满意地微笑着，如释重负，似乎完成了一项大任务。“好了，现在我们回酒店，还有点时间，可以休息一下了。”

最后的访问

2013 年年初，我们再次到京，给韦老拜年。当听说我们是从老家坐高铁来的，老人来了极大的兴致，“高铁我知道，我在报纸上看到过！原来老家有高铁了，嘿，真厉害！现在回老家方便了，五六个小时就行了！”我说：“韦老，要不等今年春暖花开的时候，我来接您，咱们坐高铁回桐乡，回乌镇看看。您有两年没回老家了，很多人都想着您呢！”韦老想了想说道：“是啊，两年了，今年我就 90 了，身体不行了。不过等我把身体养好了，说不定还会回家一次的，到时大刘你也去，我们就坐高铁去！”“好！好！您上次就说要带我去看看的，结果没去成。”大刘高兴回答“谁叫你那时把腿摔坏了。”韦老笑着说。说话间我看到老人眼神中流露着对家乡的思念，“好，韦老，到时我来接你们！”而没想到这次约定却是一次永远无法实现的承诺了。

7 月 4 日下午，我突然接到信息，说韦老病重住院。我的心立刻紧张起来，心里寻思着，年前拜访时老人的身体不是还很硬朗。端午前还与他通过电话，听声音也是很好啊，怎么一下子说病就病，还这么严重。我立即与北京的朋友通电话，确认了消息。第二天就与单位同事一起赶到北京。下了火车，我们直奔 301 医院，还没走进病房，就听到一声声痛苦的呻吟，我的心揪了起来，走进病房，看到韦老平躺在病床，与年初时已是判若两人。老人脸色苍白，两眼紧闭，鼻中插着氧气，右手正在输液，口中不断地发出混沌而痛苦的呻吟。大刘说，韦老是上月 7 号住院的，刚开始还好，但这个星期开始全身浮肿，已不能进食，这三天来连说话都说不了了，每天 24 小时就不断喊着，现在就意识有时还清楚。我走近床边，俯下身对韦老说：“韦老，我是老家的小王啊，我来看您了。”大刘在边上也呼喊着：“是档案馆的小王，老家的，他们来看您了，能听到吗？”过了好一会儿，老人的眼皮抬了抬，似乎想努力睁开眼睛，接着右臂向上举到半空，很快又落下。“他听到了，他听到了。”我又说：“韦老，您好好养病，您一定会好起来的，我们还要坐高铁回老家，回乌镇，对吗？”老人嘴巴动了动，右臂再次举到半空，马上又落下。从医院出来，我心情沉重，耳边不时回响着老人那撕心裂肺般的痛苦呻吟，还有就是保姆重复最多的那句话：“他太难受了，受大罪啊！”

人生总是朝夕无常，半年前还是精神矍铄的老人，如今却只能在病床上痛苦挣扎。我知道，此时的韦老，就像那风中的摇曳残烛，即将燃烧到生命的尽头。如果真的有菩萨，请您大慈大悲，拂去老人身上的痛，让他能安详地走完这最后的路。

一星期后，不幸的消息传来，韦老于14日晚8时6分去世了。尽管心里已有了准备，但还是为没能出现的奇迹而遗憾。20日上午9时，韦老的遗体告别仪式在北京八宝山殡仪馆文德厅举行，我和另外一名同志代表档案局全体人员参加仪式，送韦老最后一程。

后记

每次走访韦老，我们都会进行有声音和图面的记录，细细数来已有了14次。如今打开这些记录，韦老那宏亮的声音，和蔼的笑容，总会萦绕耳边，浮现在面前。每次走访结束前，我都会与韦老合影留念，我想这些时间的定格并不只是一次活动的记录，更让我感受到一个老人无私、执着、豁达的精神世界。如果真的有天国，我想此时韦老一定已经找到了他所要的那种恬静生活。

韦老，一路走好！

2013 年 7 月

活着不给别人添麻烦

郭丽娜

由于工作关系，自2007年3月始一直到韦老去世，我与韦老常有联系。因为在此之前听到他的负面传闻远远多于正面，所以是带着明显的认知偏颇走近他的。但在接触的过程中，随着了解的加深，发现韦老远不是外界议论的那样。再到后来，即被他高尚的人格魅力所折服，与他成了忘年交。

在跟韦老的接触中，听到他说的最多的就是："这些都不要讲了，没有意思。我父亲在时就要求我们生活要朴素、做人要低调，活着不给别人添麻烦……"生活低调，不给别人添麻烦——这是他奉行一生的座右铭！老一辈共产党员高调的工作态度、低调的生活标准铸就了中国人的钢筋铁骨，而进入以经济建设为中心的21世纪，仍然还信奉这个，那就要付出代价。韦韬坦然接受代价，尽管这给他带来了痛苦和折磨。这份坚守展现了韦老的人格光辉，通过韦老的生活，人们看到了传承，看到了茅公思想的延续，为此也让晚辈钦佩不已。

因为他的低调，使许多关心他的人不了解他最后的情况，所以对他的突然去世感到惊讶。一向身体不错，声如洪钟的韦韬怎么住院了？怎么不跟大家打招呼？是他淡忘了朋友？为了让关心韦韬、尊敬韦韬的人不产生误会，我选了几封韦老病重期间我与他子女的电子邮件抄录在这里，以帮助大家了解他住院期间的情况：

韦韬有二女一子共三个孩子。大女儿沈迈衡和儿子沈韦宁于20世纪80年代先后定居美国，三女儿沈丹燕和丈夫周健在北京工作。2013年5月份沈迈衡（小名小钢）到故居来，从她口中我才得知韦韬患肝癌病已到晚期，但其本人并不知情，只是以为是胃肠消化不好（总腹泻）。为了不让大家为看望他而耽误工作，他告知保姆大刘（刘焕珍）不要把他生病的事情告知外人。受父亲影响，其女儿小钢在告知我实情的同时也附加一个条件——不要告诉任何人，以免父亲不高兴。5月底，小钢姐假期到回美国后我们开始了电邮。

第一份邮件

小钢姐：

您好！昨天跟刘大姐通了电话，她说你父亲病情还稳定（韦韬于6月7日住进解放军301医院），只是食欲不好，一天就喝几小勺米汤，她很着急。医生告诉她，病人想吃什么就给他吃什么，有什么想要见的人就尽早见，病人年纪在这摆着，病情变化无法估计。小钢姐，你父亲是一位极其不愿意麻烦人的人，他生活低调、自谦，您和韦宁又都在国外，所以，我就自作主张张罗一些事。您父亲住院外界几乎不知道，但乌镇茅盾故居是一定要通知他们来医院看望的。因为，日后有很多事情还要麻烦他们。您父亲在玩笑中透露过“我以后不进八宝山，回乌镇去找父亲”。当然这些话目前问还为时过早，但现在乌镇过来人了，我可以向他们透露这种想法，看他们有什么主张。你们也都想想有什么需要单位解决的，还有什么要移交的，早做准备以免日后留下遗憾。

下周乌镇来人，我让她们到了北京先与我联系，然后编个理由，以出差来京为由顺便去医院看望您父亲，免得他心里过意不去。

另外：您有韦宁的邮箱吗？麻烦您转告他，他发给我的文章地址我看过了。《国家人文历史》杂志 2013 年 11 期刊登了一篇本报记者李响写的《时过子夜灯犹亮》文章，对茅盾北京居所做了比较权威的追踪报道，文章具有史料价值，已收藏。

今天跟您说这些不是您父亲病情恶化，您千万别着急，只是提醒你们把事情做在前头不留下遗憾。我说过，为你们处理一些力所能及的事是我工作的一部分，也是我们的缘分，北京这边有什么新情况我会及时向你通报。

祝好！

郭丽娜

2013年6月15日

第二份邮件

小钢姐：

您好！今天早晨茅盾研究会常务理事山东社科院丁尔纲（80岁）老先生给我来电话询问你父亲情况，他多次往家里打电话没人接听，怀疑出了什么事情，所以给我来电话。我编了个故事告知他，近期韦韬先生确实身体不是特别好，住进了干休所卫生室观察（其实已经住进301医院），晚上家里没人，白天有时回去，但时间说不准，有什么事我可以转达。他说，他在2013年6月3（2）日文艺报上看到中国作家协会要出56个作家的56部影视作品，茅盾的作品是《青年三部曲》。他觉得《青年三部曲》肯定是从《蚀》三部曲改编而来。他认为，首先这名字就不对，茅公没有写过《青年三部曲》，改编不能动核心，名字都改了还是原著吗？他担心作品会以青年男女恋爱为主线而歪曲了作品原意，所以想提醒韦韬关注这个事。他强调，等剧本出来后要请专家严格把关，以免玷污了茅公。我顺便告知他，由于韦老年事已高，他把管理处理茅公版权事宜交给了丹燕。我拜托丁尔纲先生能主动与丹燕联系，因为丹燕毕竟出生晚，又不是学文学专业，对过去的事了解不多，有人经常与她沟通指点会帮助她尽快进入角色，这也算处理茅公事务后继有人。丁尔纲先生对韦韬的安排很满意，表示会常联系。

祝好！

郭丽娜

2013 年 6 月 20 日

第三份邮件

小钢姐：

昨天去医院看望了你父亲，他比上周要虚弱很多。从 25 号开始，他就不能下地上厕所了，一切都在床上。我到医院时他正在睡觉，大刘说昨天晚上由于不适应气垫床折腾到下半夜才入睡。我到后没惊动他，在一旁听大刘讲这几天的病情。一小时左右他醒了，看到我，他没有像往常一样赶我走，而是用低弱的声音说："小郭，你又来了。"我尽量装着若无其事的样子与他交谈。他很正式地告诉我："这次病很突然，也许要出不去了，也九十岁了，早晚都要走，有两个事情还是要跟你说，请你帮忙。第一个是帮我问问最近有没有出版社要出茅盾的书，有的话，我借这个机会把茅盾的著作版权一起转给丹燕管理，以后我就不管了，出院了也不管了；第二个就是茅盾故居的事，你退休了怎么办？你现在就要开始物色人选，告诉他们怎么做……”我说：“你不用担这个心，即使退休了我也会当一名故居的义工，不拿工资的顾问。”听到这里，你父亲长长地出了一口气说：“唉！这就好，这就好，这是我的心病，我这两天满脑子都在想这些事，这也是我为我父亲做的最后三件大事情，还有一件事就是重新出版《茅盾全集》。这事交给了钟桂松，他做事很细心，我很放心。”韦老又对我说：“你以后要多与韦宁联系，他会帮你，我这次病了才知道我的三个孩子都很优秀……”一说到孩子，他仿佛一下子精神好了很多，心情也变得开朗了，也有信心战胜病魔早日出院了。看到你父亲被病折磨的样子我心情很压抑，即使知道九十岁已经是上帝的宠儿了，但还是不免伤感。回想起与你父亲交往的这些年，他那洪钟般说话气度，很难想象会有今天。这些天我也在犹豫，要不要通知我周围你父亲的朋友，通知早了，你父亲不愿让外人看到他病弱的一面；不通知，日后又怕遭埋怨。

本来不应该告诉你这些，免得鞭长莫及跟着担心。但这是你父亲的愿望，让你们知道也是我的义务。目前他还没有出现剧烈的肝区疼痛，上帝保佑以后也不会。

郭丽娜

2013 年 6 月 27 日

第四封邮件是写给韦韬小女儿丹燕的

丹燕：

你好！今天钟桂松给我来电话询问韦老的病情，正好我上午去看了你父亲，就如实汇报了。他说黄山书社出版的《茅盾全集》在校对的过程中又发现了一些问题。比如，《全集》中有一篇文章被收入了两次，所以还要再通篇校一遍，估计一时还完不了，请我转告韦老这个情况。我告诉了你父亲，他让我也转告钟桂松，“不用着急，仔细一点避免出错，不要去催，让他们慢慢搞”。

钟桂松建议，趁你父亲还清醒，要你弄个“茅盾著作出版授权”，让你父亲签字。有了这个授权，以后出版社或影视公司要出版、改编茅盾的著作就有人可找。如果没有文字授权只有口头授权，遇到不讲理的出版社没有说服力。这样做主要是对茅公负责，以后对改编的作品你们可以监管，当然，这样做对家人也有利。今天把这意思告诉了周健，我明天要去参加北京8家名人故居、纪念馆联盟秦皇岛巡展开幕式，7月2号才回来，怕忘记了耽误大事所以还是给你发个邮件，希望你们当个大事来办。

昨天钱老师去看了你父亲，他会在小范围通告一下，日后还会有很多事情需要他们做。

祝好！

郭丽娜

2013 年 6 月 29 日

第五封邮件

小钢姐：

您好！有些日子没给你写邮件了，因为没有什么好消息能鼓舞我给你写邮件。你父亲的病比你们想象得要发展快（当时估计有半年的时间），住院后情况每况愈下，看到他痛苦无比的样子，我几次建议周健去跟医生提出用一些止痛药物，以减轻他的痛苦。周健听从了医生的话：用了镇静药有可能就睡过去了。他不忍心，估计也很纠结，到底还是没用。哎！凡事都有利弊，如果你们都在事情就会简单多了。

今天给大刘打电话，大刘说周健告诉她家里还没有具体商量后事，估计是你们这次回来要把事情办完，人走后直接送回乌镇。我说那提前跟乌镇说了吗？她说不知道。我立即打电话问周健，他说还没商量，但乌镇是知道我父亲要回去的。我说，他们知道要安葬在老家，但不知道是火化后立即送回去，还是在家里放一段时间择日送回。如果要马上回去就一定要提前通知乌镇，家属对后事办理没有要求，但乌镇会有的。既然知道韦老要回归故里，当地政府一定会安排一个仪式，哪怕是个简单的仪式。要举办仪式就涉及哪些领导参加，领导哪天有时间，规模搞多大。更主要的是要提前准备墓穴，刻碑文，这些问题不是一天或几天能解决的，所以要提前沟通，给出当地政府准备的时间。这事是大事，你们姊妹好好商定，需要我帮忙的地方请告诉我。

祝好！

郭丽娜

2013 年 7 月 11 日

通过这些邮件可以看到，韦老在最后的日子里，仍然坚守不给人添麻烦的原则，他不打招呼是对大家最大的在乎和爱。2013 年 7 月 14 日晚 8 点零 6 分，韦老与世长辞，7 月 20 日火化，7 月 22 日骨灰送回故乡乌镇，安放在茅盾陵园。韦老走了，但他留在我这些邮件中的点滴信息却让我永远感知着他的存在。

2014 年 4 月 22 日

追思韦韬先生与植材小学

高玉林

韦韬先生在京病逝的噩耗传来，我深感悲痛。回忆我和韦韬先生的一段交往，似乎还历历在目。

茅盾曾于1907年至1909年就读于乌镇植材小学，在他的回忆录中留下了不少关于植材小学的学习生活的记载文字。作为茅盾之子，韦韬先生虽然未在乌镇读过书，但与植材小学却有很深的情缘。乌镇植材小学成立校友会时，我们学校与他书信往来，他表示非常支持植材小学成立校友会。校友会每期出刊《通讯》都寄到他北京寓所，坚持了二十多年，寄给他一百多期《通讯》资料。他时而也寄来一些茅盾研究的资料。

2001年3月27日纪念茅盾先生逝世二十周年大会在乌镇修真观广场举行。来自全国各地的茅盾研究专家和有关领导聚集一堂，缅怀一代文豪茅盾先生。我有幸也参加了此次集会，并见到了茅盾之子韦韬先生。大会召开前，我凑到韦韬先生身边，自报家门：我是植材小学校长。他谦和地笑笑，握了我的手，说：“大会上有个仪式要赠给贵校两套《茅盾文课墨迹》，这是新出版的线装影印本。”我连声说：“谢谢！我想请您题个词，因为明年是植材小学百年校庆。”也许是我的要求太突然。他温文尔雅地说：“等我回北京以后再说吧！”按照大会程序，韦韬先生赠给我校两套《茅盾文课墨迹》，每套书分为两册。书名“茅盾文课墨迹”由黄源先生敬题。第一册的扉页上都有韦韬先生亲笔题写的字：赠乌镇植材小学　韦韬　二〇〇一年三月二十七日。

正如茅盾研究专家钟桂松先生在该书序言中所述：这两册茅盾少年时代作文本是茅盾在他故乡乌镇读书时留下的珍贵史料，是一代文豪茅盾一生中留下来的最早墨宝，也是他一生中留下来的最早文字，留在茅盾少年时代作文里的老师批语，同样是这两册作文里的“点睛”之作，因而在小学里能得到老师每次暖人心的鼓励，少年茅盾受到激励是难以言表的。因此，这两册作文同样也值得21世纪中小学里的先生们看看，相信会从90多年前的作文里悟到什么，无论教学生还是提升自己都有益处。

2002年，我在筹备植材小学百年校庆时，收到了韦韬先生从北京寄来的挂号信和一千元的汇款单以及题词“植材植材树人百载，桃李满疆名播四海！恭贺植材小学百年校庆　韦韬　二〇〇二年三月十八日”我打开挂号信一看，韦韬先生写道：在我一生的数十年中，不知有多少次从父亲的口中听到“植材”这两个字，几乎父亲只要谈起乌镇，就必然提到“植材”，可见植材小学在父亲心中的地位。因此，我把父亲的手稿原件寄给贵校作为百年校庆的纪念。

这份手稿是一份珍贵的历史资料，详细记载了茅盾在植材小学求学时的学校名称、校址、校舍建筑，学科设置和教师配备，还回忆了他和老师之间一些趣事，重温了他母亲对他的关爱和教诲。手稿一共有八页，其中有六页是茅盾的亲笔笔迹，用钢笔（蓝色墨水）书写，还有另两页用黑色墨水所写，应是韦韬的笔迹。我有点不解，便去信询问。后来韦韬复信告知："这是因为父亲的回忆录分前后两稿，前稿为口述录音稿，作于1976年，后稿为父亲亲笔撰写稿，作于1978年至1980年。正式出版《我走过的道路》一书时，用的是父亲的亲笔撰写稿，又适当补充了口述录音的内容。关于植材小学的部分，后稿写出后，我把它与口述录音稿作了核对，发现录音稿中的一些内容后稿中没有，便告诉了父亲，父亲让我把这些内容补充进去，我补充后，父亲没有作改动，也没有抄写，所以手稿中就留下了我的两页笔迹。"这八页手稿中，茅盾特别提到一次参加作文会考，记得植材这次会考是由卢鉴泉（学溥）主持，出的题目是《试论富国强兵之道》。

茅盾说自己把父亲与母亲平时议论国家大事那些话凑成四百多字，而终之以父亲生前曾反复解释的"大丈夫当以天下为己任"。卢学溥对这句加了密圈，并作批语："十二岁小儿，能作此语，莫谓祖国无人也。"前面提到的韦韬所赠我校的《茅盾文课墨迹》就是茅盾在植材小学就读时所写的两册作文本。那是桐乡博物馆在1982年清理“文革”中的“四旧”物资时发现的。可惜此时茅盾（1981年逝世）已来不及将这《文课》之事写进回忆录。校庆结束后，我给韦韬先生寄去了纪念册和纪念品。在学校整体搬迁后，我参与筹建校史陈列室，把韦韬先生寄来的他父亲的手稿和《茅盾文课墨迹》以及其他一些资料归为“学习茅盾精神”专栏，陈列在校史室。

记得2003年的某一天，韦韬先生在市文化局有关人员的陪同下，到我们学校来过一次。那时学校尚未搬迁，我已当调研员了，但还挤在校长室里。那时他精神矍铄，侃侃而谈。他说，这次回故乡，准备联系有关单位拍摄一部电影宣传茅盾。在交谈中，他还说了感到欣慰的是在自己退休后协助有关方面筹建了乌镇与北京的茅盾故居纪念馆，同时协助成立了全国茅盾研究会。以后还要整理父亲的许多手稿送桐乡市档案馆。

如今，韦韬先生已离我们而去，追思他与植材小学的往事，激起我深深的缅怀之情。

（作者系乌镇植材小学退休校长）

韦韬同志致钟桂松的部分信函

钟桂松同志：

您好，来信收到了。沈老春节后因病重住院，短期内将不能出院，您的问候，我已转达。

您信上说，曾于去年夏、冬来信询问沈老小学时的情况，我们没有收到来信，大概丢失了。[①]

关于沈老的学生时代，已写有回忆录，将在浙江新出的文艺季刊《东方》上发表，您看了那篇回忆，大概问题都能解决。

祝

工作顺利！

韦韬

三月十日（1981 年）

① 这封信，是我第一次和韦韬老师通信。因为我们不知道茅盾当时的通信地址，所以都是通过中国作家协会或者全国政协转送的。

钟桂松同志：

您好，来信收到了。沈老春节后因病重住院，短期内恐不能出院，您所问题，我已转告。

您信上说，曾于去年夏天来信询问沈老上学时的情况，我们没有收到来信，大概丢失了。

关于沈老的学生时代，已有回忆录，将在浙江新出的文艺季刊《东海》上发表，您看了那篇回忆，上述问题都能解决。

祝

工作顺利！

197　年　月　日

韦韬

三月十日

钟桂松同志：

来信知悉。前一封信也收到了，未及时复信，歉甚。

吴骞同志近来信，讲到乌镇故居第一步将先修复一半，省里已定下来了。我看分两步走也是一个可行的办法。前我曾给黄源同志去信谈及此事，但省里研究决定时，他正在北京，他最近来信说，打算与省文物局的叶遐修同志去乌镇看看，大概对于促进故居的修复会有推进，尤其对将来第二期的修复工程能促进一下。

沈老的作文册，有一册上注明是 1909 年上半年的，因而另一册肯定不是 1908 年下半年的。你前信中建议问一问南京天文台，那两年月蚀的记录，这是个好办法。① 我已去信询问了。你说的 1906 年恐怕不实。

其他如当时学校结业时间，中西学堂改为植材在哪一年等，都还需要查证。

不多写了。

祝

春节好！

韦韬

元月卅日（1982 年）

① 当时茅盾作文本已经公布，但是作文本的写作年代，有一本有记录，另外一本没有记录，所以当时我曾经建议韦韬老师根据作文内容，向南京天文台了解情况，以便确定写作年代。

钟桂松同志：

来信收到了。

南京天文台已来信，说 1908 年没有月蚀，1909 年 11 月 27 日有月全蚀，从 15 时至 18 时。[①]

如此，作文册乃 1909 年全年写的，而沈考进湖州中学的日期也应该是 1910 年春，这也符合当时学校春季始业的情形。这样在湖州中学念了一年半，1911 年秋转入嘉兴中学。

由此，也可以相信植材建立于 1907 年初，沈老在植材三年。镇志还是可靠的，应比个人记载可靠。徐承焕家谱所记，也许把到上海进修的一年也算在中西学堂的学历中，这样 1908 年到植材任教，也符合。

关于作文册，既然 1909 年的称作“第二册”，那么很有（可）能还有第一册，作文时间可能是 1907—1908 两年。但这第一册大概迷（遗）失了。

《我走过的道路》尚未出版，虽然广告早登了。不多写了。

祝

安好！

韦韬

二月七日（1982 年）

---

① 这封信主要告诉我南京天文台的回音以及讨论茅盾小学时代时间。当时我的同事徐宜芬同志提供了她家的家谱史料。我将家谱史料也提供给了韦韬老师。当时他也认真研究比对后，写信说此事。

钟桂松同志：

来信收到了。

南京天文台已来信，谓1908年没有月食，1909年11月27日有月全食，从15时至18时。

如此，作文册乃1909年全年宜的，而沈老进湖州中学的日期也应该是1910年春，这也符合当时学校春季始业的情形。这样在湖州中学念了一年半，1911年秋再转入嘉兴中学。

由此，也可以相信植材建立于1907年初，沈老在植材三年。起来还是可靠的，应比今人的记载可靠。徐孔燧写的年谱所记，也许把到上海丢掉的一年也算在中西学堂的学历中，这样1908年到植材读书，也符合。

关于作文册，既然1909年的称作"第二册"，那么很有可能还有第一册，作的时间可能是1907—08两年。但这第一册大概遗失了。

《我走过的道路》尚未出版，见到广告罢了。不多写了。

祝

安好！

韦韬 廿七日

钟桂松同志：

先后两封信都收到了。

信中提到的问题，我的看法是：沈老的出生地，还是应在观前街老屋里。虽然曾祖从梧州回家乡前，曾住在外祖父家，但不等于会在那里生头胎，祖母的脑子是很旧的，不会同意儿媳在外面生产。沈老的回忆录只说那一段住在外祖父家，并不能就此推出孩子也在那里生的。当然沈老生前也未细讲此事，假如他是生在外祖父家，倒可能告诉我的，因为这是特殊情况，但他没有讲，这也可反证不是生在外祖父家。[①]

我的祖母三十年代（1932年后）在上海，一般是来上海过冬（过年），有时夏季也来上海小住。不多写了！

祝

好！

韦韬

十月四日（1983年）

① 当时有的研究文章认为，茅盾出生在外祖父家。但是这是关系到中央认定的乌镇茅盾故居的历史价值问题，为此我专门写文章分析论证，认为茅盾出生在观前街17号。同时听取韦韬老师的意见。

茅盾全集编辑委员会

刘桂梧同志：

先后两封都收到了。

信中提到的问题，我的看法是：沈老的出生地，还是应在乌镇的老屋里。虽然曾祖父的怀叶回家乡前，曾住在外祖父家，但不等于会在那里生头胎，祖母的嫁妆是很旧的，不会回家以后在外面生产。沈老幼时回娘家去过那一段时期住在外祖父家，所以能就此推出孩子也在那里出生的。虽然沈老生前也未细讲此事，但假如他是生在外祖家，他可能告诉我们，这因为这是特殊情况，但他没有讲，这也可说明不是生在外祖父家。

我的祖母三十年代在上海（1932年后），一般是来上海过冬（过年），有时夏季也来上海小住。

不多写了！

祝

好！

韦韬

十月四日

小钟：

春节好！信收到了。

沈老的小学作文已印出，现寄上五册，你一册，故居一册，鲍复兴、徐春雷各一册，另一册夹有照片的请给故居馆长（我忘其名，是否李渭钫？照片上有他的像）。这册子我翻了一下，其中似乎有错字和漏字，或标点弄错的，你们可校阅一下，以免传开去。

德溶叔早已将沈老书信复印件寄来。[①]

《泽民集》，你应催一下张立国，浙江出版社既已答应出书，就得抓紧，免得他们又反悔。目前出版社搞承包，凡不赚钱的书就不愿出，而《泽民集》肯定不赚钱。

《新乡人》的搜寻工作难度很大，[②]因当时的印数太少，又事隔六十余年。要了解浙省那些图书馆是解放前的老馆演变来的，只有这类馆还可能收藏。另外，“文革”的查抄书籍中，也有可能夹入一二私人收藏的，总之，这刊物恐怕是桐乡最早的白话刊物，从其文物角度讲，意义重大。不多写了。春节是否回家团聚了？

春节愉快！

韦韬

二月二十一日（1985年）

---

① 沈德溶，茅盾二叔沈仲襄的儿子。

② 《新乡人》，茅盾年轻时和桐乡老乡组织的新文学组织“新乡人社”的刊物。此时刚由浙江图书馆陈毛英同志发现，还在甄别中。是茅盾早期思想很重要的研究资料。

小钟：

您好！信收到了。

乌镇故居揭幕，我将尽可能去参加。[①] 还需要请什么人，我也不好说，还是由你们来定罢。北京故居揭幕时，除了作协的同志，主要是一些与沈老比较熟悉的老作家［那次由夏衍支（主）持揭幕，去的作家有阳翰笙、周而复、沙汀、姚雪垠、臧克家、戈宝权、骆宾基、孔罗荪、王蒙等］，但这些都是老人，长途跋涉去南方，恐怕不行。乌镇故居似可多请南方的老作家。江浙一带，浙江有陈学昭、黄源，上海有陈沂、赵清阁，巴金不会去，但如有他的贺信也是好的。武汉有碧野。这些都是与沈老比较熟的。另外，茅盾研究的专家也可请一些。这些只提供你个人参考。

泽民小传看了[②]，写得不错，没有意见。

祝

好！

韦韬

五月十五日（1985 年）

---

① 当时乌镇茅盾故居修整之后即将开放，县委县政府准备举行落成仪式，有关邀请人员我去信征求韦韬老师意见。这是他给我的回信，讲了他自己的意见。

② 泽民小传，是我和张立国老师合作撰写的一篇介绍沈泽民一生的文章。

小钟：您好！

上月十三日的信与杂志，今天才收到，路上走了两个多星期，现在邮递极慢，尤其是印刷品，信如与印刷品同寄，如有急事就常耽搁。

这次你们三月二十七日成立县茅研会①，可我今天才得知，连发电去祝贺也来不及了，只好在这封信中补写几句了：遥祝故乡茅盾研究会的成立，希望它成为一个充满活力而又有浓郁乡土气息的研究会。至于信中提到的名誉会长事，请免了吧。你也知道，我连会员都不是，何论会长？我以为不必设什么名誉会长，一定要设，也应从浙省的茅盾研究者中选择，以便对学会的工作真有推进的作用。你以为如何？你也许知道，我这人最怕当官或顶上个什么头衔，那样如同穿上了紧身衣，十分不自然。这点意思，望向其他同志说明。

七月纪念会大约需时一周（包括讨论会），望那时能见面。吴珊、吴骞同志请代问候。

祝

夏安！

韦韬

六月三日（1986年）

---

① 指1986年5月29日成立的桐乡县茅盾研究学会。信中时间有误。因为信在路上时间太久，所以韦韬老师以为是3月份的事。

小钟：

前后两信都收到。第一封接到时，正要离开北京，想抵桐乡时能见到你，就没有回信。谁料到桐时你正好外出。

这次回乡，主要是陪小曼和小女儿见识一下故乡，为凑孩子的时间，故在暑假中，与吴珊说定，对外保密，甚至不惊动你和小吴，只在过桐乡时能见一面就行了，也不麻烦你们陪同（因为你们都很忙）。这次回乡，纯属“旅游”，时间又短，又在杭州得了感冒，故未谈工作。

你第一封来信中讲到你编的一本介绍茅公小学作文的书中有转录茅公作文的稿费问题。我现在告诉你，稿费我的不要，由你处理。数目大（估计不会大）可交县茅研会，数目小，你自己买稿纸行了。

目前学术性的书刊，印数很少，往往印出不久就售完了，你的办法，让县书店多存些有关茅公的书刊，十分必要，也十分英明。我这次去乌镇就又买了十册回忆录上卷，因为别处早已没有，而我保存的也快送完了。

不多写了。

祝

安好！

韦韬

八月二十三日（1986年）

人民文学出版社

北京朝内大街166号　电报挂号2192

小钟：　前两封信都收到了。第一封收到时，正要离开北京，想在回乡时能见到你，就没有回信。谁料到桐乡你也好外出。

这次回乡，[illegible]，也不惊动你们。当然这不是时间，你在暑假中。而且我们说定，对你保密，不惊动你和小吴，只在去桐乡时见面就行了，也不麻烦你们陪同（因为你们很忙）。这次回乡，纯属"旅游"，时间很短，又在杭州得了感冒，故未能工作。

你第一封来信中谈到你编的一本[illegible]茅盾[illegible]作品[illegible]中的稿费问题。我现在告诉你，稿费我们不要，由你处理。书出了（但书不会太）可交茅盾研究会，数目少，你自己买稿纸好了。

目前这类书出版难，印数很少，往往印出不久就售完了。你的办法，可以多少有关茅盾的出版物，也多少有些影响。我这次去乌镇，又买了十册回忆录上卷，因为新华书店已没有，而我保存的也快送完了。

不多写了。

祝

好！

韦韬　八月二十四日

小钟：

信及书二本都收到了。在这之前济献也寄来了两本。这两天我拜读了一遍，得益不浅。这不是客气话。现在能读通古文的人不多，知中国历史了掌故的更少。沈老这作文，经你这么一讲一分析，就使它存在的意义增添了三分。从中也能见到你这几年来刻苦钻研学问的影子。

大作[①]，你那里有多，可再给我五本。选编费应归你，只是其中一万字的原作稿酬可以交给县茅盾学会。

你说有照片寄来，我这里太乱，已记不得了，不知是什么照片。

搬进了新居，想来夫人也调到县城了。房子多大，够住吗？桐乡住的标准距现代化尚远，真正的改善大概还需十年。

祝

好！

韦韬

十月二十九日（1986年）

小钟：新年好！

寄来的我祖母的家系表，我知道的不比你多！也许问一下瑜清老能更准确些。

① 指我刚刚在河南文心出版社出版的《茅盾少年时代作文赏析》一书。

《运河之子》连载已相当久了[①]，比我见过的初稿充实多了，共有多少万字？将来出集子已有着落了吗？

今年恐怕没有机会去家乡了，明年要在南京开学术讨论会，就近可能去家乡看看。那时各种修缮已完成，故居面貌也将焕然一新了。

祝

新年好！

韦韬

9/1（1990 年）

小钟：

信及报纸都收到了。

关于我曾祖父去世的时间，现在恐怕已无人能证明了。

茅公生前的回忆可能有误，因为他也记不准了；而你发现的“附白”[②]，倒可能是真实的，因为当时不可能造假这种事的。如

① 当时我撰写的茅盾青少年时代传记，在《嘉兴报》副刊连载，由魏荣彪兄责编。报纸出版后我每期都寄给韦韬老师。连载稿 1992 年 3 月由浙江少年儿童出版社出版，书名改为《茅盾的青少年时代》。

② 当时我在读《茅盾全集》时，发现茅盾署名沈雁冰 1921 年 1 月 15 日发表在《民铎》2 卷 4 号上的《家庭改制的研究》一文中，有一个“附白”：“此篇前半篇于去年秋间写出，遭祖父之丧，不及做完，搁置已久；……”而茅盾回忆录中，茅盾回忆他的祖父去世是他在日本期间。所以我把自己的看法写信告诉韦韬老师。

中国茅盾研究学会

小钟：

信和报纸都收到了。

关于我曾祖父去世的时间，现在恐怕已无人能说明了。

茅公生前的回忆可能有误，因为他也记不清了；而你父亲说的"附白"，倒可能是真实的，因为当时不可能假造这种事的。如此，曾祖逝世当在1920年秋。

祝

好！

韦韬 三月二十五日

此，曾祖父逝世当在1920年秋。

祝

好！

韦韬

三月二十五日（1990年）

小钟：

来信收到了。前些日子从吴骞那里听说你要调到杭州[①]，现在果然证实了。你离开桐乡，对家乡茅盾研究的事业是个损失，至少我失去了根支柱。因为对你我可以无话不说，也不必斟酌用字的轻重，而对其他同志就没有这份轻松感了。

不过，你调往浙江电视台还是值得大大祝贺的，你踏上了一个新台阶，开始了一次新的飞跃。经过几年的基层锻炼，你现在转入了专业的文艺阵地，而电视又是这个队伍中的一支主力军。这样，你的工作既大大地专业化了，又大大地拓开了范围，这是个极好的磨炼和提高的机会。

而且，你的新工作，也许对推进茅盾研究、宣传茅盾也有帮助。浙江台与我曾有一纸协议，即茅公作品改编为电视剧，浙江台有优先权。去年他们着手把《子夜》改编为电视连续剧，由程

① 我于1992年9月调浙江电视台工作。在我每一次工作岗位变化时，韦韬老师总是提醒我需要注意的事项，殷切关照我要继续业余研究茅盾。

蔚东改编，原来说今年开拍，后不知何故拖了下来。这类事，今后有了你这位副台长，我的消息就能灵通多了。另外，程蔚东答应帮周明写茅盾传记电视剧本，本想在今年八九月份请假来北京写，却因他们单位（省电视剧中心）不准假而吹了。这种事，如有你从旁说项，也许就能解决。总之，关于茅公的电视剧，今后就要烦你多关心了。

你乍到杭州，人生地不熟，首先还是做调查研究工作，熟悉情况。你这副台长分工管哪一摊？如果是管送往迎来的工作，那就糟了，参加太多的宴会会吃成个胖子。不管怎样，你的茅盾研究不能放下，你的笔不能放下。你是从茅盾故乡调上来的，保持这个特色是你的优势。

“碑廊”的想法的确不错，只要经费有着落，家乡的同志是不会反对的。也可采用细水长流的办法，先开个头，广泛宣传一下，然后每年刻若干，集腋成裘。

今年原来以为可能回一趟乌镇，现在看来不成了。明年如何？反正回家乡就可能去杭州，我们见面的机会是有的。不多写了。

祝

工作顺利！

韦韬

十月十三日（1992 年）

中国茅盾研究学会

小钟：来信收到了。前些日子从吴宁那里听说你要调到杭州，现在果然证实了。你离开桐乡，对家乡茅盾研究的事业是个损失，至少我失去了根支柱。但是对你我可以这么说，也正是上级用人的器重，而对于他日前就没有这份轻松感了。

而这，你调往浙江电视台还是值得大大庆贺的，你踏上了一个新的台阶，开始了一次新的飞跃。经过几年的基层锻炼，你是在转入了专业的文艺阵地，而电视又是这个队伍中的一支主力军。这样，你的工作就大大地专业化了，又大大地拓开了范围，这是个极好的发挥和提高的机会。

而且，你的新工作，也许对推动茅盾研究，宣传茅盾也有帮助。浙江台与我曾有一纸协议，即茅盾作品改编为电视剧，浙江台有优先权。去年他们着手把《子夜》改编为电视连续剧，由钱蔚东改编，原来说今年开拍，但不知何故拖了下来。这件事，今后因有了你这位副台长，我们希望就有明显进步了。另外，钱蔚东写一部国内茅盾传记电视剧本，本想在今年八九月份请假来北京写，却因他的单位（电视剧制作中心）不准假而吹了。这件事，如有你从旁说项，也许就可解决。其三，关于

中国茅盾研究学会

茅公的电视剧，今后就要烦你多关心了。

你回到杭州，人生地都不熟，首先还是作调查研究工作，摸熟情况。你这副主任分工管哪一摊？如果是管这些细小的工作，那就糟了，参加太多的宴会会吃成了胖子。不管怎样，你做茅盾研究不能放下，你的笔不能放下。你是从茅盾研究岗位上来的，保持这个特色是你的优势。

“律师”的想法的确不错，只要经费有着落，家乡的同志是不会反对的。也可採用细水长流的办法，先开个头，广泛宣传一下，然后每年完成若干，集腋成裘。

今年原来以为可能出一套丛书，现在看来不成了。明年如何？反正回家乡就可能去杭州，我们见面的机会是有的。不多说了。

祝

工作顺利！

韦韬

十月十五日

小钟：

这封信就不写别的客套了，只回答你提出的问题[①]。

一、孟一鸣真名徐梦秋，好像1935—1936年是中宣部部长，他双腿齐膝断去，据说是红军东征时打断的。他在新疆一切行动都由一勤务员背着。这人是一副知识分子的相貌，清瘦的脸，戴眼镜，文绉绉的。他与茅公本不相识，只因他是教育厅长，工作上联系多。而周彬（毛泽民）与茅公很熟，来我家作客也很随便，但他那一年大部分时间不在迪化，在去苏联弄钱了，所以盛世才后来的种种变故，茅公与张仲实主要的就与孟联系和研究，商量对策。那样也能避人耳目，他们工作上本来就有联系。毛泽民任财政厅长，工作上没有来往，反不方便。

二、刘西屏与茅公仅一面之识。孟与刘后在盛的狱叛变了，乱说了一通，这在当时，在酷刑下是常事，所以不必去计较这事。当然他们是党员，性质不同。但这与“文革”中受审乱说也无多大差别。所以我同意你的看法，前后的事分开。

三、新疆天池就一处，现在天池在阜康县境内，博格达山也在那里。

四、出门乘马车。当时厅长可乘汽车，杜重远也乘一辆汽车。茅公任文协委员长后，与厅长同级，按理坐汽车。但新疆那

---

① 当时我以茅盾在新疆生活为背景撰写一部《风云天山——茅盾在新疆》，十多万字。打印稿也送给韦韬老师审阅了，后来我自己觉得这个稿子不成熟，所以一直没有出版。这封信是韦韬回答我在写作过程中提出的问题。

时也无多余的小汽车，为此盛的副官长专门来向茅公说明，请求谅解，并暂时配备一辆最好的马车。茅公当然无所谓。那辆车的确很漂亮。

五、茅公在新疆没有日记。其他资料也不多。有一份赵明（普林）写给我的材料，主要介绍当时党对新疆的政策情况，但我交给了周明（他要写电视剧），除非你向他借。另有两本《新疆文史资料选辑》，其中有的文章（如周郊东的）可参考。书另外寄上。

六、廖陈云即陈云同志，陈云姓廖。

其他的以后再说。

祝

好！

韦韬

十月九日（1992年）

小钟：

您好！来信收到。

关于我叔叔的资料，我把我所有的全部寄上请选择[①]。

我这里的资料，主要是照片，家中保存下来的老照片。文字资料很少，有的也都是这十几年中人们整理的，老的资料一份也

① 当时我在撰写《沈泽民传》，韦韬老师将他保存的所有沈泽民材料寄我参考。

没有。

这些照片和资料，很可能你已经有了其中的一部分，你可以选择所需要的复印下来或翻拍下来，再把原件寄还。因为这些材料我也只有一份。

有关我叔叔的书，有一本红二十五军军史，对叔叔在鄂豫皖苏区的情况有较多的介绍。但这本书我现在手头没有，在小曼那里，而她在国外，国内房子正在装修，所有书籍都打了包，无法寻找。此外就是谢燕写的张琴秋传中有部分材料。这本书你想来会有的。而我手头也没有，被人借走了。

关于张部长的信函，似乎《张琴秋传》中谢燕都引用了。实际上我们保存下来的只有三封，一封是1937年她离开苏州（南京）反省院后写给爸妈的信，二封是我姐姐死后她给我父母的信。这些资料你大概都见过。

我没有玛娅幼年的照片，最早的一张就是在莫斯科与爸妈的合影。玛娅的出生年是1926年，月日不清楚，但可以查。其实这些材料我也有，只是搬了几次家，只把最重要的随身带着，不重要的不知塞在哪里了，虽不会丢掉，但查找困难。

随信寄上文字材料一包，照片三包。

祝

工作顺利！

韦韬

十一月二日（2001年）

桂松同志：

您好！ 12 月 13 日的信收悉。

我姐的日记（1944、1945 年）与给萧逸的书信，我核对了一下，改正了不少错漏，现将两部的改稿寄上。另外萧逸日记一份也寄回，可供参考[①]。

我同意你信中提到的，对日记中写到的某些人名可作一些处理，尤其对朱子奇的，可否用朱 XX 或小朱代替？这些同志大多已去世，其中后来成为名人的，有黄华、王子野、朱子奇、阎明智等，未成名人的更多，但这些同志的名字是否写对了，很不好说。所以如何在文字上处理妥当，就由你看着办罢。

姐姐的日记和书信反映了当时延安女青年的一种普遍的心态。不敢结婚，结婚了更不敢生孩子。除非你去找个老红军、老干部，或者至少是一级领导。他们有自己单独的窑洞，甚至有警卫员或者“红小鬼”，或者有能力雇保姆。否则结婚以后没地方住，每个星期六打游击。有了孩子就等于丢了工作或学习（至少有哺乳期），丢了自己的前途。所以延安一般女同志有了孩子，都是断奶后送给老乡，或请老乡代养，自己看是没条件抚养的。当然也有例外，比如南汉辰的老婆生了一个班孩子，整十二个。但她只管生不管养，生一个就叫奶妈去抚养，所以在延安出

① 当时我帮助韦韬老师整理他姐姐沈霞的日记，这是我们交流如何整理的其中一封信。后来以《沈霞：延安四年》为书名，收入李辉主编的“大象人物日记文丛”，2009 年 3 月由大象出版社出版。

了名。这是因为南是领导干部（银行行长）。一般的嫁给干部的女同志，生了孩子也可以不担心，因为至少有警卫员或勤务员帮她带孩子，有的还可以雇保姆，孩子长大一些，就可以送进保育院。而这一切，在一般的女青年中是办不到的。所以我姐姐的日记上，一方面对结婚和生孩子有天生的恐惧感，另一方面又对于那些嫁给领导干部的女同志看不惯。这种心理也造成了她对萧逸的不满，认为他不够体谅她。

关于“授权书”，没有问题。你拟好了寄来让我签字就行。

匆匆不一。

祝

好！过年好！

韦韬

十二月十八日（2005 年）

桂松同志：

《春蚕》《林家铺子》连环画的说明稿看过了，很好[①]。

问题是画稿能有人愿意承担。如能找到画家并能出版，我的授权没有问题。

最近上海有一画家叶雄给我来信，说 80 年代曾画过两册《子夜》连环画，并获得第二届全国连环画评奖的三等奖。现在

① 后来《春蚕》连环画由江西高校出版社 2019 年 6 月出版。这里的《林家铺子》连环画没有出版。

他打算通过电脑重新修改出版，已得上海画报出版社的同意，希望我授权，我当然没有意见。

这位叶雄是位名画家，是上海美协理事，上海民盟书画院副院长，得奖作品即有八九种，他画过中国四大名著的人物画传，还为韩国出版的十一册《三国志》画过水墨画插图，等等。你不妨与他联系一下，看他是否有兴趣画上述《春蚕》等连环画，或请他推荐几位年青的画家承担此事。

我有他的一张名片，现寄给你。(反正我不用)

我身体尚可，勿念。

祝

好！

韦韬

四月二日（2007 年）

《作家文摘》转载了你写的关于我姐姐的文章，引起很多人的关注和兴趣。

桂松贤弟：您好！

《春蚕》《林家铺子》连环画的说明稿看过了，很好。

问题是画稿能否有人愿意承担。如能找到画家并能出版，我们授权没有问题。

最近上海有一画家叶雄给我来信，说80年代曾画过四册《子夜》连环画，并获得第二届全国连环画评奖的三等奖。现在他打算通过电脑重新修改出版，已得上海画报出版社的同意，希望我授权。我当然没有意见。

这位叶雄是位名画家，是上海美协理事，上海民盟书画院副院长，得奖作品即有八九种。他画过四大名著的人物画册传，在韩国出版的十一册《三国志》战将水墨画精品，等等。你不妨与他联系一下，看他是否有兴趣画上述《春蚕》等连环画，或请他推荐其他年青的画家承担此事。

我有他的一张名片，现寄给你。（给我不用）

我身体尚可，勿念。

祝

好！

韦韬 四月二日

《党政文摘》转载了你写的关于我姐姐的文章，引起很多人的关注和兴趣。

桂松同志：您好！

日记总算校对完了，[①]花了十多天。人老了，精力不足，一天干不了几小时，实在悲哀。

校过以后，有以下几个问题，提出来请你考虑。

一、书名问题。从校样上看，原来书名叫“延安四年”，现改为“沈霞日记”。我以为两者各有优点，前者突出了“延安”，后者指明是“沈霞日记”。我建议把两者的长处合拼（并），把书名定为《沈霞延安日记》，因为对一般读者来讲，光是“日记”，引不起注意，有了“延安”二字，就有了想阅读的欲望。

二、目录问题。目录上缺两篇东西，一篇是你写的《一个理想追求者的内心独白》，另一篇是《整理说明》。你寄来的校样中没有第一篇，我从我的存稿中添上了。你的这一篇文章应排在第一篇，（亦可作为代序），这很重要，因为它是引导读者们如何阅读这本书的指针！

《整理说明》排在第二。然后是日记本文。最后是我的怀念文章。

这样一来，页码需要全部改动。如果这样变动太费工夫，也可以把第一、二篇文章单排页码，日记部分的页码就不变动。

三、注释问题。校样中前面十几页有一些注释，后面就没有了。这样就不一致。我的意见，凡是女大、延大、俄语学校的同学一概不注，而且也不可能详注。注释只保留两个人，即马寅和

① 这封信主要谈沈霞日记的整理，可见韦韬老师的费神费心。

姚铁，他俩都不是姐的同学，而是姐的朋友，而且是当时延安青年中的“著名人士”。

此外，注释中我增加了对张琴秋、陈学昭、陆缀文、张闻天，以及对萧逸和阿桑的必要注释。

这样是否妥当，请考虑。

四、校对问题。这次校对，有的我核对了原件，纠正了一些错漏。有个别字的改动是考虑到记日记时的随意性而出现的一些笔误或矛盾，现加以订正，尽量不用“原文如此”的夹注。

另外，日记是断断续续的，有间隔一二星期的。但有两处（1942 年和 1945 年）中间相隔了半年。我在校样上在这两处加了几个“*”的标记，提醒读者注意时间的一个变换。

五、关于《整理说明》。《整理说明》中，前面一大段文字与《一个理想追求者的内心独白》有重复，可否加以删节，把内容集中在日记的背景、发现、整理和简单的介绍上。请考虑。（我用铅笔作了初步的删节）。

六、照片问题。可否在书中增加一些照片？主要是姐姐的、萧逸的以及我和我父母在延安的照片。增加的办法有：一是插在文字中间，但这个办法必须全部打乱重新排版，显然行不通。二是增加几页照片的专页，书前一页，书后一页，中间每一年的开始加一页。书前用姐姐的单人头像，书后用姐姐葬礼的一些照片，中间的三页用其他照片。究竟如何更好，请考虑。

七、稿费问题。不要给我寄稿费来，我不收。我的那篇“怀念”文章也是你写了。而把日记整理出来，更是任铁华和应莺两位的功劳。所以请你把稿费分给他们一部分。

能把我姐姐的日记整理出来印刷出版，是我纪念我姐姐的最大心愿。这个愿望，我自己是无力实现的，只有依靠你的帮助，才能做到！所以对于你，我只有感激，怎能再拿稿费！所以，在这件事上，你一定得听我的！

不多写了，再谈！

祝

文安！

韦韬

2008/11/10

桂松同志：

《悠悠岁月》粗粗读了一遍（包括后寄来的张闻天部分）[①]。总的感觉，此书有一特点，就是通过父亲与中共领导人的交往，把父亲少为人知的一面——他的政治活动和追求，集中地介绍给了读者。父亲这些经历（尤其是20年代的），我也是在“文革”后期父亲口述回忆录时我才知道的。现在的广大读者（除了极少数文艺工作者），对父亲的了解，大概就限于“著名文学家”这一范围，因为读过父亲《回忆录》的人肯定少之又少。所以你的一

① 这封信主要和我谈《悠悠岁月——茅盾与共和国领袖交往实录》初稿。此书在2009年12月由人民出版社出版。

本《悠悠岁月》，是起了“填补空白”的大作用。对此，我向你表示感谢和祝贺。

在匆匆的阅读过程中，也产生了一点意见，提出来供参考。

一、书中的引文是否多了一些？如“毛”部分中，引用了大段《共产党》中父亲的译文，篇幅达20页，约占全篇的三分之一。可否不全文引用，而摘引其中关键的文字？又如，作者的叙述与引文内容的重复，可否把重点放在作者的叙述上，而引文只重点突出？

二、错字太多，这大概是电脑打字的同志的错。我列了一表，标出各章中有错漏字的页码，你可查对。（见附表）

有三处是整段整句的漏排，或文字颠倒了。如“周”部分的第5、第8页中，及“张”部分的第1页。

另外，关于泽民叔去日本之日期，《回忆录》中延后了一年，因而产生了其他一些内容的失实。现在此稿中，去日本的时间虽然纠正了，但其他情节采用了《回忆录》中的，就有了矛盾。有一个情节必须肯定，即我祖母和母亲从乌镇搬到上海居住，是在1921年春，即我姐姐出生后不久。这之前，父亲住在商务的一小间宿舍内，不可能在宿舍接待泽民和闻天。所以书中关于他们在窗口眺望浦江等等都不可能。他们见到我祖母，也只能是在乌镇。所以，泽民叔要去日本而祖母同意他去那一席话，也只能是在乌镇讲的。这些情节，请作适当改动。

打印稿寄回，以便你查核。不必再寄来，将来给我寄书来更好。顺便送给一本父亲的著作。

祝

工作顺利！

韦韬

5 月 4 日（2009 年）

桂松同志：

您好！特快专递寄来的你对全集三卷的意见[①]，拜读了。我完全同意你对黄山书社同志所提的意见。今后，你就不必再把每卷审校的意见写来寄来了！我完全信任你，我已老迈，经不起大工作量的折腾了。

黄山同志提出的意见，大量是简体繁体的问题。我同意你的意见，要尊重作者原来的习惯，不作改动。不能用简体字来修改古人的文章，也不能用简体字来规范当代名人名家用辞造句的习惯。一切拜托了，辛苦您了！

祝健康！

韦韬

八月七日（2011 年）

---

① 当时黄山书社出版《茅盾全集》，我看过三卷后，对整个全集的整理提出若干编辑原则，我把意见整理成文后，快递给韦韬老师审阅，这是他看过我们提出的意见后给我的回复。

桂松同志：

您好！很快就收到寄来的你对全集三卷的意见，辛苦了。我完全同意你对董山先生所提的意见。今后，你实在忙，再把各卷审核的意见写来寄来了！我完全信任你，我已老迈，实在不能担任大工作量的折腾了。

董山同志提出的意见，大量是简体字的问题。我赞成你的意见，要尊重作者原来的习惯，不作改动。不能用简体字来修改古人的文章，也不要用简体字来规范古人古家用繁体字的习惯。一切拜托了，辛苦您了！

祝健康！

书铭 八月七日

后　记

时间过得真快，2023 年是我们尊敬的韦韬老师诞辰百年了！

我们仿佛感觉他依然居住在北京，仿佛没有离开过茅盾研究。有时候，突然冒出茅盾研究的种种想法，很想找他说说，但是很快想到，韦韬老师已经不在了，一种怅然若失的情绪涌来，十分怀念！ 2023 年，既是韦韬诞辰 100 周年，又是他逝世十周年，想起他对弘扬茅盾文学的贡献，想起他生前几十年对我的无私关怀帮助，感激之情依然汹涌，没齿不忘！于是，我想写一部韦韬先生一生的传记，把他前半生追求真理，在革命的大熔炉里淬炼，后半生又无私奉献的精神写出来。韦韬先生的晚年，他把父亲茅盾的事业当作自己的事业，把国家的文化事业当作自己要做的事业，当作自己分内事，不遗余力地去做了。

可惜在资讯非常发达的今天，韦韬先生为中国文学、为茅盾研究所作出的贡献，依然不为人知。他生前把珍贵的茅盾手稿无偿捐献给国家，让茅盾的创作经验成为全人类的共同财富，档案馆、图书馆、现代文学馆，不少地方都留下茅盾珍贵、独一无二的创作手稿。晚年的韦韬老师，急匆匆的身影，全是为茅盾的事业奔走，一直到无法行走。

韦韬先生的一生，和中华民族的解放事业、茅盾文学事业紧密相连，在他平凡的一生中，做出了巨大的不平凡的贡献，如果没有韦韬先生晚年的无私奉献和高尚情操，没有韦韬先生的坚守和努力，恐怕茅盾的大量珍贵手稿和资料会散佚，茅盾研究就会逊色得多。所以在韦韬先生诞生 100 周年的时候，我凭自己的资料积累和几十年来和韦韬的交往，开始撰写这部简略的韦韬传记，纪念怀念韦韬先生。

韦韬先生是 1923 年出生的，全面抗战前，在他的学生时代，虽然一家人生活无忧，但是他的小学阶段的读书依然是充满动荡，因为父母的缘故和社会环境的恶劣，换了好几个小学。抗战全面开始以后，正值中学时代的韦韬开始随父母奔波长沙、香港、新疆迪化。1940 年 5 月，韦韬随父母全家到达延安，父母在延安的鲁迅艺术学校，姐姐在延安中国女子大学，自己进了陕北公学。可是幸福安定生活刚刚开始就结束，父母为了革命，离开延安，和正需要照顾的孩子道别，而这一别，给茅盾家庭生活留下无尽的遗憾！女儿在延安成长后，因为一次意外而去世！而韦韬一直在延安接受革命的洗礼。在解放战争中，已经长大成人的韦韬，在父母的支持下，一直在革命的第一线，从事新闻工作。新中国成立以后，茅盾担任新中国的文化部部长，母亲依然是家庭妇女，韦韬从新闻机构到人民解放军的序列，成为一名军事学院的文职干部。从南京到北京，韦韬成家以后，依然保持延安时期养成的风格，独立而努力，从来没有想在文化部部长的父亲那里得到一丁点好处！韦韬夫人曾经告诉我，他们在南京工作生活时的情景，低调、自律。低调到和人家在一起工作，人家都不知道他是文化部部长、文学家茅盾的儿子，自律到应该享受的东西都不要。

茅盾晚年写作回忆录，通过组织借用儿子韦韬到自己身边工作，后来韦韬干脆提前离休，专心致志帮助父亲茅盾的回忆录写作搜集材料。提前离休，无论是当时还是现在，都是需要高尚的思想境界。韦韬先生义无反顾，而且从此开始沉浸在茅盾世界，直到生命的结束。“卖花人去路还香”，韦韬晚年为茅盾研究、为中国文学做出的贡献，给我们留下一路馥郁芳香。

我是在茅盾生前就开始和韦韬通信联系的，一直到他生命的最后，我是他联系最多的家乡人之一，也是联系最多的茅盾研究者之一。几十年来，我一直感受到韦韬的温暖。和韦韬交往，在我，如坐春风，心情舒畅，他给我的上百封信，我一封不少地完整保存着，保存着他几十年给我的关怀和关照。所以这次撰写韦韬的传记，重温他给我的书信，进一步了解了韦韬的生平，了解他谦虚、低调、认真的高尚品行。他是延安时期参加革命的老干部，但是许多国家规定的生活待遇，他都看得很淡。但是他对茅盾的珍贵手稿，哪怕一页茅盾用过的纸，他都看得很重，都精心保管好，因为这是珍贵的茅盾文学财富，是国家的，是世界的。

最后，韦韬都将它送到国家的档案馆、文学馆保管。2011 年，韦韬 88 岁，是来过老家多次的韦韬最后一次到桐乡，我去桐乡见他。他说，这次来的主要目的之一，是要和我商量，黄山书社愿意出版《茅盾全集》，说自己年纪大了，想让我负责这件事。他知道我当时还没有退休，所以他要和我商量。我当时答应，一定努力。所以那天韦韬很开心，晚上和我们几个人聊天，聊他的经历，聊他的往事，聊他的家庭。此后，我和韦韬的联系依然十分密切，主要是我及时向他报告《茅盾全集》编辑过程中的一些问题，一些发现以及我的意见。这时我们主要是电话联系，十分方便。后来他病了，在他生病时，我十分焦急，希望让他看到黄山书社《茅盾全集》的出版，后来他让人转告我，让我不要去催出版社，这件事，他说很放心。让我保证质量，不用抢进度。后来韦韬虽然没有看到黄山书社《茅盾全集》的出版，但是装帧设计和印制质量，内容编辑，足以让韦韬放心。

这次写韦韬的传记，我觉得韦韬和他父亲茅盾始终是在一起的，茅盾早年的生活里，也有儿子的生活内容，在新疆惊心动魄的日子里，儿子韦韬差一点成为“人质”，让茅盾直冒冷汗！到延安后，韦韬不大愿意给父母写信，而身为姐姐的沈霞，常常“盯着”弟弟写。所以，在延安时，茅盾夫妇给韦韬的信，保存下来的有，但是韦韬给父母的信，至今我都没有见到。估计当时韦韬给父母写信，真的不主动。这是因为韦韬在革命的大家庭里，他不愿意在父亲的光环下生活，更不愿意让人家知道他是茅盾的儿子而有所照顾，革命的要求和叛逆的性格在年代上重合，让韦韬的独立意识进一步确立，成为一个从革命家庭出来的革命战士。

后来韦韬的姐姐沈霞在延安意外去世以后，韦韬离开西北文工团，到东北从事新闻工作。期间韦韬把自己的名字，从沈霜改为韦韬，意思是自己做事要有韧性，要有修养，不能焦躁。据说在解放战争后期，在东北的韦韬想去工业部门工作，或者去学习工业技术，这样，在即将到来的新中国建设中能够发挥更好的作用。张闻天也同意了，不料，茅盾夫妇从香港到东北，张闻天说起韦韬的学习和工作，说韦韬想换一个专业。茅盾夫妇却顺口说，“阿桑干新闻工作不是挺好吗？”于是，韦韬想换一个专业的想法落空。

韦韬在部队的工作，资料特别少，但是，解放后从南京调到北京以后，他和父母亲的亲近机会多了，他和一般的中年人一样，上有父母，下有子女，工作又在骨干岗位上，忙是肯定的，据韦韬的孩子回忆，当年韦韬教育孩子非常细心体贴，都是亲力亲为，带孩子去郊区玩，回来在公交车上，他让孩子坐在位子上，自己却拉着上面的拉手，保护着孩子，站 2 个多小时！韦韬的堂妹玛娅被迫害去世后，玛娅的三个孩子还小，韦韬就处处保护关照关心他们，让玛娅的孩子感到舅舅韦韬的温暖。

在韦韬身上，我们看到茅盾家风的传承，茅盾和韦韬身上体现的无私、正直、体贴的人格魅力，让他们家族的后人都深切体会到了。这些人格魅力，同样反映在韦韬对茅盾文学遗产的处理上，茅盾留下不少珍贵的创作手稿、作品手稿，以及珍贵的书信，韦韬都无偿捐赠给国家，这些不可估量的文学价值，都是韦韬亲手捐赠给国家，捐赠给将来的。将来的历史还是会记住茅盾和他儿子韦韬的！

这部以韦韬为主的传记，是写韦韬的第一部传记，抛砖引玉，将来应该有更加完备的韦韬传记问世。

这次，在附录中收录韦韬去世时《茅盾研究》刊登的一些怀念文章，这些文章的作者，包括作者的后人，都非常支持将文章收在附录中，以广传播，其中除了吴福辉先生在加拿大去世后，其后人没有能够联系上外，其余的作者都及时给我发来了授权。我还从韦韬给我的大量书信中，选了部分，也作为附录刊出。也选用了茅盾、韦韬的一些照片，这些照片，有一些是韦韬生前给我研究用的，有一些是桐乡摄影家李渭钫同志拍摄的。李渭钫和韦韬著作权所有人，都给我有授权。这样，我们可以从不同角度展示韦韬先生人格魅力的风采，让更多的人了解茅盾和他儿子韦韬。初稿完成后，我发给韦韬先生的儿子沈韦宁先生审阅，韦宁兄百忙中给我把关，指出有价值的修改意见建议，在此我要衷心感谢韦宁先生！书稿修改后，研究出版社副总编辑丁波欣然接受，责任编辑安玉霞老师对稿子做了精心梳理编辑，所以才得于现在的面貌和读者见面。在这里，我要真诚感谢研究出版社的丁总和玉霞同志的辛苦，没有他们的支持和努力，在韦韬诞生一百周年的时间节点上，是不可能出版这部传记的。同时，我也要感谢桐乡市档案馆和乌镇茅盾纪念馆的积极支持和切实帮助，使这部纪念韦韬先生的传记及时与家乡读者见面，共同缅怀为家乡文化建设作出巨大贡献的韦韬先生。